H5移动营销广告设计全攻略

刘松异◎编著

软件操作 + 应用开发 + 视觉设计 + 实战案例

人民邮电出版社
北京

图书在版编目（C I P）数据

H5移动营销广告设计全攻略 ： 软件操作+应用开发+视觉设计+实战案例 / 刘松异编著. -- 北京 ： 人民邮电出版社, 2019.7
ISBN 978-7-115-51156-0

Ⅰ. ①H… Ⅱ. ①刘… Ⅲ. ①网络营销－广告设计 Ⅳ. ①F713.365.2②F713.81

中国版本图书馆CIP数据核字(2019)第078366号

内 容 提 要

本书是一本介绍移动 H5 设计的实例操作型教程，讲解了 H5 的开发工具、图文内容设计、应用开发制作、移动视觉营销和创意制作，以及 H5 设计实战案例等方面知识，帮助读者从新手成长为移动 H5 设计高手。

本书共 11 章，包括 H5 营销的优势、工具软件简介、Photoshop 制作详解，移动 H5 的策划与开发、热门开发技术，移动 H5 的视觉风格、视觉创意设计要点与方法，还有 H5 移动单页及节日场景、产品推广、企业招聘广告综合设计等内容，读者学后可以融会贯通、举一反三，制作出更多精彩、完美的移动 H5 页面效果。

本书适合从事移动互联网工作的设计师、微信营销人员，以及利用 H5 进行营销的公司和需要进行移动互联网营销的企业相关人员使用。随书附赠教学资源，包括书中案例的素材文件、效果文件，以及在线操作演示视频，读者可以边学习边练习，提高学习效率。

◆ 编　　著　刘松异
责任编辑　张丹阳
责任印制　马振武

◆ 人民邮电出版社出版发行　　北京市丰台区成寿寺路 11 号
邮编　100164　　电子邮件　315@ptpress.com.cn
网址　http://www.ptpress.com.cn
北京捷迅佳彩印刷有限公司印刷

◆ 开本：700×1000　1/16
印张：14
字数：358 千字　　2019 年 7 月第 1 版
印数：1－3 000 册　　2019 年 7 月北京第 1 次印刷

定价：59.00 元

读者服务热线：(010) 81055410　印装质量热线：(010) 81055316
反盗版热线：(010) 81055315
广告经营许可证：京东工商广登字 20170147 号

前言

如今，移动互联网的发展速度越来越快，移动设备越来越普及。基于移动互联网和智能手机的H5产品也被广泛运用到各个领域，各类手机端小游戏、商品广告、结婚请柬、招聘信息、营销活动等，纷纷采用H5的形式来进行传播和展示。

本书内容

一个好的H5产品，无论是在立意、创意、设计的层面，还是在制作和传播过程中，需要各方面协同一致，技术的把握、创意与文案的优化、传播的执行都是不可或缺的。本书为读者提供了大量“刷屏”级的H5案例，包括软件操作、应用开发、视觉设计、实战案例等4篇内容，全方位解决用户营销需求。

软件操作：主要讲解了H5营销的优势和主要制作工具等内容，用通俗易懂的方式，阐述H5设计与制作工具的使用方法和搭配技巧。

应用开发：主要讲解了H5策划与开发流程和移动H5热门开发技术的应用，结合企业实例分析，帮助读者快速掌握H5的开发与应用。

视觉设计：主要包括视觉风格设计和视觉创意设计，介绍了丰富的视觉设计技巧，让H5营销作品更有竞争力，为企业带来更多潜在客户，快速提升企业销售额和品牌影响力。

实战案例：主要包括产品推广、品牌宣传、节日场景、企业招聘等传统行业和互联网行业的经典案例，从创意角度和技术角度讨论H5案例，让读者学习到大品牌的H5营销成功经验，并有效应用于实际工作中。

适合读者

本书适合对H5移动营销感兴趣的读者阅读，帮助读者打下坚实的基础。

（1）H5设计的爱好者：通过大量案例寻找更多创意思路。

（2）H5初级设计人员：系统学习H5的制作和运营。

（3）对H5移动营销感兴趣的普通用户：了解H5营销的基本方法和流程。

（4）传统纸媒体设计师及新媒体广告美工：掌握H5视觉设计的要点，为转型做知识储备，提升自己的职场技能。

（5）高校或培训机构的学生：学习系统的H5设计和营销知识，自我提升。

FOREWORD

本书特色

本书是一本综合实战型的H5教程，除了对理论知识的讲解，还有对各个领域实战案例的讲解。如果你准备往移动营销行业发展，那么本书一定适合你。

完整的流程：介绍拥有数十万用户的H5制作工具，帮助读者利用各种精美模板一键生成H5产品，只需简单的操作，就让你轻松制作出炫酷的移动展示效果。

热门的创意：选择热门的创意，起到抛砖引玉的作用，启发读者将创意思路更加完美地运用到H5页面设计当中，让你的H5作品更加优秀。

经典的案例：大量的品牌H5营销案例，如腾讯、百度、支付宝、宝马、京东、万达、美的、天猫等，共计120多个品牌，让你的品牌营销更有水准。

丰富的场景：产品推广、品牌宣传、自媒体“吸粉”、企业招聘、邀请函等场景的讲解，全面满足你的个性化需求。

全面的行业：房产、餐饮、汽车、电子数码、时尚饰品、互联网金融、新零售电商、网络游戏、新媒体平台及在线教育等行业案例介绍，帮助你降低企业的移动营销成本，提高营销转化率，开启推广营销新时代。

希望本书能够为读者带来真实的营销帮助，让读者零预算也能做出“刷爆”朋友圈的H5活动，让产品的流量和转化率暴涨。

附赠资源

随书附赠教学资源，包括书中案例的素材文件、效果文件，以及在线教学视频。读者可以扫描“资源获取”二维码获得资源获取方法，如需下载技术支持，可发送邮件至szys@ptpress.com.cn。

资源获取

关于数艺社

人民邮电出版社有限公司旗下品牌“数艺社”，专注于专业艺术设计类图书出版，为艺术设计从业者提供专业的图书、U书、课程等教育产品。领域涉及平面、三维、影视、摄影与后期等数字艺术门类；字体设计、品牌设计、色彩设计等设计理论与应用门类；UI设计、电商设计、新媒体设计、游戏设计、交互设计、原型设计等互联网设计门类；环艺设计手绘、插画设计手绘、工业设计手绘等设计手绘门类。更多服务请访问“数艺社”社区平台www.shuyishe.com。我们将提供及时、准确、专业的学习服务。

FOREWORD

目录

CONTENTS

第 8 章 实战案例篇

单页：精美H5单页移动设计

第 9 章

综合：节日场景H5移动设计

第 10 章

综合：产品推广H5移动设计

第 11 章

综合：企业招聘H5移动设计

CONTENTS

软件操作篇

第 1 章

H5微营销：互动性更强的场景体验

学习提示

H5移动营销，更小、更快、更简单

用实力说话，H5移动营销的优势

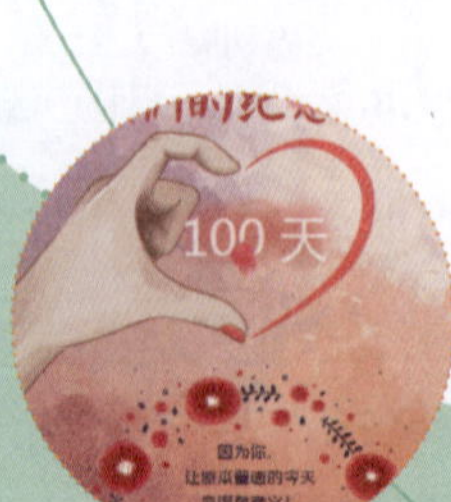

1.1 H5移动营销，更小、更快、更简单

在移动互联网时代，诞生了H5这种全新的信息连接方式，它可以代替传统的纸张、印刷和派发方式，同时企业可以随意编辑需要的推广内容，做到“所见即所得”。尤其是在新媒体营销环境下，H5的推广方式简单得只需要一个二维码，或者一个网页链接，即可将大量的信息呈现到用户眼前，适合多种用户场景。

1.1.1 为什么选择做H5营销

移动互联网具有碎片化、社会化等天然的营销优势，可以帮助企业更好地推广各种品牌活动、产品和服务，增加线下和线上的销量，同时企业可以获得大量的潜在优质粉丝关注，这些都是传统营销难以实现的。

移动互联网为企业提供了很多营销工具，如App、微信公众号等，但是，最方便快捷的莫过于H5了。H5是社会化营销发展的一种必然产物，如图1-1所示。在互联网时代早期，主要的社会化营销工具就是博客和微博，其主要内容也就是文字、图片和视频等；到了移动互联网时代伴随着微信的出现，人们不再满足于单向的信息传递，更偏重于双方的互动和分享，此时H5便成为时下社会化营销的标配。

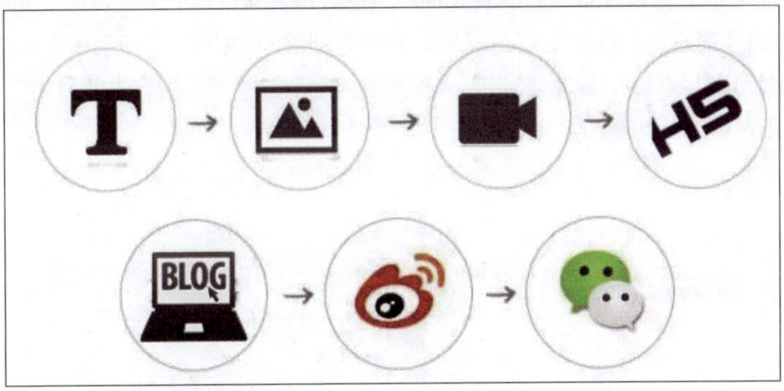

图1-1 信息交流方式和渠道的改变

专家指点

Blog即网络日志，外语全名Web log，后来缩写为Blog，它是继Email、BBS和IM之后出现的第四种网络交流方式。

H5是伴随着移动互联网兴起的一种新型营销工具，由于它是移动互联网的衍生物，因此也具有很多移动互联网的营销优势，如娱乐化、碎片化、社会化、互动性强等。如今，H5已经成为各行各业必不可少的营销工具，它可以帮助企业更好地“吸粉引流”、销售产品。

1.1.2 H5移动营销的功能特色

H5移动营销的主要特点就是跨平台性和本地存储特性，如表1-1所示。

表1-1 H5移动营销的特点

营销特点	具体分析	优势分析
跨平台性	通过H5技术制作的页面或者应用可以轻松兼容PC端与移动端设备，同时兼容Windows与Linux、Android与iOS等系统	H5具有非常强大的兼容性，可以降低开发与运营成本
本地存储特性	（1）启动时间短 （2）运行速度快 （3）由于它只是一个页面，因此也不用占据本地内存空间 （4）H5不依靠第三方浏览器插件，也可以创建出高级图形、版式、动画和过渡效果 （5）占用的流量比较少	用户可用较少的流量欣赏到炫酷的视听效果

可以说，H5技术的成熟，不但为移动互联网开辟了一种全新的营销方式，同时也推动了移动互联网的快速发展。在营销方面，我们可以将各种媒体的表现方式融入H5页面中，包括文字动效、游戏、视频、图片、图表、音乐及互动调查等内容形式，而且可以重点展示品牌，方便用户阅读、体验与分享。

下面我们来看看H5营销的特色功能，分析一下H5场景为何有利于营销。H5营销作为一种新型的移动营销方式，发展速度极快，在短时间内已经成为互联网的一大特色。对于企业而言，要想突破传统的营销方式，获得更好的发展，就需要利用H5营销这种新手段开拓市场，抓住机遇。H5营销之所以能够快速提升影响力，其根本的特色功能不可忽视，主要分为如图1-2所示的4个方面。

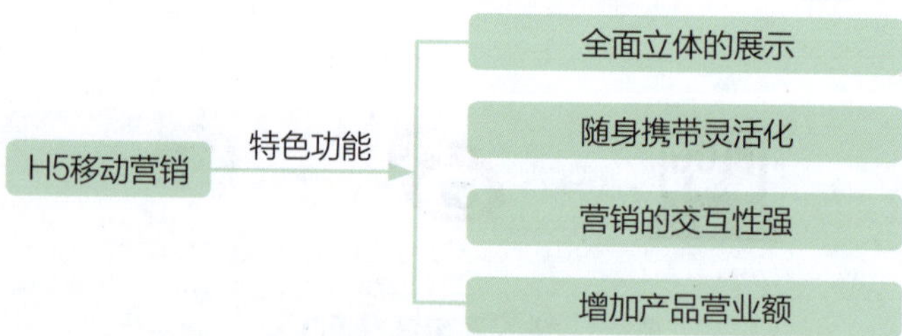

图1-2 H5移动营销的特色功能

专家指点

与传统的营销方式相比，H5营销方式可以更好地激起用户的阅读和分享欲望，甚至有些优秀的H5页面可以实现数亿级的曝光量。因此，如今很多企业和商家都在争先恐后地进入H5营销领域，以借此实现更高的营业额。

1.1.3 细数用户的行为特征

为了让H5页面可以被用户点击和浏览，我们还需要分析移动互联网时代的用户行为特征，如图1-3所示。

- 用户的等待时间 → 通常，用户只会给H5页面5秒钟的加载时间，超过这个时间，他会毫不犹豫地选择关闭页面。
- 用户的访问时间 → 多数用户会选择以下三个时间段来玩手机，这也是推送H5页面的最佳时段：早上8点左右、中午11点半到12点半、晚上9点到10点。
- 用户的耐心有限 → 一般用户只会看H5页面的前几页，如果没有吸引他的内容，那么他很有可能关闭页面。因此，H5页面要注意层级深度和内容安排，在前几页快速切入主题，防止用户流失。
- 让用户快速看懂 → 太过复杂的H5交互行为，可能会让用户眼花缭乱，甚至不知道怎么玩，这样可能会导致用户流失。因此，H5页面必须简单明了，让用户能看懂、易操作。
- 为用户提供利益点 → 根据腾讯互娱的数据显示，由普通移动页面引导去下载和打开App的转化率平均只有25.01%，因此企业需要在H5页面中提供相应的利益点，来吸引用户下载App。

图1-3 用户行为分析

当然，除了前面介绍的几种行为，还有一个比较重要的就是要善于引导用户分享，这样才能让你的H5营销获得更好的效果，如图1-4所示。

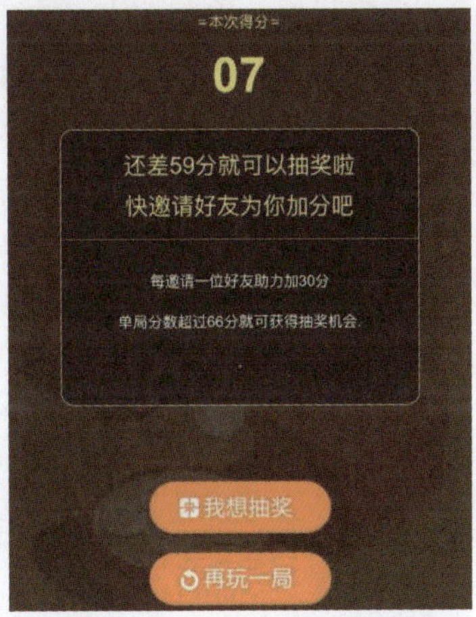

图1-4 引导用户分享H5页面

1.2 用实力说话，H5移动营销的优势

对于开发者或企业来说，H5营销在成本、开发、传播、运营和维护等方面都具有很多优势，下面将分别进行介绍。

1. 成本优势：各方面成本大幅下降

从企业的传统宣传方式来看，如电视广告、企业横幅、宣传海报、活动展板、活动宣传单、灯箱宣传、刊物宣传等，需要投入的资金较多，而宣传的效果往往有限。尤其是电视广告和网络广告等宣传方式，需要的费用更多。这些宣传方式相较于H5营销方式而言，都因投入资金多而成了企业进行宣传时的第二选择。

对于H5营销，企业所需要花费的仅仅是H5页面的设计成本和维护成本，投入的资金并不多。

专家指点

从用户的角度来说，他不需要下载安装H5，也不用浪费过多流量和时间，就可以满足自己的核心需求，因此使用成本非常低。当用户看到一个H5页面时，想看就可以根据提示看，不想看直接关掉就行，也不需要卸载等操作。

2. 开发优势：开源生态系统发达

H5营销之所以能够受到企业的青睐，与它所具有的开发优势是分不开的，如图1-5所示。

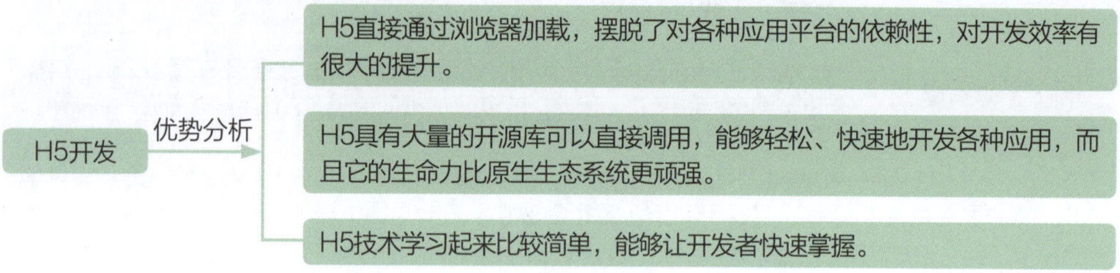

图1-5 H5的开发优势

3. 运营优势：快速迭代、持续交付

H5的运营比较简单，企业只需要通过开发平台的后台，即可快速收集用户的各种数据，如流量统计、分享统计、互动统计、扩展网址统计、分享渠道统计、独立访客（UV）统计、访问设备、访客停留时间/阅读深度、地域访问统计等数据情况。

同时，H5的运营优势具体表现在以下两个方面，如图1-6所示。

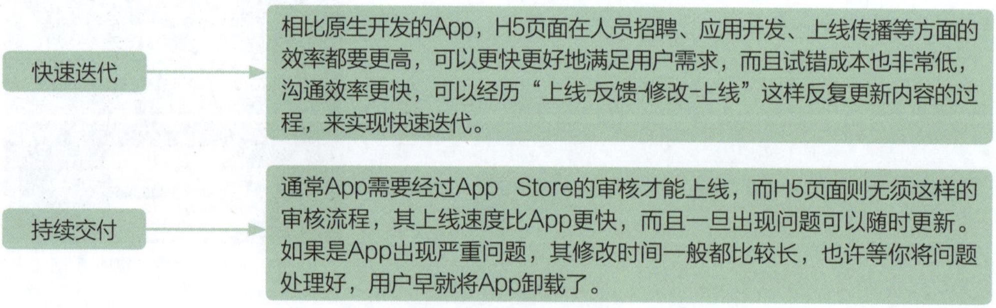

图1-6 H5的运营优势

4. 应用优势：灵活的跨平台性能

面对多屏应用，各种智能设备、各种操作系统以及各种应用平台，都制定了不同的开发要求，这让应用开发者感到痛苦不堪。以苹果iOS系统和安卓系统为例，企业在开发App时，就需要做两个版本才行。而H5具有非常灵活的跨平台性能，可以帮助企业避免很多麻烦，如图1-7所示。

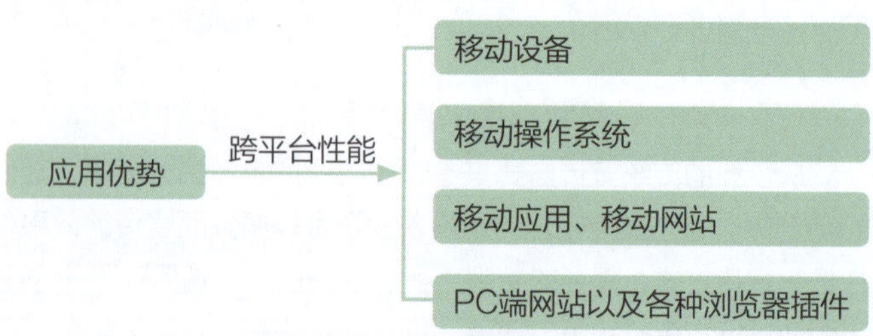

图1-7 H5的应用优势

专家指点

企业只需做一个H5作品，即可应用到多种平台上，不管是开发的资金和时间，还是后期的运营维护，都更加低廉、方便，这明显也是移动应用的一个刚需。

5. 维护优势：开放代码更加安全

H5在维护方面的优势主要体现在以下两个方面，如图1-8所示。

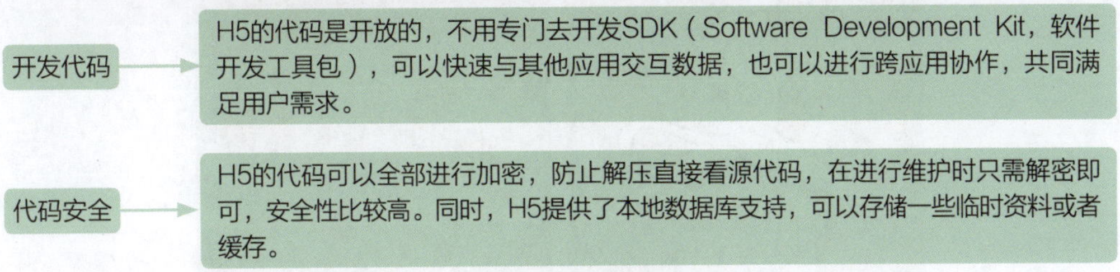

图1-8 H5的维护优势

6. 推广优势：更易推广、更易爆发

智能手机作为信息接收和发布的载体，其使用量要远远超过笔记本电脑和平板电脑等其他移动设备，若把H5的发展比作疯长的茂林，那么智能手机便是H5生存、生长所依靠的土壤。智能手机对H5发展的有利特点如图1-9所示。

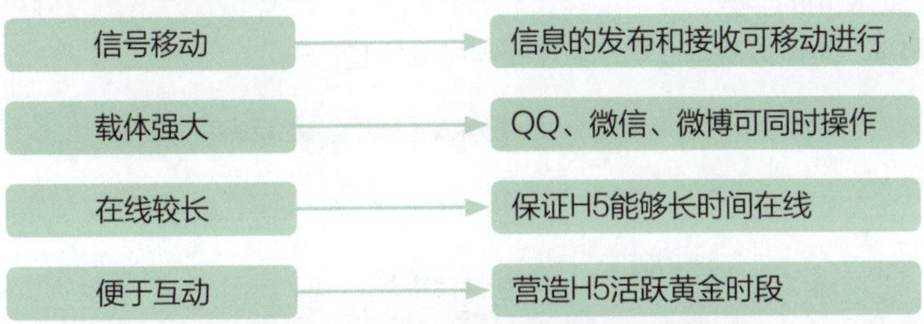

图1-9 智能手机对H5发展的4个有利特点

随着科技的发展，智能手机的功能也日益强大，除了支持各类娱乐性的H5应用外，也支持许多技术操作性H5的应用，视、听、读、写、剪辑的功能日渐强大，使H5的操作越来越简便，同时也更加容易推广和发展。H5的主要应用优势如图1-10所示。

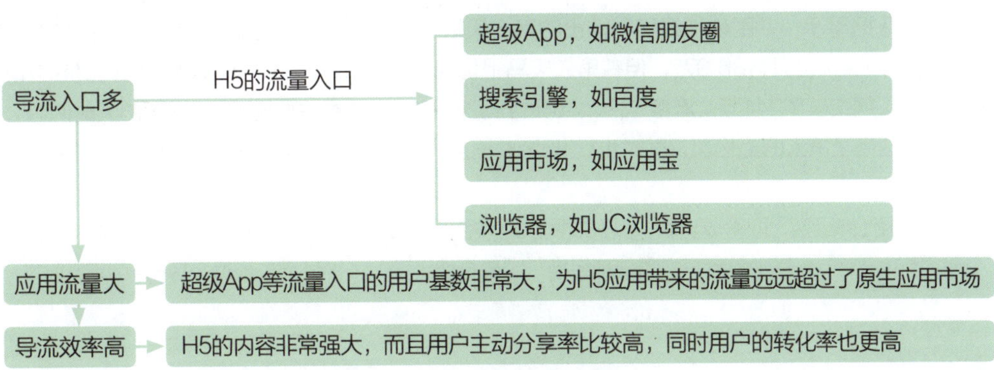

图1-10 H5的应用优势

例如，“围住神经猫”是一个比较老却非常经典的H5作品，如图1-11所示。早在2014年7月就上线了，据悉其开发时间仅为一天半，而且整个开发过程就两个人负责，一个负责美术设计，另一个负责程序开发。

图1-11 “围住神经猫”的H5页面

游戏规则非常简单，在画面中会随机出现两种颜色的圆点，而扭动的小猫只会停留在灰色的圆点上，我们可以点击灰色圆点将其变成橙色，只要用橙色圆点将小猫围住即可，系统会自动统计用户围住小猫时使用的步数。

“围住神经猫”之所以取得成功，主要原因如图1-12所示。

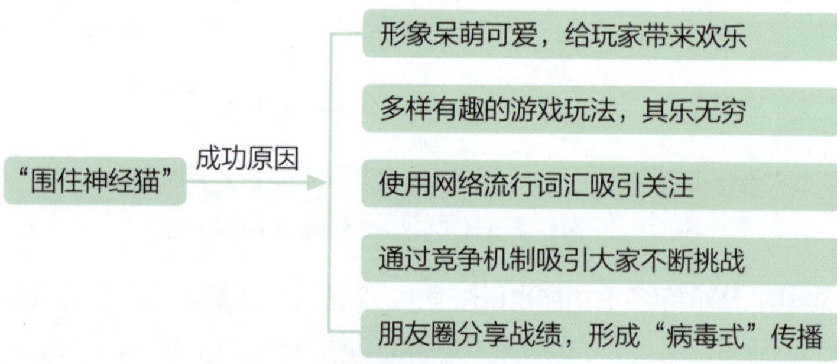

图1-12 “围住神经猫”的成功原因

相关数据显示，“围住神经猫”推出的第一天表现很普通，其独立玩家数（IP）只有23.4万，流量（PV）也只有86.3万，但在第二天马上呈现出爆发式的增长，上线48小时内其独立玩家数（IP）就突破了241万，流量（PV）也达到了1026万。“围住神经猫”在短短3天时间内，访问量就达到了惊人的上亿次，同时也让H5游戏再度火起来，这不得不说是一次移动互联网时代的传播奇迹。

在“围住神经猫”取得成功后，其开发团队还联合腾讯在“神经猫”这个IP上大做文章，推出了“神经猫的日常”，其中包含了“围住神经猫”“暴打神经猫”“神经猫广场舞”等多款小游戏。

第 2 章

工具：H5常用工具简介

学习提示

H5可以说是目前覆盖领域非常广泛的传播媒介，它跨平台的优势性可以显著地降低开发与运营成本。

本章主要介绍H5设计的常用工具，包括基于互联网的H5开发工具、基于应用软件的H5设计工具以及选择H5的工具组合形式等内容。

2.1 设计方法：H5移动设计的3种途径

随着移动互联网的高速发展，手机功能越来越强大，人们对移动端产品的表现能力也有了更高的要求，因此我们需要设计体验效果更好的H5页面。本节主要从设计方法上分析H5移动设计的3种途径，如图2-1所示。

互动营销公司 →	这些公司的设计人员拥有极强的美术功底，可以为企业提供良好的H5营销创意，但在产品和技术方面的能力却比较薄弱。
互联网公司 →	很多互联网公司都拥有自己的UED团队和设计部门，他们的技术水平高超，拥有较高的产品认知度，但作品往往缺乏创意，而且执行力度也明显不足。
H5设计师 →	专业的H5设计师不仅具有技术支持，而且创意设计也非常新颖，设计方式非常灵活，制作成本低廉。H5设计师的缺点在于推广渠道有限，应用的工具也比较单一。

图2-1 H5移动设计的3种途径

专家指点

UED的全称为User Experience Design，即“用户体验设计”，是以用户为中心的一种设计手段，是以用户需求为目标而进行的设计。

UED团队通常包括以下职位。

- 交互设计师（Interaction Designer）：指参与完成对产品与用户之间的互动机制进行分析、预测、定义、规划、描述和探索过程的设计师，即定义人造物的行为方式的工作者。
- 视觉设计师（Vision Designer）：通过视觉形象将品牌理念和营销目的传达给消费者，起着连通企业、商品、消费者桥梁的作用。
- 用户体验设计师（User Experience Design）：用户体验设计的从业者。
- 用户界面设计师（User Interface Design）：指对H5的人机交互、操作逻辑、界面美观进行整体设计的从业者。
- 前端开发工程师（Web Developer）：负责利用（X）HTML、CSS、JavaScript以及Flash等各种Web技术进行客户端产品开发的从业者。

2.2 元素设计：H5的图形图像、影音开发工具

H5已逐渐成为目前涵盖领域十分广泛的一种传播媒介，正因为如此，所涉及的设计工具种类也十分庞杂。目前，多数H5设计师都是从其他相关行业跨入这个领域的，同时专业的H5生成平台存在同质化现象，因此即便是有设计功底的设计师，也需要根据自身的优势来选择工具进行学习，从而制作出想要的效果。现阶段，H5设计领域还没有统一的设计工具，设计师需要搭配多种软件来设计制作，本节将列举一些常用的图形图像处理和影音开发工具。

2.2.1 Photoshop——功能强大的设计工具

Photoshop，全称“Adobe Photoshop”，简称“PS”，它在Adobe的产品线里是个极为强大的综合应用软件，对于每个设计师来说都不会陌生。图2-2所示为Adobe Photoshop CC 2018的启动页面。

图2-2 Adobe Photoshop CC 2018的启动页面

图2-3所示为使用PS制作的静态展示类H5页面效果。

图2-3 使用PS制作的H5页面效果

伴随着H5的兴起，设计师们逐渐发现在H5领域中，PS可以称为“万能工具”。以往PS常常用于矢量图像的绘制及图像处理，而不能对声音或视频之类文件进行编辑处理。但当Photoshop CC发布之后，它新增的“时间轴”功能，使得PS不但可以用于绘制矢量图像，还能够对视频和声音文件进行编辑，添加一定难度的动效和简单的特效，而这些基本操作恰好可以满足H5设计的常规需求。

2.2.2 Illustrator——专业的矢量图绘制工具

Illustrator，全称“Adobe Illustrator”，简称“AI”，是专业的矢量图形绘制软件。与Photoshop不同的是，Illustrator作为专业的矢量绘制软件，在H5的设计上便于线框图的绘制，避免了Photoshop多图层来回操作的不便，同时，使用AI软件能够让H5页面字体的设计展现得更好。图2-4所示为Adobe Illustrator CC 2018的启动页面。

图2-5所示为采用矢量图形设计的H5页面。

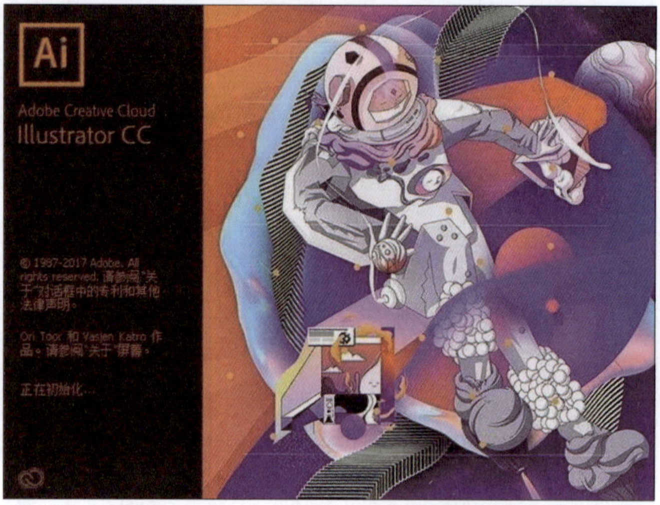

图2-4 Adobe Illustrator CC 2018的启动页面

图2-5 采用矢量图形设计的H5页面

2.2.3 Sketch——移动UI界面设计工具

Sketch是一款轻量化、易操作的矢量图形设计工具，它可以让UI设计更加简单、高效。Sketch的设计基于层次的绘图空间和无限的规模，其独特的颜色、完美精细的运算可以让图片变得更加精细，是一款很好的H5设计辅助工具，如图2-6所示。

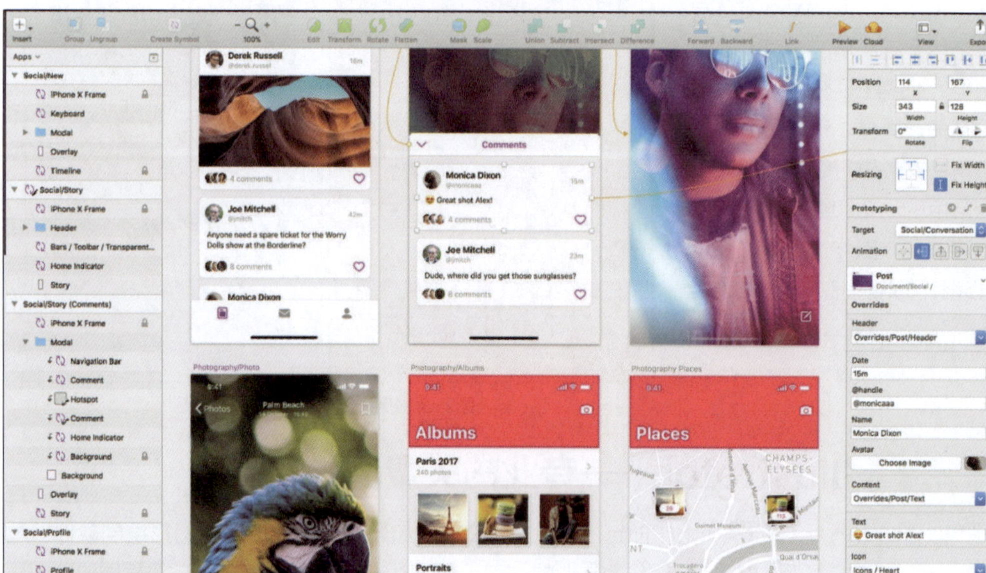

图2-6 Sketch软件界面

2.2.4 After Effects——制作炫酷的视频特效

After Effects，全称“Adobe After Effects”，简称“AE”，是Adobe公司推出的一款图形视频处理软件。AE可以创建各种引人注目的动态图形，制作出震撼的视觉效果，为H5页面添加令人耳目一新的效果，属于视频后期处理软件。图2-7所示为Adobe After Effects CC 2018的启动页面。

图2-7 Adobe After Effects CC 2018的启动页面

2.2.5 Cinema 4D——专业的三维软件工具

“Cinema 4D”指“4D电影”，但软件本身是3D表现，拥有着极高的运算速度和强大的渲染插件，是由德国Maxon Computer公司开发的，软件简称为“C4D”。图2-8所示为使用Cinema 4D制作的渲染图。

图2-8 使用Cinema 4D制作的渲染图

专家指点

AE 和 C4D 是包装设计行业中常用搭配，由于 H5 的跨平台特性，设计师可以结合这些特效软件制作出炫酷的效果，然后植入 H5 设计中。这两个工具都属于特殊 H5 设计所需要使用的辅助软件，建议选择性学习。

2.2.6 Final Cut Pro——专业视频非线性编辑软件

Final Cut Pro是苹果公司开发的一款专业视频非线性编辑软件，包含了进行后期制作所需的一切功能，如图2-9所示。如果你是苹果系统的用户，推荐使用Final Cut Pro，因为学习成本相对较低。

图2-9 Final Cut Pro软件

2.2.7 Garage Band——数码音乐创作软件

Garage Band是一款由苹果公司编写的数码音乐创作软件，是Mac的应用程序套装iLife的一部分，如图2-10所示。即使是业余的爱好者，也能够使用Garage Band轻松制作出各种音乐效果。对于H5中的背景音频设计来说，这款软件非常实用。

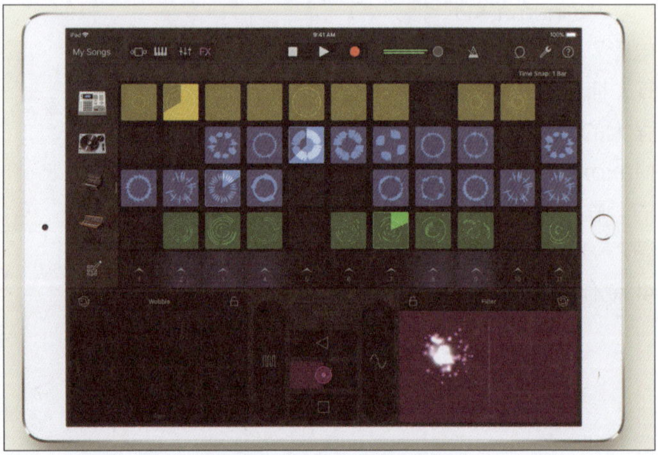

图2-10 Garage Band软件

2.3 动画设计：H5设计的演示动画制作工具

在H5作品中，通常会采用大量的动态效果来吸引用户的注意力，本节将介绍一些非常简单实用的演示动画制作工具。

2.3.1 Keynote——设计吸引人的PPT

Keynote/PowerPoint（PPT）是非常简单的原型演示工具。Keynote是2003年由苹果公司推出的适用于Mac操作系统的一款幻灯片演示应用软件。与PowerPoint（PPT）不同的是，这款软件能够使页面和设计更加图形化，因其操作简单、功能繁多，很多BAT知名企业都在使用，如图2-11所示。苹果公司自身的WWDC开发者大会上都是采用的Keynote进行的效果演示。但这款软件只有Mac系统可以使用，如果你是PC端用户也可以使用PowerPoint（PPT）来做辅助的效果演示。

> **专家指点**
> PowerPoint，全称“Microsoft Office PowerPoint”，简称“PPT”，是由微软公司开发的一款演示文稿软件，而使用PPT做出来的东西就叫作演示文稿，俗称的“幻灯片”就是演示文稿中的页面。演示文稿可以在投影仪或计算机上进行演示，也可以打印制作成胶片，应用到更广泛的领域中。

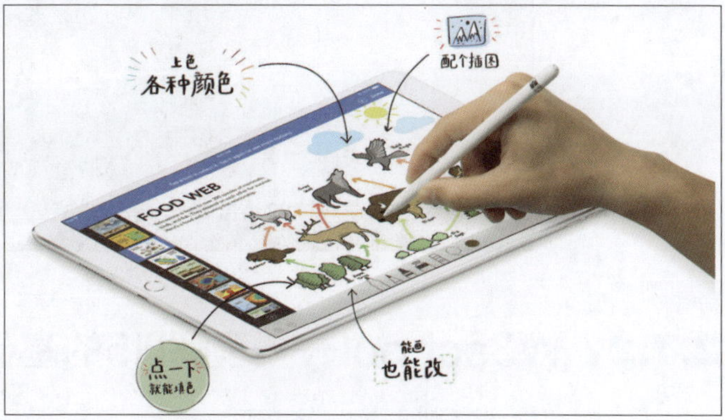

图2-11 Keynote应用

2.3.2 HYPE——做出悦目的动画效果

HYPE是一款适用于Mac操作系统的H5创作工具，主打H5设计的移动端软件，擅长在网页上做出悦目的动画效果。它不仅包含了动效功能，还加入了时间轴和动力学模块等高级命令，同时可以将H5页面直接生成代码，并且可以进行自主响应式设计。图2-12所示为HYPE软件的应用图标。

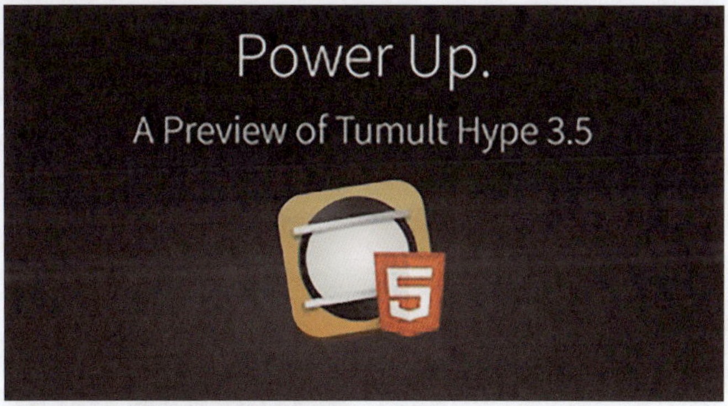

图2-12 HYPE应用图标

2.4 技术实现：H5的定制化发挥和创作工具

通常，定制化的H5设计工作都是由前端工程师来完成的，当然设计师也需要适当了解一些工具和技术，以便更好地配合前端工程师，从而获得理想的设计效果。

2.4.1 FWA——H5可以实现什么动态效果

FWA全称为Favourite Website Awards，是一个互动多媒体网站收录平台，目的是展示世界上优秀、前沿的网络媒体艺术设计作品，如图2-13所示。设计者可以通过FWA这个平台，了解H5可以实现的动态效果。

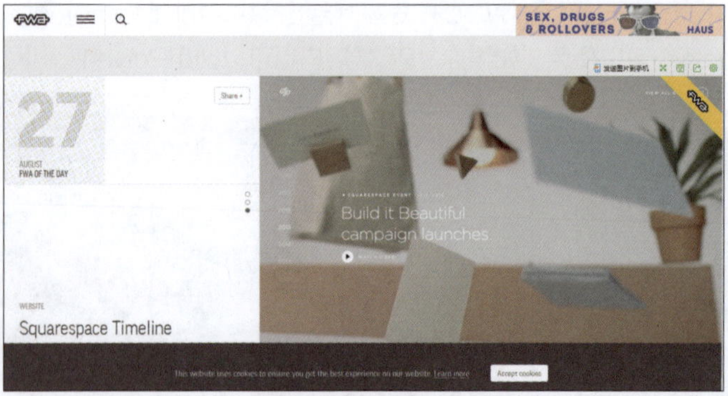

图2-13 FWA平台

2.4.2 W3school——了解H5的基础代码知识

W3school是一个专业的编程入门学习及技术文档查询网站，提供包括HTML、CSS、Javascript、jQuery、C、PHP、Java、Python、Sql及Mysql等编程语言和开源技术的在线教程及使用手册，如图2-14所示。

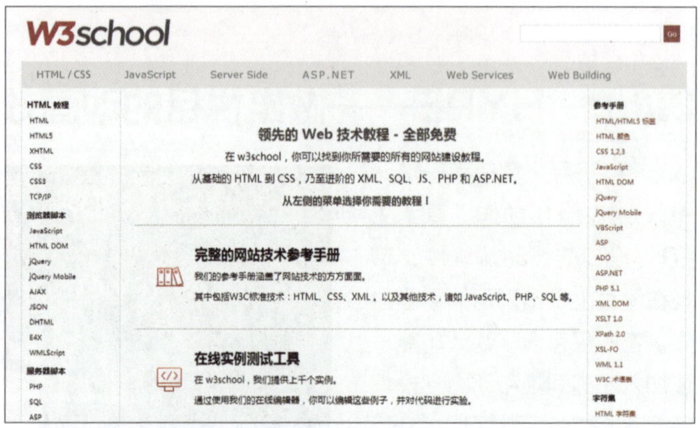

图2-14 W3school平台

例如，“你，找到方向了么？”是由腾讯游戏为宣传旗下“首款战争策略手游”做的线上推广页面，通过测试问答的互动方式，来吸引用户参与，如图2-15所示。这个H5作品采用了大量的H5代码技术，具体包括：EaselJS+PreloadJS+TweenJS+VelocityJS+Zepto。

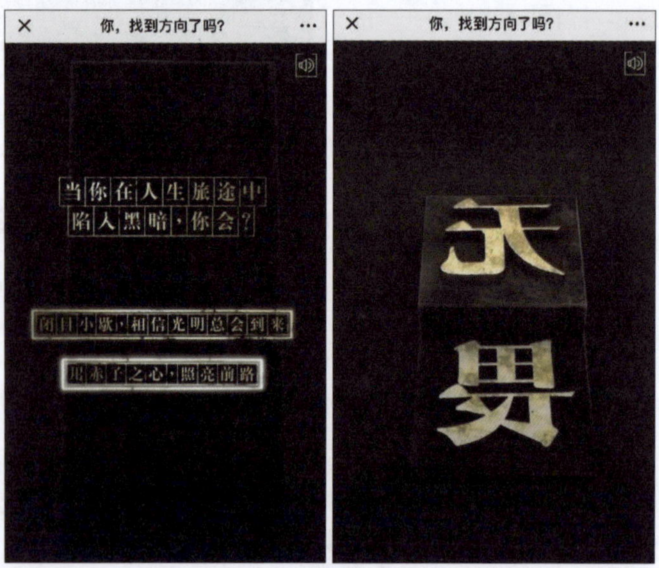

图2-15 “你，找到方向了么？”H5页面

因此，对于H5设计者来说，你一定要知道它们的基本功能和用法，并将其运用到自己的H5作品中，制作出更加精彩的H5页面。例如，京东推出的“时尚生活体验馆”这个H5页面通过8个家居场景来展示时尚生活体验馆的种种可能，每个场景的主人公动画都是使用CSS3代码来实现的，如图2-16所示。CSS3是CSS（层叠样式表）技术的升级版本，CSS3的“动画”（animation）属性能够实现更复杂的样式变化及交互效果，不需要使用任何Flash或JavaScript脚本代码。

图2-16 “时尚生活体验馆”H5页面

2.5 快速套用：互联网模板类H5开发平台

在移动互联网时代，H5越来越被看重，与此同时，各种H5制作平台和工具也腾空出世，为H5营销人员提供了大量的创作工具。对于H5营销人员来说，需要了解这些平台的特征，才能更好地应用，从而更快、更好地创作出更多优秀的H5营销方案，下面介绍几种常用的互联网模板类H5开发平台。

2.5.1 人人秀——3分钟制作H5微场景平台

人人秀可以帮助用户制作各种H5页面、微场景、创意海报、微杂志、微信邀请函、场景应用、微信贺卡，即使是不懂设计、不会编程的新手，也可以快速入门，如图2-17所示。

图2-17 人人秀主页

人人秀的主要功能和特点如图2-18所示。

强大的微信活动功能	如微信运营、微信营销、微信红包、微信投票、H5小游戏、VR全景、朋友圈营销等，帮助企业快速“涨粉”。
简单的操作体验	用户可以简单快速地通过图片替换、内容编辑，像制作PPT一样简单，创建属于自己的H5作品。
精准的数据统计	为H5营销提供多维度、实时数据监测，如访客停留时间与阅读深度分析、地理访问量等。
海量模板作品展示	● 5 000多个模板，每周更新。 ● 每天有10 000多人发布人人秀作品。

图2-18 人人秀的主要功能和特点

人人秀的“产品中心”中提供了100多种营销插件，如微信红包、大转盘抽奖、照片投票、VR全景、微信卡券、问卷调查及各种小游戏等。用户通过简单的拖曳操作，即可轻松调用这些插件，实现更好的营销功能，如图2-19所示。

图2-19 人人秀的“产品中心”

在“模板商店”页面中，人人秀按照H5的用途、行业、功能和活动费用进行分类，导航功能全面、清晰，并且支持自由搜索，如图2-20所示。同时，针对新用户和企业会员等不同层次的用户，人人秀还提供了相关的福利，极大地提高了吸引力。

图2-20 人人秀的“模板商店”

在“作品秀”页面中，展示了很多互联网、影视、银行、航空及教育等不同行业的优秀企业的H5营销方案，如华为、腾讯、百度、阿里巴巴、口碑网、爱奇艺、网易等，帮助大家更好地了解和学习这些企业的H5营销特色。

另外，人人秀的“欢乐现场”版块为用户带来了一站式的现场活动营销服务，主要服务内容如图2-21所示。“欢乐现场”适用于年会、会议、酒吧、婚礼、商业活动、培训、赛事、校园等不同的场景和地点，为企业带来线上、线下的全方位营销。

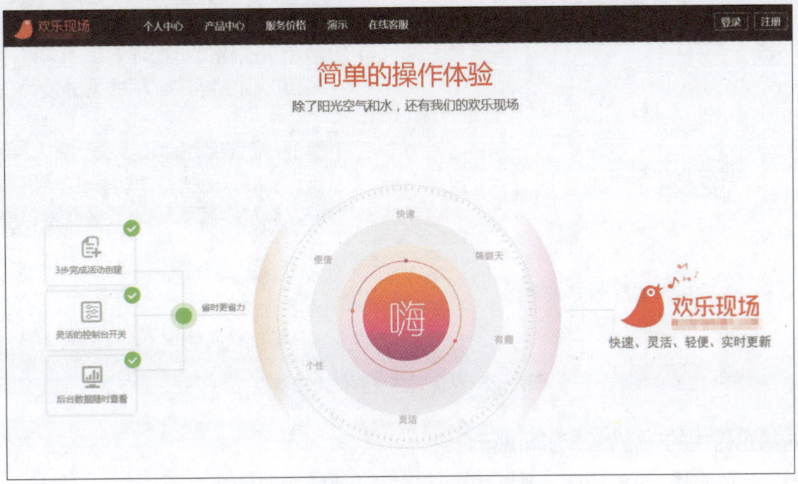

图2-21 “欢乐现场”的主要服务内容

在人人秀平台成功发布作品后，会自动跳转至分享推广界面，同时会出现作品的得分，人人秀系统将会从作品丰富度、功能丰富度、作品安全性、浏览流畅度及版权完整度等多个方面对作品进行一个综合测评，助你更好地修改和完善作品。

2.5.2 易企秀——一键生成企业营销H5

易企秀提供海量的H5场景模板，可以帮助用户轻松制作H5作品，如图2-22所示。

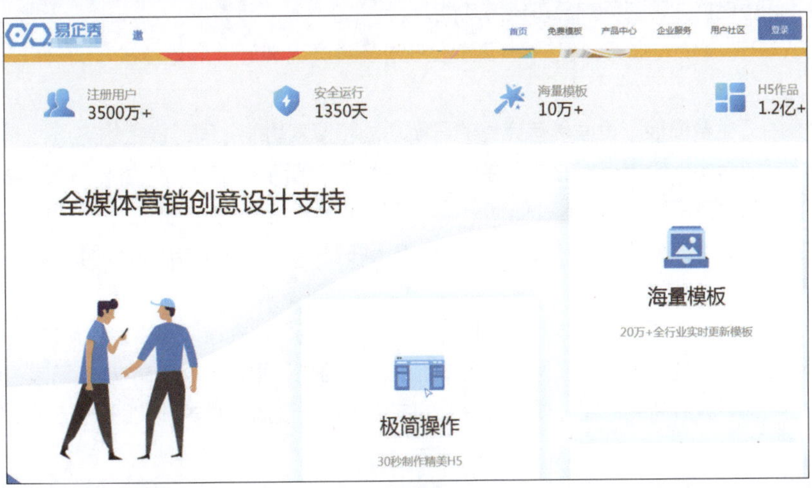

图2-22 易企秀主页

易企秀的主要优势和特点如图2-23所示。

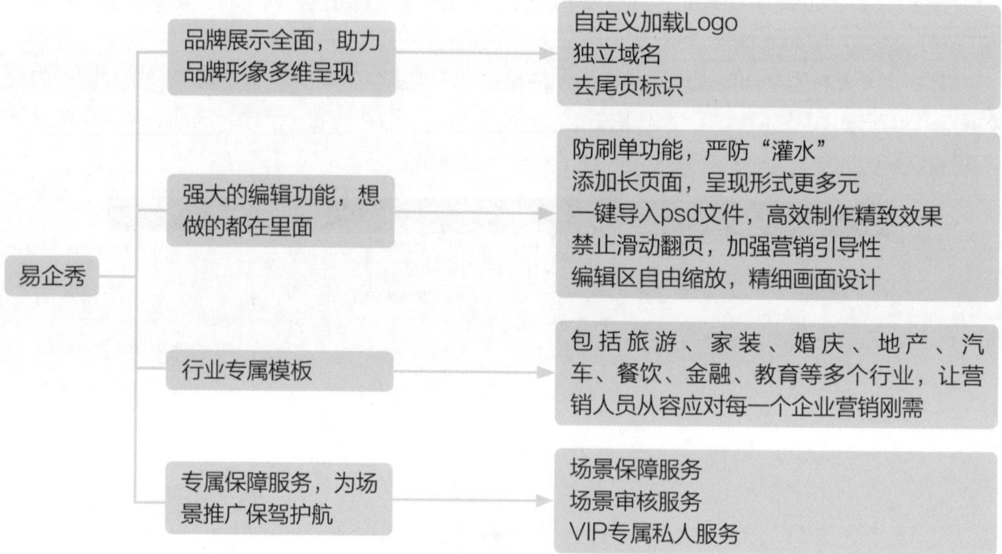

图2-23 易企秀的主要优势和特点

下面对易企秀中的一些特殊功能进行介绍。

（1）自定义加载Logo功能：用户可以将载入H5场景时的易企秀Logo，替换为企业品牌Logo或自定义图片，这有助于树立企业形象，彰显品牌实力。

（2）独立域名：主要包括自定义场景链接、优化爬虫结果、占领搜索引擎高地。

（3）去尾页标识：去除场景默认尾页提示，加强传播内容的整体性，从而更好地突出品牌概念。

（4）场景保障服务：易企秀具有独立场景服务器及CND加速服务，让H5场景访问更迅速、更稳定，全面保障传播路径。

（5）场景审核服务：双重审核机制辅助规避传播平台内容限制风险，并且具有场景前置审核、审核关闭短信提醒、驳回加急审核等功能。

（6）VIP专属私人服务：包括专享客服热线及会员培训等，高效解决H5制作及其他使用问题。

易企秀的“免费模板”页面具有完善的导航功能和搜索功能，同时模板的热点性非常强，使用体验非常好。其中，值得一提的是，易企秀还加入了“营销日历”搜索功能，可以帮助企业快速锁定近期的H5营销活动，不错过任何热点，如图2-24所示。除了H5模板外，易企秀还提供了较为完整的移动互联网广告投放平台，包括腾讯联盟广告、公众号广告、朋友圈广告、App广告等。

另外，易企秀还借鉴了自媒体的运营模式，加入“秀场”“秀客”等平台，帮助优秀的H5设计师吸引粉丝，获得企业关注。“秀客”是指那些在“秀场”平台上展示高端H5场景的设计师及各种广告、代理等服务商，他们可以解决企业的广告场景定制服务需求，如图2-25所示。

图2-24 易企秀的“营销日历”搜索功能

图2-25 “秀客”平台

“秀客”的H5作品多为原创，而且其中必须加入一类定制场景，如企业广告、招聘信息、企业品牌故事、产品推广信息或易企秀官方活动等，如图2-25所示。

2.5.3 兔展——让H5设计不再单调

兔展是一个专注于H5技术实现的专业制作平台，包括微场景、微页、微杂志、微信邀请函等，帮助用户制作炫酷的移动展示页，如图2-26所示。

1. 功能特色

兔展的主要功能和特色如下。

（1）热门模版：一分钟快速制作H5。

- 精品企业邀请函。

图2-26 兔展主页

- 热门节日活动必备。
- 品牌推广精品。
- 活动报名招聘精品。

（2）海量资深设计：23万资深设计师，提供高质量、高效益、快捷又方便的平面设计服务。

- 公司化运营，团队化协作，专业级定制。
- 提供快捷、高效的移动端自营销场景订制服务。

（3）全渠道精准传播：释放营销潜力，将活动发布到论坛、QQ群、微信群、线下实体店及其他渠道，无缝连接线上、线下，并统计各个渠道的数据，帮助企业精准筛选潜在用户。

（4）营销有数：以数据为依据的营销。

- 传播评价：自传播水平、页面水平、投放渠道。
- 传播数据指标：浏览量、访客量、分享率。

（5）数字营销服务：高效连接用户。

- H5专业定制：打破常规的创意、引发共鸣的文案和场景、个性化的视觉风格设计。
- 品牌曝光渠道：打通微信媒介、锁定精准人群进行投放、实现“增粉引流”。
- 数字资产沉淀：分析传播分享的效果，从中筛选有效的渠道，快速刻画用户画像。

（6）企业管理服务：全面提高管理效率。对企业的产品、用户群体及营销场景进行全面分析，然后整合和管理营销内容和渠道，加强企业与用户的关系，并降低营销成本。

2. 模板类型

兔展的H5模板主要包括推荐模板、翻页、长页、短视频、企业专享和企业专区等类型，聚集了各种H5的常见应用场景，如企业招聘、企业宣传、会议邀请、产品介绍、报名培训、品牌推广、节日推广、数据报告、事件祝福、新品发布及周年庆等，如图2-27所示。

图2-27 兔展模板

其中，“长页”模板可以实现“一页到底”的便捷移动方式，这里主要针对一些H5长页面，通常以静态展示为主，如图2-28所示。在“企业专区”模块，企业用户可以购买相应套餐，享受更多的额外企业服务，包括使用各种精选的限时免费模板，共享企业模板和素材，以及利用大数据进行传播与分析。

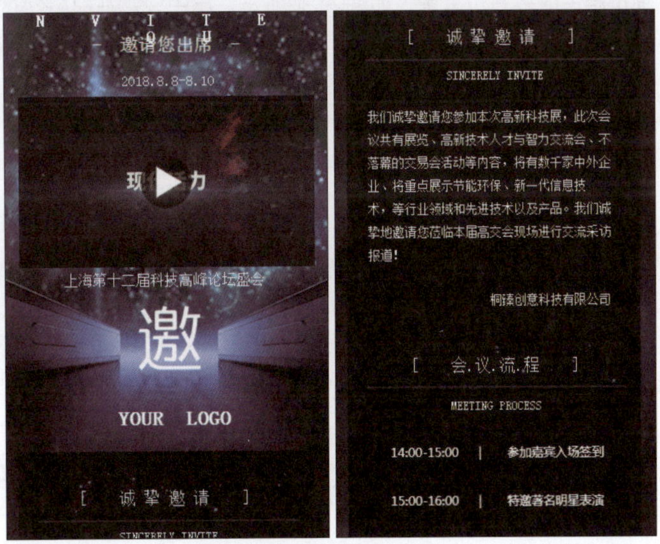

图2-28 长页模板

2.5.4 MAKA——轻松搞定H5定制推广

MAKA是一个缔造“简单、强大”的H5在线创作平台，是一款别致的互动营销工具，目前已经有超过1000万全球用户注册，每月有超过5亿人次通过MAKA阅读新形式的图文交互信息，如图2-29所示。

图2-29 MAKA主页

MAKA的主要特色在于提供了海量的视频模板，类型包含了各行各业的各种应用场景，可以满足用户的多方位需求，如图2-30所示。用户只需在MAKA的模板商城，根据需求筛选模板，将鼠标指针移动至对应的模版封面上，单击“马上使用”按钮即可应用。模板具有完整的行业结构逻辑，只需进行小小的改动就可以立刻传播。

图2-30 MAKA的视频模板

2.5.5 初页——把你的照片变成故事和书

“初页”是北京七厘米科技有限公司开发的一款基于H5音乐照片的情感、面向个人用户的

H5内容发布工具与社区软件，如图2-31所示。

图2-31 “初页”主页

“初页”的主要特色在于，即使用户没有专业的技术，也能通过简单几个步骤，制作出精美的海报。图2-32所示为“初页”手机版制作工具。“初页”是将H5页面拆分成模板、图片、文字和特效4个方面，用户可以自由选择模板，将手机中的图片随意加入，并且可以修改文字内容，使之与图片内容相符。

图2-32 “初页”手机版制作工具

2.6 创意设计：互联网功能类H5开发平台

互联网功能类H5开发平台在进行创意设计时，灵活度要更高一些，不仅可以套用模板，还可以针对各种元素进行开发设计，使其满足自己的需求。本节主要介绍一些典型的功能类H5开发平台，包括互动大师（iH5）和意派360。

2.6.1 互动大师（iH5）——可视化的H5在线编辑器

iH5的前身为VXPLO互动大师，是一套完全自主研发的H5设计工具，用户可以在线编辑网页交互内容，作品支持各种移动端设备和主流浏览器。作为一款基于云端的网页H5交互设计工具，iH5的优势在于能使用户在无须编码的情况下，通过可视化的操作，对H5页面进行在线编辑。iH5的主页如图2-33所示。

图2-33 iH5的主页

iH5的主要优势和特点如图2-34所示。

免费组件 →

- 所有基本组件：全景容器、地图工具、动画组件、物理引擎、排版容器、页面组件等。
- SVG组件：可缩放的矢量图形、变形动画。
- 小模块组件：系统提示小模块、菜单小模块、日期小模块、数据图表小模块、开关小模块等。
- 其他组件：数据库和数据表组件，自定义H5外传域名。

快速实现客户价值 →

- 无限去Logo流量包、无限次数据库导出、支持案例导出到本地服务器。
- H5传播数据监测分析系统，支持https协议。
- 微信支付、微信红包功能，支持嵌入JS/函数代码、API组件、自定义API、网页等。
- 支持主账号和子账号管理，提供独立企业用户咨询群，快速解答疑问。

图2-34 iH5的主要优势和特点

专家指点

iH5 看上去像一款制作前端 H5 的 SaaS（软件级服务）产品，但本质上 iH5 几乎集成了“前后端”所需的所有功能，用户只需要学习 iH5 的制作流程就可以完成各种场景、游戏、App 的搭建，不需要有任何代码基础。

iH5提供了类别、场景和效果3个基本的导航功能，同时它的每个导航功能菜单都比较丰富，类别包括全部、官方模板、设计师模板、新手专属、免费；场景包括邀请函、企业招聘、电商、相册、节日祝福等多种类型，如图2-35所示。

图2-35　iH5的模板精选页面

iH5是一款无须下载的H5设计开发工具，采用了物理引擎、数据库、直播流、SVG、WebApp、多屏互动等技术，为用户带来一站式的Web App平台解决方案。iH5还被用于其他领域，如图2-36所示。

图2-36　iH5的应用领域

iH5的制作页面与Photoshop相类似，如图2-37所示。在iH5的制作页面的最右边是对象树，它就是Photoshop软件中的图层。在对象树中，包括图片、视频、序列帧等素材元素，页面、对象组等容器元素，以及时间轴、数据库等功能性元素，这些都是构成H5的基本元素。这些对象以树形的结构层层组织在一起，就构成了一个H5的骨架。当然，要搭建这个骨架，我们需要使用到最左边的工具栏，其位置也与Photoshop类似，它可以用来创建H5中的各种对象，像在Photoshop软件中做图一样来制作H5页面。

图2-37 iH5的制作页面

2.6.2 意派360——非常懂设计师的专业H5工具

意派Epub360具有非常专业的H5设计功能，可以满足企业的个性化设计需求，如图2-38所示。

图2-38 意派Epub360主页

意派Epub360的主要功能和特点如图2-39所示。

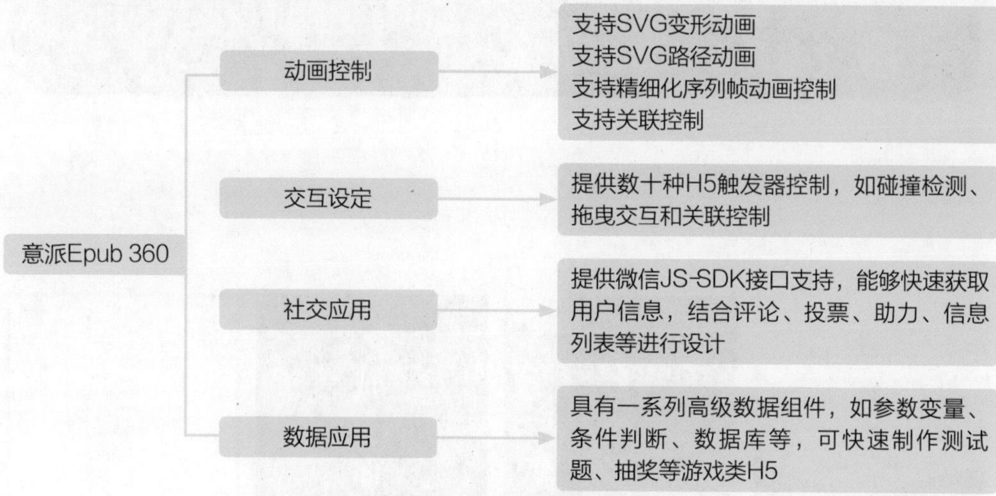

图2-39 意派Epub360的主要功能和特点

Epub360不但具有多花样的动画设定与触发器设定功能，同时还可以调用微信高级接口，不需要进行编程，即可轻松设计出具有交互功能的H5应用场景，其核心交互组件如表2-1所示。

表2-1 意派Epub360的核心H5交互组件

组件名称	功能解析	功能应用
拖曳交互组件	具有逻辑判断的拖曳组件	制作拼图、智力问答H5作品
HTML组件	支持嵌入网页、HTML压缩包	方便与第三方应用功能整合
SVG路径动画	支持SVG矢量图形	制作描边动画
序列帧组件	支持序列帧动画控制	进行序列帧的单帧细粒度交互
参数变量组件	使交互设计具有逻辑判断	支持与或判断，提升交互级别
计时器组件	倒计时、正计时触发	可将时间纳入交互设计
微信拍照、录音	无须编程调用微信拍照接口	增强用户参与感
碰撞检测	可检测元素碰撞反馈	结合参数组件设计H5小游戏
信息列表组件	灵活的信息列表、游戏排行	实现排行榜、饼图、统计图表
助力、投票组件	营销传播利器	让用户参与互动传播
高级交互表单	表单数据的展示、收集、交互、管理和分析	收集用户信息
系统参数	判断用户是否关注公众号，以及识别用户的手机系统	可针对不同的用户，进行区别化设计

图2-40所示为意派Epub360的“模板”页面，包括“创意形式”和“场景”两大类型，提供了邀请函、招聘、品牌推广、产品宣传、婚礼庆典、活动营销、节日主题、数据报告、微杂志、微官网和年会等不同应用场景的H5模板。

图2-40 意派Epub360的“模板”页面

另外，意派Epub360还将一些比较常用的H5应用场景，如答题测试、我画你猜游戏、签到抽奖、手绘大赛、转盘抽奖及图片投票等，进行数据逻辑封装，用户只需要进行简单的逻辑配置，即可轻松使用专业级的H5数据应用，如图2-41所示。这对于那些完全不懂H5设计的人来说，绝对是一大福音。

图2-41 专业级的H5数据应用

2.7 组合使用：各种H5工具的选择方式

在H5的设计过程中，根据设计要求，设计师选取针对性强且自身能够掌握的工具进行搭配使用，可以大大提高工作效率，完成所需要的效果。接下来详细介绍如何正确选择H5工具的组合形式。

2.7.1 开发类H5工具的选择

如果设计要求非常复杂，除了简单的画面及元素之外，还要添加视频、特效和音效时，可以采用Photoshop + Illustrator + Final Cut Pro/Garage Band/Premiere + Keynote/PowerPoint（PPT）的组合搭配形式。

Photoshop和Illustrator负责完成画面和字体的设计；Final Cut Pro/Garage Band/Premiere负责完成视频、声音的剪辑；Keynote/PowerPoint（PPT）负责完成演示的制作，设计师可以通过演示与前端工程师进行沟通。

2.7.2 网站类H5工具的选择

在网站类H5的内容表现要求简单时，可以采用Photoshop + H5模板工具网站的组合搭配形式。Photoshop负责完成设计画面，并存成PNG格式图片，然后上传到H5模板工具网站，利用网站来生成H5作品。

在内容表现要求复杂时，可以采用Photoshop + Illustrator + Final Cut Pro + H5模板工具网站的组合搭配形式。Photoshop + Illustrator负责设计出所需的分层PNG图，Final Cut Pro负责制作所需的声音和音频，最后通过H5模板工具网站来生成最终的效果。

专家指点

随着时代的进步，智能手机已经成为大众普及的通信工具，而H5的主要载体便是智能手机。在智能手机端浏览H5页面已经成为一种需求，同时，利用手机制作H5页面也已成为H5发展的一个趋势，因此，众多H5制作平台纷纷推出手机端制作H5的工具，例如，人人秀推出的小程序制作工具便能够很好地满足在手机端制作H5的需求。

2.8 省时省力：H5设计常用的辅助工具

随着H5的发展，用户对页面的要求越来越高，要设计一个优秀的H5作品，除了需要一些常用的设计工具以外，辅助工具也是必不可少的。下面介绍几种设计H5时常用的辅助工具。

2.8.1 格式工厂——声音/视频压缩工具

作为一个便携性好、容量小的H5页面，添加的视频、音效文件大小也受到了限制，过大的视频、音效文件会导致整个页面数据过于庞大，加载缓慢，因此视频、音频的压缩工具就对整个页面的效果制作起到了很大的辅助作用。

通常我们会使用PC端的格式工厂、Mac系统的Video Converter和Garage Band（随身录音室）等小工具压缩处理音、视频文件，并将其植入到H5作品中。图2-42所示为格式工厂的工作页面。格式工厂不仅仅能压缩音、视频文件，还可以对不同页面使用的音、视频文件进行相应的格式转换，方便不同页面加载音、视频文件。

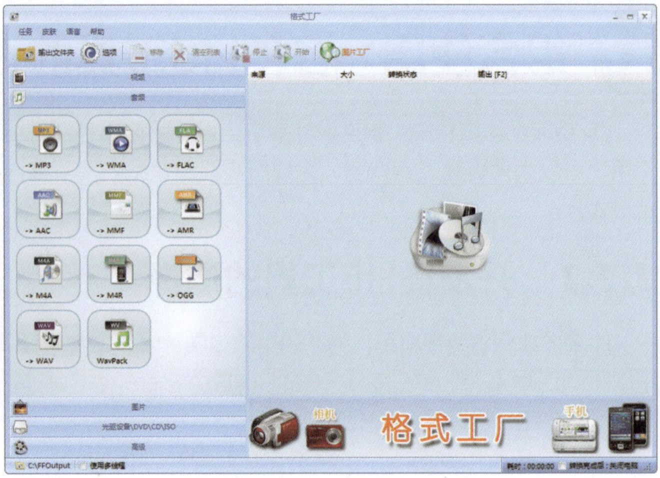

图2-42 格式工厂的工作页面

2.8.2 Ps Play——在手机上预览Photoshop设计稿

大多数简单的H5效果都是用Adobe Photoshop CC制作出来的，但因为PC端软件的限制及不便携性，从而演化出了在手机端能够方便浏览Photoshop设计效果的移动软件——Ps Play。该软件在预览设计效果的同时，可以同步调试并截图保存到手机端，还可以直接运用微信和Email等工具进行分享，如图2-43所示。

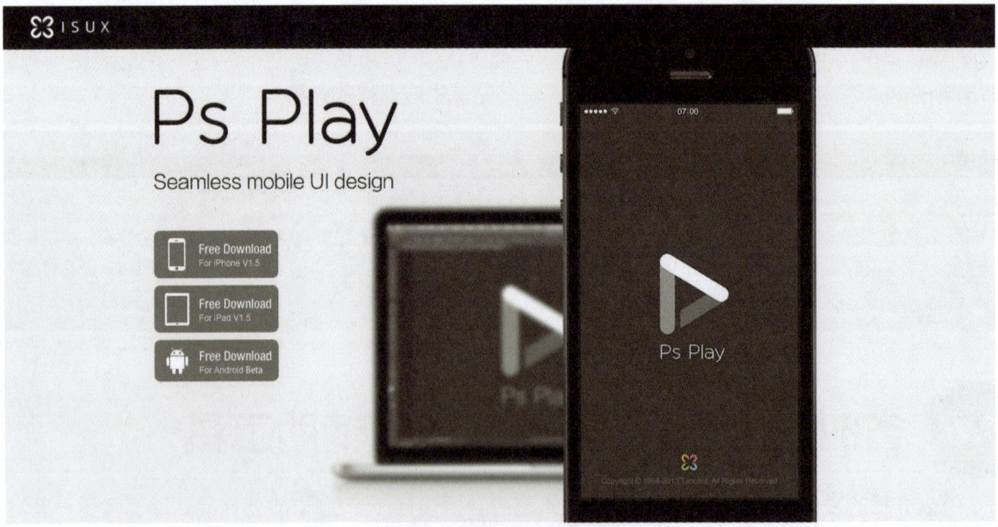

图2-43 Ps Play的网站页面

2.8.3 TinyPNG——图片压缩工具

图片文件的大小与声音、视频文件的大小存在一样的问题，那就是过大的文件需要进行压缩才能植入H5页面。TinyPNG是一个常用的图片压缩网站，此外，还有一款腾讯出品的压缩工具平台——智图，也非常好用，如图2-44所示。

图2-44 智图的网站页面

2.8.4 草料——二维码生成工具

H5已经成为涵盖领域非常广泛的一种传播媒介，大多数的H5页面也成了广告推广的一个平台。那么，在做一个广告推广页面时，主页的企业集团二维码，是必不可少的。很多互联网公司正是发现了这一点，从而推出了非常多的二维码生成工具，比较常用的工具有微微和草料等，但有一部分高级功能是需要付费才能使用的。

图2-45所示为草料二维码生成器的网站页面。

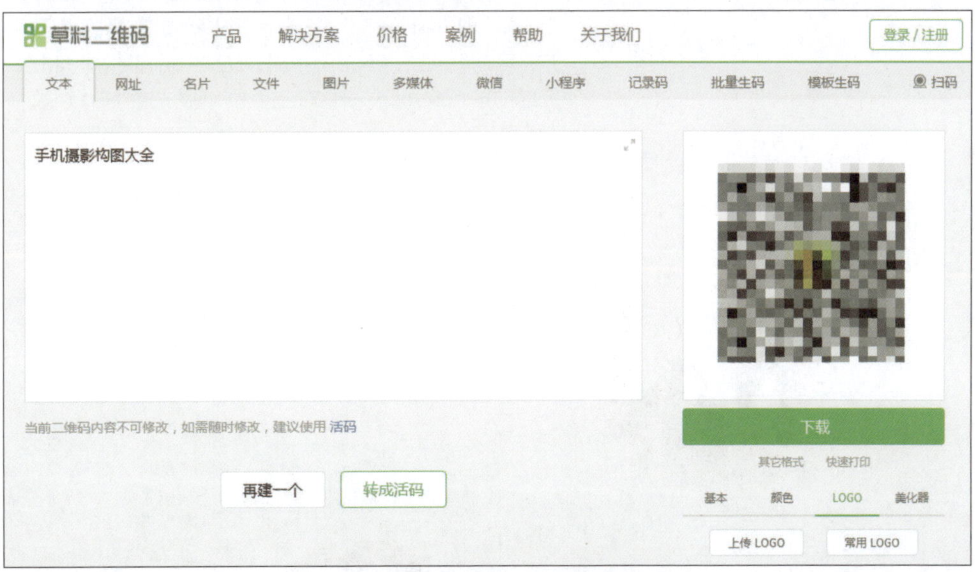

图2-45 草料二维码生成器的网站页面

第 3 章

重点：H5之Photoshop详解

学习提示

广告页面在视觉上给用户的第一印象很重要，作为新型的广告推广工具，H5的界面设计尤为重要。Photoshop可以说是一个非常强大的图像处理软件，它包含了很多的图像处理工具，用户只需选择合适的工具对图片进行处理与设计即可。本章主要介绍利用Photoshop设计H5页面中各种图文元素的操作方法。

3.1 图像设计：轻松提升H5作品的颜值

在H5作品的内容设计中，图片是除了文字外的另一个重要的传递信息的途径，也是网络销售和微营销中需要重点设计的元素。H5作品中的各种图片是画面中的重要组成部分，同时，它比文字更直接、更快捷、更形象、更有效，可以让H5页面信息的传递更简洁。本节主要介绍H5图片美化的各种技巧，帮助设计者通过美工设计轻松打造出"爆款"H5作品。

3.1.1 控制移动H5图像的画布

画布是指实际打印的工作区域，图像画面尺寸的大小是指当前图像周围工作空间的大小，改变画布大小会直接影响最终的输出效果。

素材文件	素材\第3章\招聘H5.jpg
效果文件	效果\第3章\招聘H5.jpg
在线视频	第3章\3.1.1 控制移动H5图像的画布.mp4

步骤01 单击"文件"|"打开"命令，打开一幅素材图像，如图3-1所示。

步骤02 单击"图像"|"画布大小"命令，弹出"画布大小"对话框，如图3-2所示。

图3-1 打开素材图像

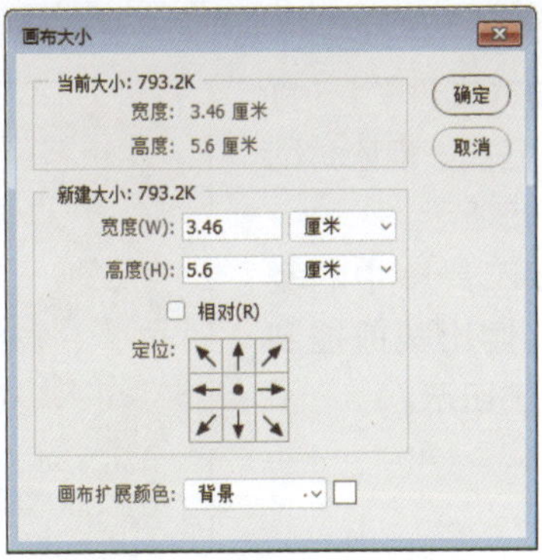

图3-2 弹出"画布大小"对话框

专家指点

在"画布大小"对话框中，选中"相对"复选框后，在"宽度"和"高度"选项后面将出现"锁链"图标，这表示改变其中某一选项的设置时，另一选项会按比例同时发生变化。

步骤03 在"新建大小"选项区中，设置"宽度"为5.42厘米、"高度"为8.13厘米，设置"画布扩展颜色”为“黑色”，如图3-3所示。

步骤 04 单击“确定”按钮，即可调整画布的大小，如图3-4所示。

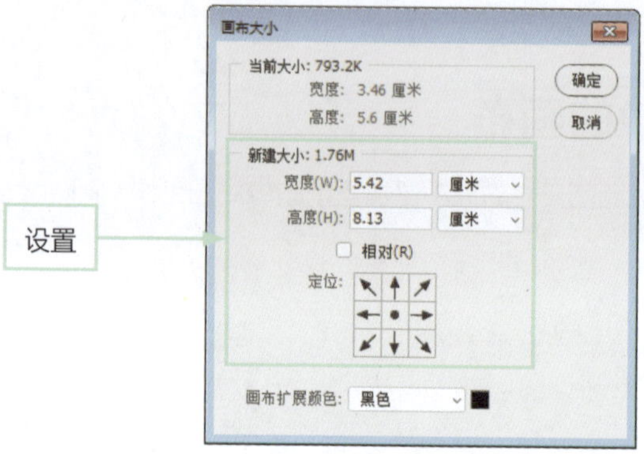

图3-3 设置选项

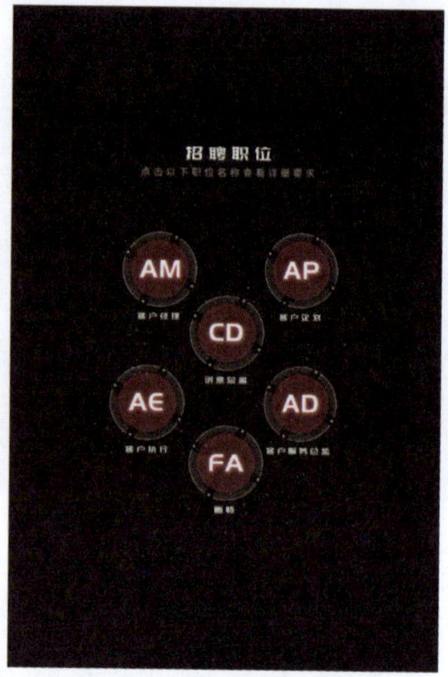

图3-4 调整画布大小

3.1.2 运用工具裁剪移动H5图像

在设计移动H5界面时，裁剪工具是应用非常便捷的截取图像的工具，灵活运用裁剪工具可以突出主体图像。

素材文件	素材\第3章\邀请函.jpg
效果文件	效果\第3章\邀请函.jpg
在线视频	第3章\3.1.2 运用工具裁剪移动H5图像.mp4

步骤 01 单击“文件”|“打开”命令，打开一幅素材图像，如图3-5所示。

步骤 02 选取工具箱中的裁剪工具，调出裁剪控制框，如图3-6所示。

图3-5 打开素材图像

图3-6 调出裁剪控制框

步骤 03 将鼠标指针移至裁剪控制框中，在单击的同时拖曳图像至适合位置，如图3-7所示。

步骤 04 执行上述操作后，按【Enter】键确认，即可裁剪图像，效果如图3-8所示。

图3-7 拖曳图像至适合位置

图3-8 裁剪图像

3.1.3 移动H5图像的抠图合成

在移动H5界面的设计过程中，由于拍摄取景的问题，常常会使拍摄出来的照片内容过于复杂，如果直接使用这样的图片容易降低作品的表现力，这就需要抠取出主要部分单独使用。下面以图层模式为例，介绍移动H5图像的抠图合成技巧。

素材文件	素材\第3章\星空背景.psd
效果文件	效果\第3章\星空背景.psd、星空背景.jpg
在线视频	第3章\3.1.3 移动H5图像的抠图合成.mp4

步骤 01 单击“文件”|“打开”命令，打开一幅素材图像，如图3-9所示。

步骤 02 在“图层”面板中，选择“图层1”图层，如图3-10所示。

图3-9 打开素材图像

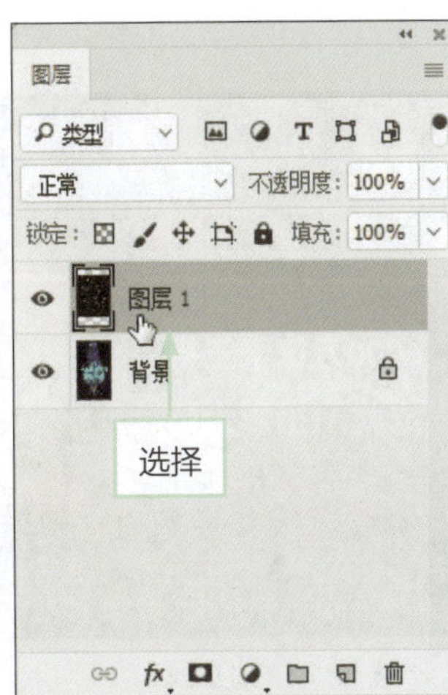

图3-10 选择“图层1”图层

步骤 03 在图层混合模式列表框中选择“滤色”选项，如图3-11所示。

步骤 04 执行操作后，图像呈“滤色”模式显示，效果如图3-12所示。

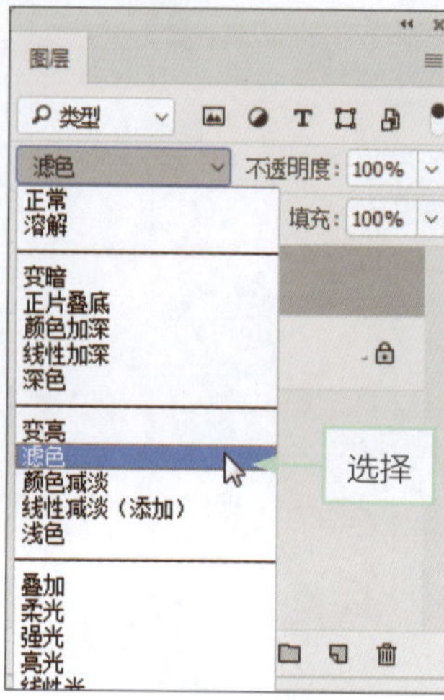

图3-11 选择“滤色”选项

图3-12 最终效果

3.1.4 移动H5图像的影调调整

移动H5界面图像的影调有4种常用的调整方法，包括“色阶”命令、“亮度/对比度”命令、“曲线”命令和“曝光度”命令。下面详细介绍运用“亮度/对比度”命令调整移动H5图像影调的操作方法。

素材文件	素材\第3章\手机广告.psd
效果文件	效果\第3章\手机广告.psd、手机广告.jpg
在线视频	第3章\3.1.4 移动H5图像的影调调整.mp4

步骤 01 单击“文件”|“打开”命令，打开一幅素材图像，如图3-13所示。

步骤 02 选择“图层2”图层，单击“图像”|“调整”|“亮度/对比度”命令，弹出“亮度/对比度”对话框，设置“亮度”为18、“对比度”为25，如图3-14所示。

图3-13 打开素材图像

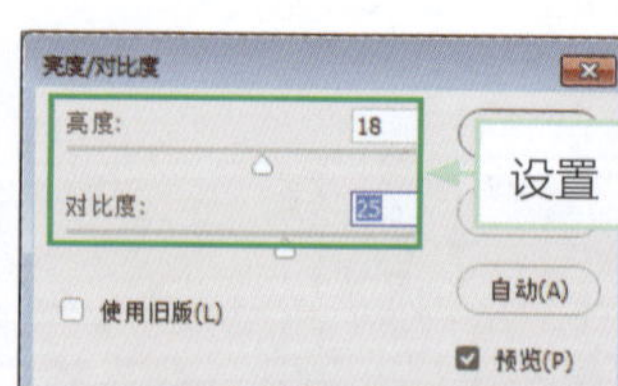

图3-14 设置相应参数

步骤 03 单击“确定”按钮，即可调整图像的影调，效果如图3-15所示。

图3-15 最终效果

3.1.5 移动H5图像的色彩调整

Photoshop拥有多种强大的色彩、色调调整功能，使用“自然饱和度”“色相/饱和度”“色彩平衡”“替换颜色”“照片滤镜”“通道混合器”及“去色”等命令，可以对图像颜色进行高级调整。下面详细介绍运用“色相/饱和度”命令调整移动H5图像色彩的操作方法。

素材文件	素材\第3章\游戏宣传.psd
效果文件	效果\第3章\游戏宣传.psd、游戏宣传.jpg
在线视频	第3章\3.1.5 移动H5图像的色彩调整.mp4

步骤 01 单击“文件”|“打开”命令，打开一幅素材图像，如图3-16所示。

步骤 02 选择“背景”图层，单击“图像”|“调整”|“色相/饱和度”命令，如图3-17所示。

图3-16 打开素材图像

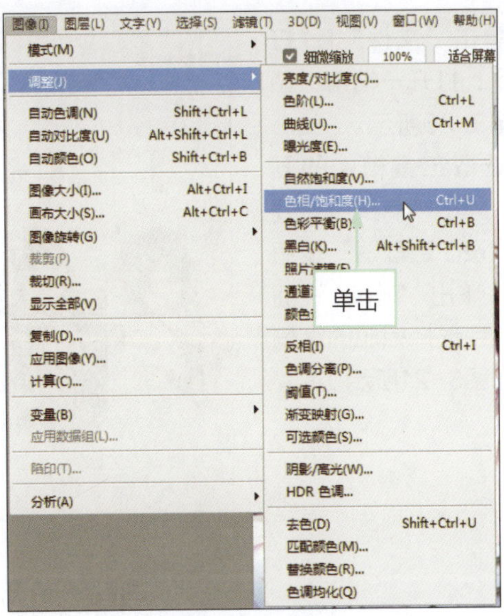

图3-17 单击“色相/饱和度”命令

步骤 03 弹出“色相/饱和度”对话框，设置“色相”为10、“饱和度”为12，如图3-18所示。

步骤 04 单击“确定”按钮，即可调整图像的色相与饱和度，效果如图3-19所示。

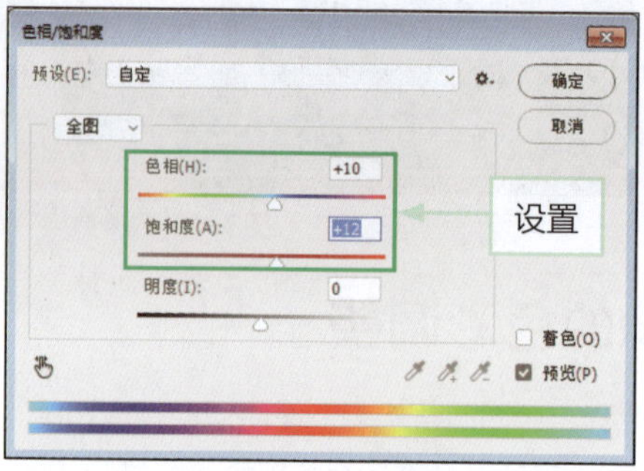

图3-18 设置相应参数

图3-19 最终效果

3.1.6 移动H5图像设计的绘图基础

Photoshop是一款图形图像处理软件，但Photoshop自7.0版本之后，就大大增强了绘画功能，从而使其成为一款优秀的图形图像处理及绘图软件。

素材文件	素材\第3章\手游介绍.jpg
效果文件	效果\第3章\手游介绍.jpg
在线视频	第3章\3.1.6 移动H5图像设计的绘图基础.mp4

步骤 01 单击“文件”|“打开”命令，打开一幅素材图像，如图3-20所示。

步骤 02 选取工具箱中的画笔工具，单击“点按可打开‘画笔预设’选取器”按钮 ▾，即可弹出“画笔”面板，在其中选择相应的笔刷类型，如图3-21所示。

图3-20 素材图像

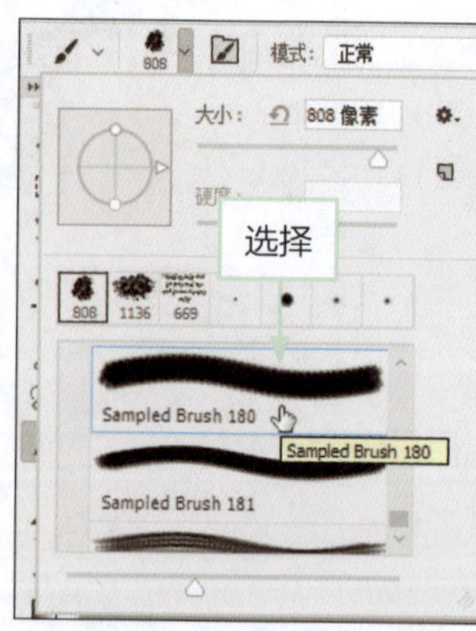

图3-21 选择相应的笔刷类型

步骤 03 选取工具箱中的吸管工具，在背景图像中的红色花瓣上单击吸取颜色，如图3-22所示。

步骤 04 运用画笔工具在图像中单击，即可进行绘制，效果如图3-23所示。

图3-22 吸取颜色

图3-23 绘制图像

3.1.7 移动H5图像的路径编辑技巧

在移动H5界面图像的设计过程中，编辑路径可以运用添加和删除锚点、平滑和尖突锚点，以及连接和断开路径等工具，合理运用这些工具，能得到更完整的路径图形。

素材文件	素材\第3章\七夕节.jpg
效果文件	无
在线视频	第3章\3.1.7 移动H5图像的路径编辑技巧.mp4

步骤 01 单击“文件”|“打开”命令，打开一幅素材图像，如图3-24所示。

步骤 02 单击“窗口”|“路径”命令，展开“路径”面板，选择“工作路径”路径，如图3-25所示。

图3-24 打开素材图像

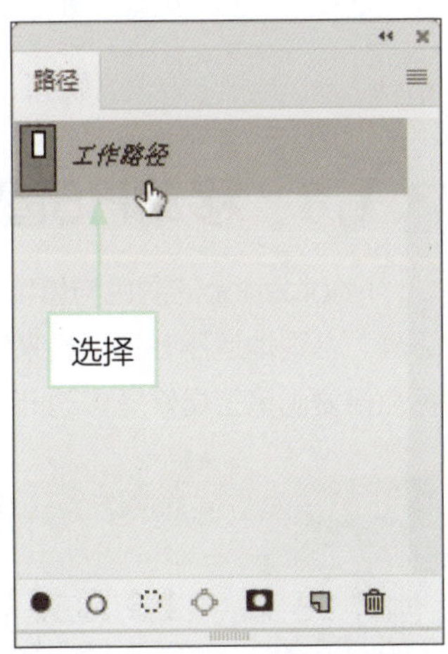

图3-25 选择“工作路径”路径

步骤 03 选取工具箱中的添加锚点工具，如图3-26所示。

步骤 04 移动鼠标指针至图像编辑窗口中的路径上，单击鼠标，即可添加锚点，如图3-27所示。

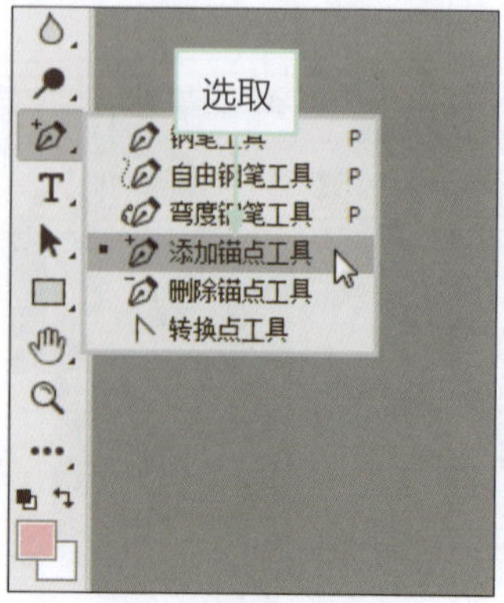

图3-26 选取添加锚点工具

图3-27 添加锚点

步骤 05 选取工具箱中的删除锚点工具，如图3-28所示。

步骤 06 移动鼠标指针至图像编辑窗口中路径上的相应锚点上，单击鼠标，即可删除该锚点，如图3-29所示。

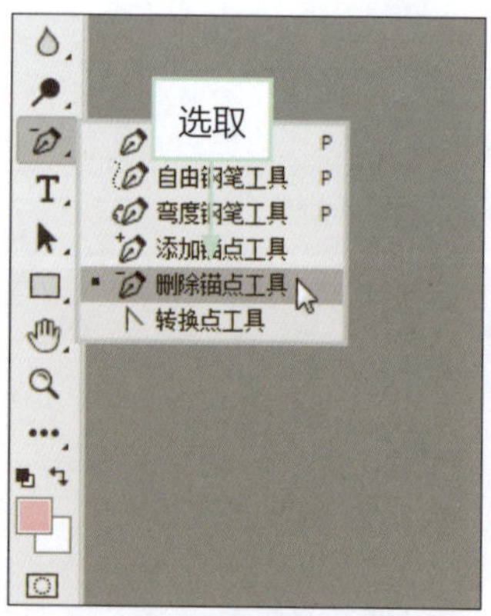

图3-28 选取删除锚点工具

图3-29 删除锚点

3.1.8 移动H5图像的修饰与修复

Photoshop的润色与修饰图像的功能是不可小觑的，它提供了多种润色与修饰图像的工具，正确、合理地运用各种工具来修饰图像，才能制作出完美的移动H5界面效果。下面详细介绍运用污点修复画笔工具修复移动H5图像的操作方法。

素材文件	素材\第3章\课程宣传.jpg
效果文件	效果\第3章\课程宣传.jpg
在线视频	第3章\3.1.8 移动H5图像的修饰与修复.mp4

步骤 01 单击“文件”|“打开”命令，打开一幅素材图像，如图3-30所示。

步骤 02 选取工具箱中的污点修复画笔工具，移动鼠标指针至图像编辑窗口中的合适位置，单击鼠标并拖曳，对图像进行涂抹，鼠标指针涂抹过的区域呈黑色显示，如图3-31所示。

图3-30 打开素材图像

图3-31 涂抹图像

步骤 03 释放鼠标，即可使用污点修复画笔工具修复图像，效果如图3-32所示。

图3-32 最终效果

3.2 文字设计：做出有质感的好作品

在移动H5界面图像设计中，文字的使用是非常广泛的，通过对文字进行编排与设计，不但能够有效突出设计主题，还可以对图像起到美化的作用。本节主要讲述与文字处理相关的知识，帮助读者掌握文字工具的具体操作方法。

3.2.1 认识移动H5中的文字

在移动H5界面设计中，文字是多数设计作品尤其是商业作品中不可或缺的重要元素，有时甚至在作品中起着主导作用，Photoshop除了提供丰富的文字属性设计及版式编排功能外，还可以对文字的形状进行编辑，以便制作出更多、更丰富的文字效果。

对文字进行艺术化处理是Photoshop的强项之一。在将文字栅格化之前，Photoshop会保留基于矢量的文字轮廓，可以任意缩放文字或调整文字大小而不会产生锯齿。Photoshop提供了4种文字类型，包括横排文字、直排文字、段落文字和选区文字，如图3-33所示。

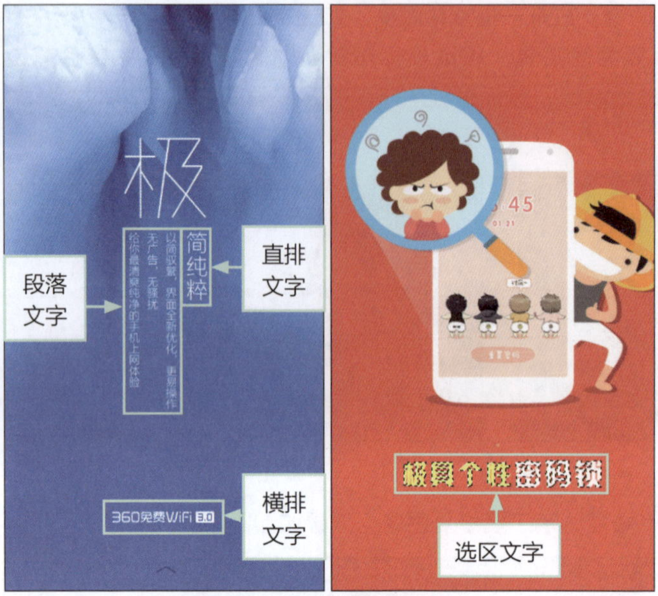

图3-33 移动H5界面的文字类型

专家指点

在Photoshop中，英文输入法状态下，按【T】键，也可以快速切换至横排文字工具，然后在图像编辑窗口中输入相应文本内容。如果输入的文字位置不能满足用户的需求，此时用户可以通过移动工具，将文字移动到相应位置。

3.2.2 输入移动H5图像文字

下面以横排文字为例，介绍输入移动H5图像文字的操作方法。横排文字是一个水平的文本行，每行文本的长度随着文字的输入而不断增加，但是不会换行。在设计移动H5界面图像时，使用工具箱中的横排文字工具或横排文字蒙版工具，即可在图像编辑窗口中输入横排文字。

素材文件	素材\第3章\足球小游戏.jpg
效果文件	效果\第3章\足球小游戏.jpg、足球小游戏.psd
在线视频	第3章\3.2.2 输入移动H5图像文字.mp4

步骤 01 单击“文件”|“打开”命令，打开一幅素材图像，如图3-34所示。

步骤 02 选取工具箱中的横排文字工具，将鼠标指针移至适当位置，单击鼠标，确定文字的插入点，在工具属性栏中设置“字体系列”为“宋体”、“字体大小”为25点、“文本颜色”为深绿色（RGB参数值分别为50、80、0），如图3-35所示。

图3-34 打开素材图像

图3-35 设置字符属性

步骤 03 在图像上输入相应文字，单击工具属性栏右侧的“提交所有当前编辑”按钮，即可完成横排文字的输入操作，然后将文字移至合适位置，适当调整其角度，效果如图3-36所示。

图3-36 最终效果

3.2.3 设置移动H5文字属性

在设计移动H5界面图像时，可以在“字符”面板中设置字体、字体大小、字符间距及文字倾斜等属性。下面详细介绍设置移动H5文字属性的操作方法。

素材文件	素材\第3章\游戏营销.psd
效果文件	效果\第3章\游戏营销.jpg、游戏营销.psd
在线视频	第3章\3.2.3 设置移动H5文字属性.mp4

步骤 01 单击“文件”|“打开”命令，打开一幅素材图像，如图3-37所示。

步骤 02 在“图层”面板中，选择需要编辑的文字图层，如图3-38所示。

图3-37 打开素材图像

步骤 03 单击“窗口”|“字符”命令，展开“字符”面板，设置“字体大小”为58点，如图3-39所示。

步骤 04 更改文字属性，按【Enter】键确认，效果如图3-40所示。

图3-38 选择文字图层

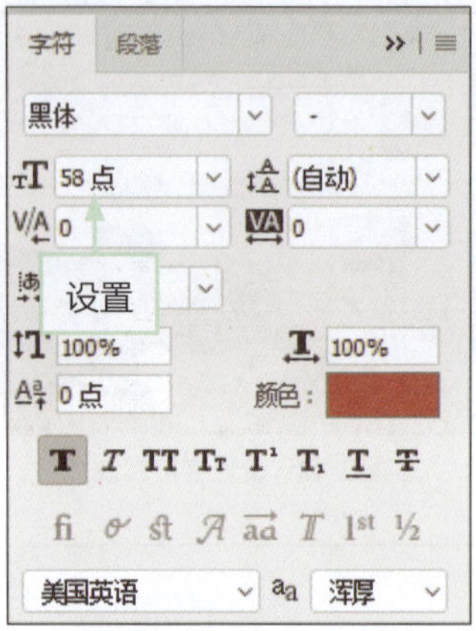

图3-39 弹出“字符”面板

图3-40 最终效果

3.2.4 设置移动H5段落属性

在设计移动H5界面图像时，主要使用“段落”面板改变或重新设置文字的排列方式、段落缩进及段落间距等属性。

素材文件	素材\第3章\课程报名.psd
效果文件	效果\第3章\课程报名.jpg、课程报名.psd
在线视频	第3章\3.2.4 设置移动H5段落属性.mp4

步骤 01 单击“文件”|“打开”命令，打开一幅素材图像，如图3-41所示。

步骤 02 单击“窗口”|“段落”命令，展开“段落”面板，如图3-42所示。

图3-41 打开素材图像

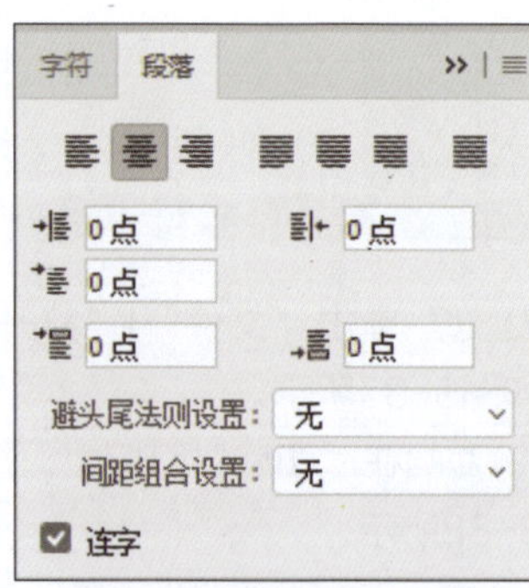

图3-42 展开“段落”面板

步骤 03 选择文字图层，在“段落”面板中，单击“居中对齐文本”按钮，如图3-43所示。

步骤 04 执行操作后，即可设置文本的段落属性，效果如图3-44所示。

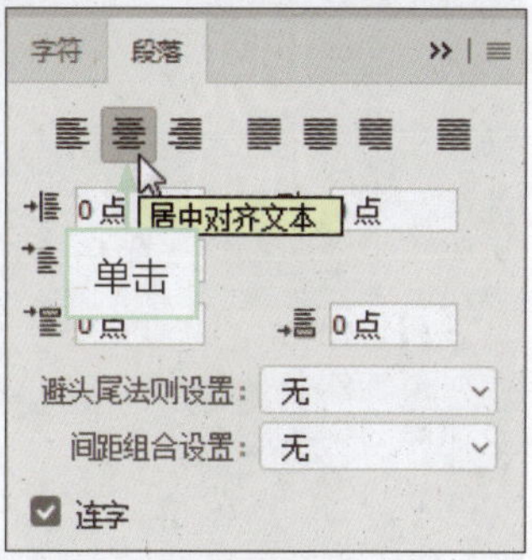

图3-43 单击“居中对齐文本”按钮

图3-44 最终效果

3.2.5 设置H5文字的排版样式

由于手机屏幕的尺寸有限，因此在进行H5文字的排版样式设计时，切忌形成大量的文字积压，这样不仅会影响页面的视觉效果，还会严重影响信息的表达，因此设计者需要掌握一些文字排版技巧。

1. 越是简单越好看

H5文字排版的普遍方法就是简单集中，安排一个核心的中心元素，来突出重点信息。例如，在昆明航空公司推出的“疯狂旅行”这个H5页面中，采用了简单的图形和文字居中摆放的排版方式，同时文字与点线面的结合让画面十分有设计感，如图3-45所示。

图3-45 “疯狂旅行”H5页面

2. 使用带有衬线的字体

在选择字体时，尽量选择带有衬线的字体，从而更好地突出文字的质感。带有衬线的字体就是指那些全身激凸的字体，它们的笔画更加复杂，不仅能有效解决视觉上内容粗糙的问题，而且还能增加文字颜色的面积。例如，由腾讯时尚推出的“时光旅行”这个H5页面就采用了大量的带有衬线的字体，设计非常精美，如图3-46所示。

图3-46 “时光旅行”H5页面

3. 将文字转化为图形

将H5页面中的大面积文本转化为图形元素，可以让内容表达更加简单、直观，这不仅能减轻用户的视觉疲劳感，还能吸引用户关注。例如，由美年达推出的“果然聚会玩 聚会神器”这个H5页面采用了图形化的文字排版设计，画面超级可爱，也很精致，如图3-47所示。

图3-47 “果然聚会玩 聚会神器”H5页面

4. 控制好颜色和字号

有些移动H5设计低估了色彩的作用，色彩其实是一个了不起的工具，应该被充分利用，尤其是在文字的色彩部分。适当地设置App界面中文字的色彩，可以提高文字的可读性。通常的手法是给文字内容穿插不同的颜色或者增强文字与背景色彩之间的对比，使页面中的文字有更强的表达能力，帮助用户更快地理解文字信息，同时也方便用户对页面进行浏览和操作。例如，由华为荣耀手机推出的“单身加班还打游戏的报应”这个H5页面，通过改变不同区域的文字色彩和字号，可以使这些文字更加突出和醒目，设计者可以利用此方法来突出移动H5页面中的重点信息，如图3-48所示。

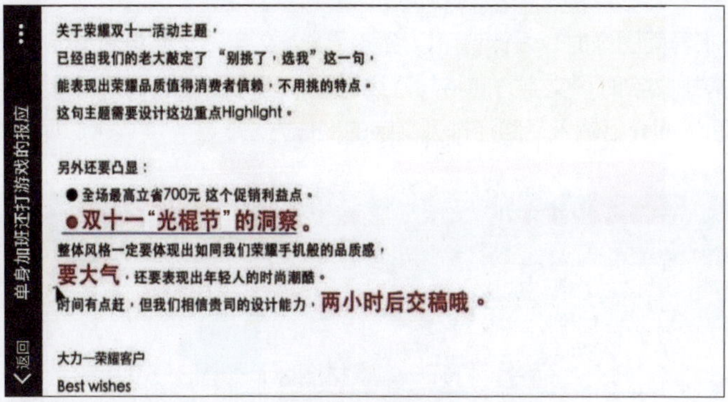

图3-48 “果然聚会玩 聚会神器”H5页面

3.2.6 设置H5的标题文字格式

通常，H5作品都会有一个标题，并且通常会被作为首页中的主要元素来设计。需要注意的是，设计标题时可以根据手机“左右窄、上下长”的特点，设计得稍微方一些，如图3-49所示。

另外，在设计标题的字形时，切忌过于复杂，必须做到准确无误，不能任意增加、减少或改变文字的笔画，最好是在原本笔画的基础上进行创意设计。在移动H5界面中，文字是影响用户阅读体验的关键元素，因此设计者必须让界面中的标题文字可以被用户准确识别。

例如，“人类出行简史”这个H5页面，在设计这个标题文字时，首先选择了一种字体，然后在这些文字的本身结构上进行了调整和设计，如图3-50所示。

图3-49 方形的标题设计

图3-50 “人类出行简史”H5页面

3.2.7 制作移动H5界面路径文字

在设计移动H5界面图像时，设计者可以沿路径输入文字，文字将沿着锚点添加到路径方向。当在路径上输入横排文字时，文字方向将与基线垂直；当在路径上输入直排文字时，文字方向将与基线平行。下面详细介绍输入沿路径排列文字的操作方法。

素材文件	素材\第3章\免费精品小游戏.jpg
效果文件	效果\第3章\免费精品小游戏.jpg、免费精品小游戏.psd
在线视频	第3章\3.2.7 制作移动H5界面路径文字.mp4

步骤 01 单击“文件”|“打开”命令，打开一幅素材图像，如图3-51所示。

步骤 02 选取钢笔工具，在图像编辑窗口中创建一条曲线路径，如图3-52所示。

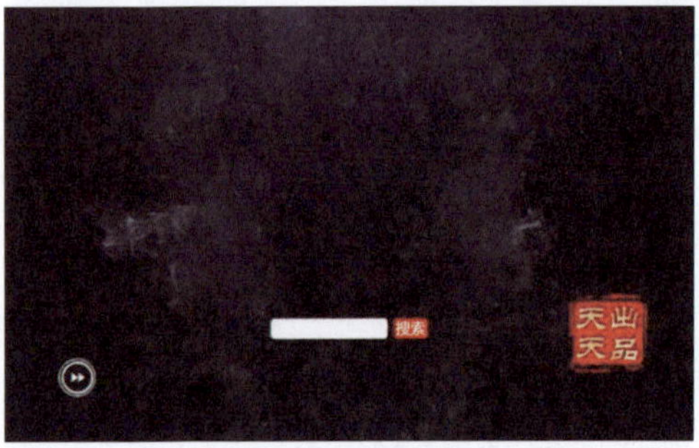

图3-51 打开素材图像

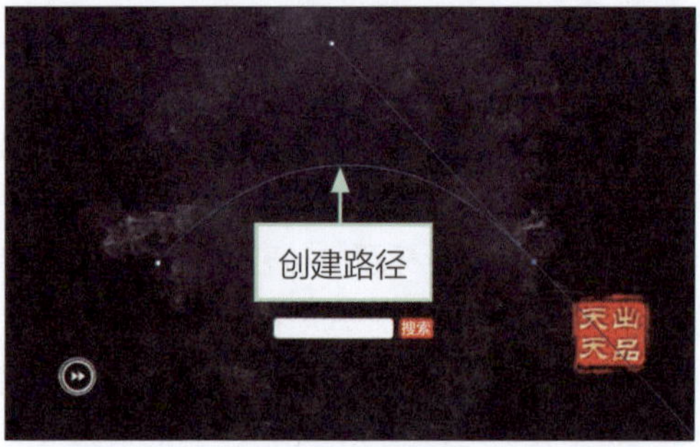

图3-52 创建路径

步骤 03 选取工具箱中的横排文字工具，在“字符面板”中设置“字体系列”为“黑体”、“字体大小”为15点、“颜色”为淡黄色（RGB参数值分别为255、220、162），并激活仿粗体图标 **T**，如图3-53所示。

步骤 04 移动鼠标指针至图像编辑窗口中的曲线路径上，单击确定插入点并输入文字，按【Ctrl+Enter】组合键确认，并隐藏路径，效果如图3-54所示。

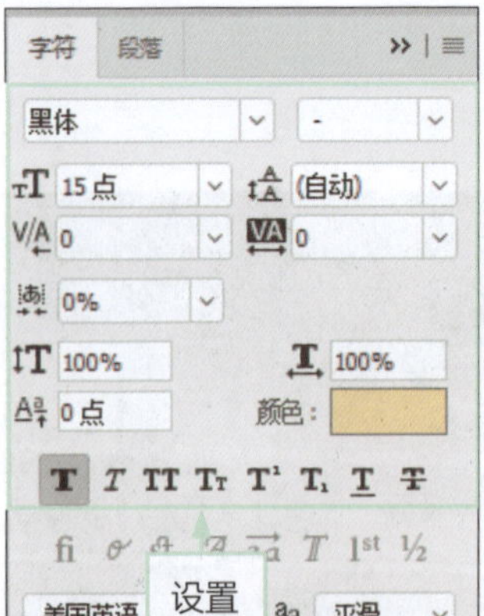

图3-53 设置字符选项

图3-54 输入文字

3.2.8 制作与编辑变形移动H5文字

在Photoshop软件中，系统自带了多种变形文字样式，用户可以通过“变形文字”对话框，对选定的移动H5界面中的文字进行多种变形操作，使文字更加富有灵动感。

素材文件	素材\第3章\漫画品牌营销.psd
效果文件	效果\第3章\漫画品牌营销.jpg、漫画品牌营销.psd
在线视频	第3章\3.2.8 制作与编辑变形移动H5文字.mp4

步骤 01 单击“文件”|“打开”命令，打开一幅素材图像，如图3-55所示。

步骤 02 在“图层”面板中，选择文字图层，单击“文字”|“文字变形”命令，弹出“变形文字”对话框，在“样式”列表框中选择“凸起”选项，设置“弯曲”为“+30%”，如图3-56所示。

图3-55 打开素材图像

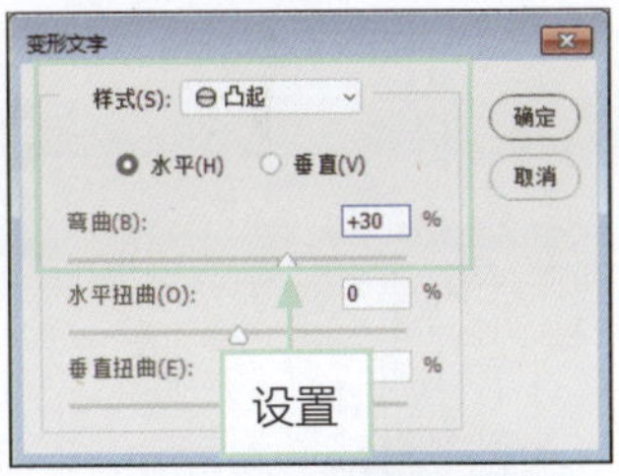

图3-56 设置相应选项

步骤 03 单击“确定”按钮，即可变形文字，选取工具箱中的移动工具，将文字移至合适位置，效果如图3-57所示。

图3-57 最终效果

应用开发篇

第4章

流程：移动H5的策划与开发

学习提示

H5的制作和设计方法是营销人员必须掌握的基本功，只有练好这门基本功，才能制作出优秀的H5营销作品，才能让H5更好地进行分享传播。

本章介绍制作H5作品的主要流程，包括前期准备、程序设计、测试和分析、发布推广等。

4.1 前期准备：让H5设计事半功倍

在制作一个H5作品前，设计者还需要做一些必要的准备工作，包括定目标、找热点和写策划等，只有做好这些准备工作，才能让H5设计事半功倍。

4.1.1 定目标：H5用来做什么

首先，我们需要制订一个目标，那就是需要做一个什么样的H5作品，要用这个H5作品来实现什么目标，只有制订了明确的目标，才能更好地实现它，如图4-1所示。

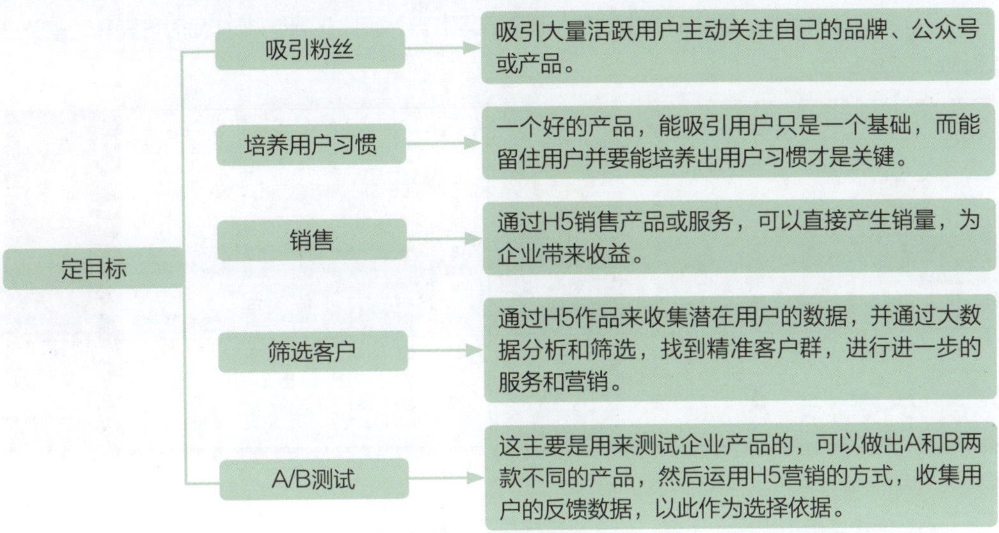

图4-1 H5的目标

对于H5营销来说，制订一个明确的目标是非常重要且必不可少的一环，没有目标的营销就像没头苍蝇似的，很难找到正确的方向。H5营销的最终目标是获得用户，制订目标的切入点主要就是从用户的角度出发，提出并解决相关问题，如图4-2所示。不同企业的H5营销，在目标用户定位上也是不同的。

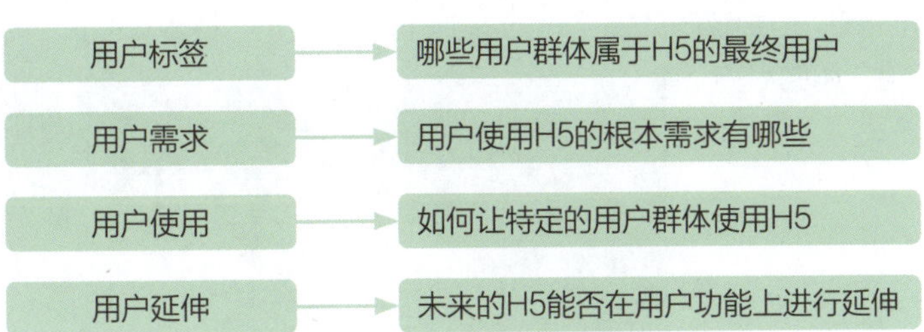

图4-2 制订H5营销目标的切入点

专家指点

在常见的做法中，制订目标的切入点还可以从借鉴的角度出发。针对部分已经获得成功的H5作品进行分析，了解其设计的精华，从而确定其中的一个点，进行差异化创新，优异化制胜。

4.1.2 找热点：H5如何火起来

H5营销的时效性不长，因此我们在制订营销方案时，一定要紧扣当下的市场热点，这样可以让营销活动更加自然地出现在人们的视野中，而且也容易被大家主动搜索和接受，主要方法如图4-3所示。

图4-3 探索H5营销的潮流和方向

例如，我们可以在日历中查看最近1~2个月内有哪些节假日。图4-4所示为9~10月份的日历，可以看到有教师节、国庆节、中秋节、重阳节等节日，因此在制作H5作品时可紧靠这些节日来做营销活动。

图4-4 在日历中找热点

H5营销想要吸引用户的注意，就需要让用户看到有兴趣的东西，当然，不可能知道所有人的兴趣，所以，就要利用热点。时事热点、热播电视剧、热播综艺节目等，就算不是所有人都在关注的，也要是大部分人都会关注的内容。

同时，一个有吸引力的标题也非常重要，可以说，H5的标题就犹如企业的Logo，它是整个H5作品的核心，它的好坏直接影响H5营销的成败。将时事热点和H5营销相结合，或者直接把热点内容嵌入到H5标题中，能够对用户有更大的吸引力。

例如，"扮古风，迎中秋"就是"天天P图＋盘子女人坊"在中秋节这个热门节日期间推出的H5营销活动，如图4-5所示。

图4-5 "扮古风，迎中秋"H5作品

这个H5作品就是将产品与中秋节相结合的产物。首先看H5标题，标题中直接出现即将到来的中国传统节日中秋节，以引起用户的关注，接着在正文中慢慢引出产品新功能——“扮古风”，如图4-6所示。

图4-6 借助中秋节热点来引出产品新功能

4.1.3 写策划：H5如何做起来

在写H5的策划书时，需要尽量考虑到营销活动过程中的方方面面，并做好资金预算，保证营销活动能够按照计划一步步落地实施，主要内容如图4-7所示。

写策划 —内容→

- 制订鲜明的活动主题，吸引注意
- 活动时间安排，如活动周、活动月等
- 明确活动目标，且必须量化
- 策划活动内容，如优惠、游戏、互动等
- 做好经费预算，提前进行市场调查
- 安排活动人员，如设计、宣传、线下接待等，进行明确分工，保证活动执行度
- 监督和评估活动，可以利用H5开发平台的数据分析功能，对营销活动进行评估，及时改进不足之处，完善活动流程

图4-7 H5策划的主要内容

当然，现在很多小型企业的H5策划都是采用外包的形式，寻找一些专业的平台或者公司来进行策划。图4-8所示为专业的H5策划服务流程。

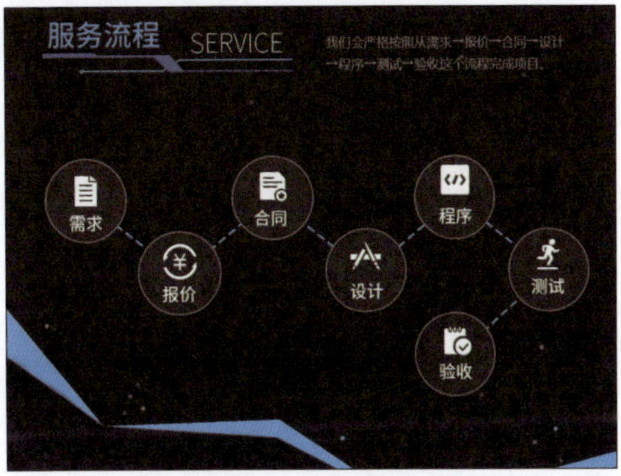

图4-8 专业的H5策划服务流程

4.2 程序设计：做H5的基本流程

当我们制订好营销目标并做好相关的准备工作后，接下来就可以动手制作H5作品的具体内容了，通常包括选择模板、交互设计、视觉设计等工作。

4.2.1 选择模板：一键生成H5作品

根据企业的营销目标，选择合适的小游戏或其他营销模板，进行复制。例如，这里我选择了“旅行音乐相册”这个模板，如图4-9所示。对于摄影行业的企业来说，旅行摄影是非常热门的业务，企业可以经常使用H5展开一系列旅行摄影活动，来吸引用户参与。

图4-9 选择活动模板

单击模板缩览图后，弹出一个预览窗口，用户可以扫描二维码在手机上查看活动模板，也可以在计算机上查看该模板，如图4-10所示。

图4-10 查看活动模板

单击“立即使用”按钮，即可在人人秀编辑器中打开该模板，如图4-11所示。然后可以在该模板的基础上，快速进行二次开发设计。

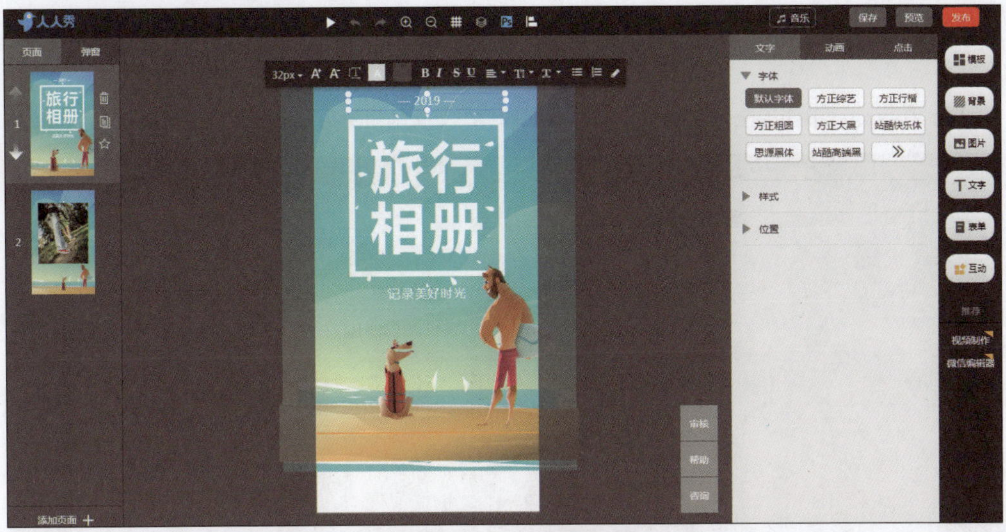

图4-11 打开活动模板

4.2.2 交互设计：让H5更具互动性

交互设计是H5营销的重中之重，我们必须以用户体验为基本出发点来进行开发，着重设计H5作品的所有细节流程，尽可能将如何做活动、用户如何参与、游戏规则等都写清楚，让用户的互动体验感更好。

下面以人人秀为例，介绍设置抽奖活动交互设计的具体方法。

步骤 01 新建一个人人秀H5场景，并制作好作品的背景，单击屏幕最右侧的“互动”按钮，如图4-12所示。

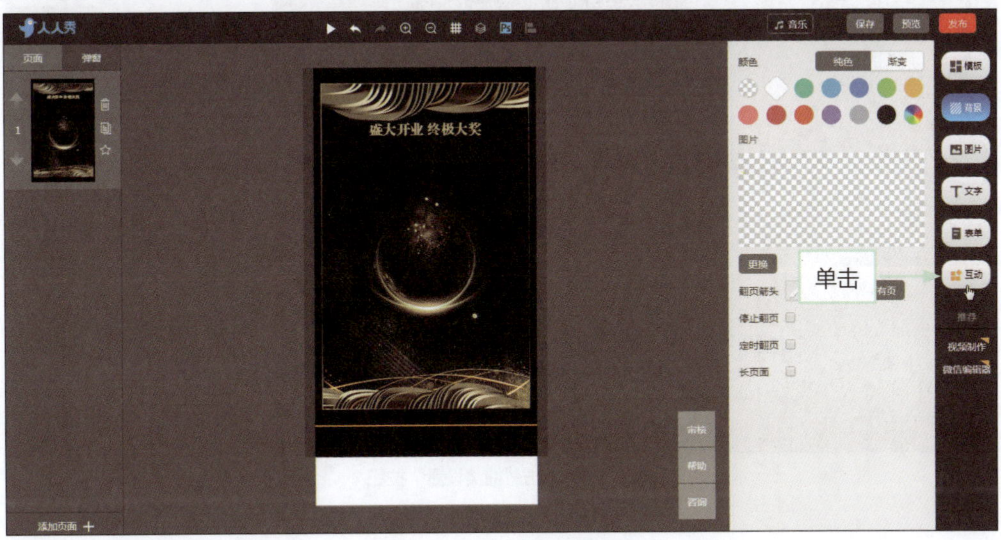

图4-12 单击“互动”按钮

专家指点

在制作微信"吸粉"的H5活动时，"强制关注"和"抽奖"这两个功能经常会组合使用，同时可以把H5活动的二维码插入到微信文章中，或者将活动链接放入"原文链接"、公众号菜单中或者设置关注回复等，让用户关注后就能马上参与活动。

步骤 02 在互动菜单中单击抽奖标签，添加抽奖插件，如图4-13所示。

图4-13 单击抽奖标签

步骤 03 添加抽奖插件后，单击右侧的"抽奖设置"按钮，来设置H5营销的抽奖互动活动，否则抽奖活动将无法顺利进行，如图4-14所示。

图4-14 单击"抽奖设置"按钮

专家指点

抽奖活动非常适用于活跃公众号的粉丝，因为这种 H5 活动的玩法简单明了，而且有利于突出主题。用户在抽到红包时一眼就能看到活动的核心主题。抽奖营销活动还非常适合那些拥有百万粉丝的“大V”账号用来保持粉丝活跃度，通常都可以轻松获得 10 万以上的转发量，并快速获得数万的新粉丝。

步骤 04 基本设置包括填写活动名称、设置开始时间、结束时间及显示方式，如图4-15所示。需要注意的是，活动名称是设计者在后台查看数据时的分组依据，必须准确填写；活动时间要尽量设置在用户可能参与活动的时间范围内，否则用户将无法参与抽奖活动。在显示方式菜单中，可以选择转盘、九宫格、摇一摇等不同的抽奖形式。

步骤 05 奖品设置包括奖品名称、奖品类型、奖品数量及中奖概率等，如图4-16所示。

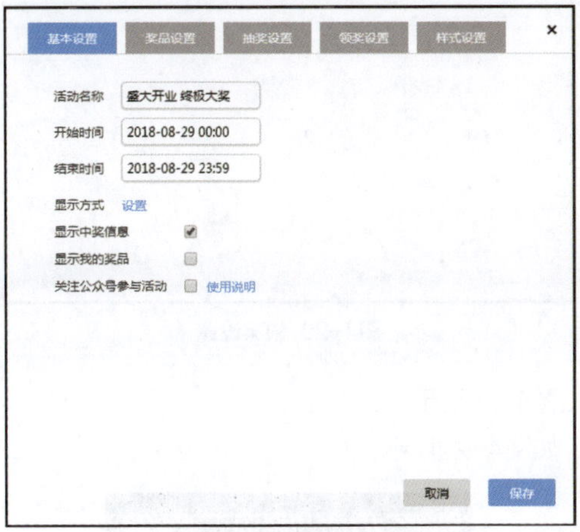

图4-15 基本设置

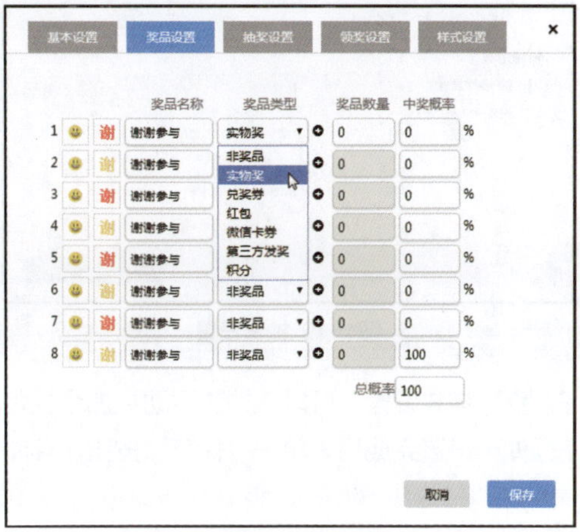

图4-16 奖品设置

步骤 06 奖品类型有非奖品、实物奖、兑奖券、红包、微信卡券、第三方发奖、积分7种类型。选择奖品类型后会出现相应的奖品设置，若想要更改设置，可单击右侧的“+”进行更改。例如，在奖品类型中选择“实物奖”选项，还可以设置兑奖方式、领奖人信息及中奖提示等内容，如图4-17所示。

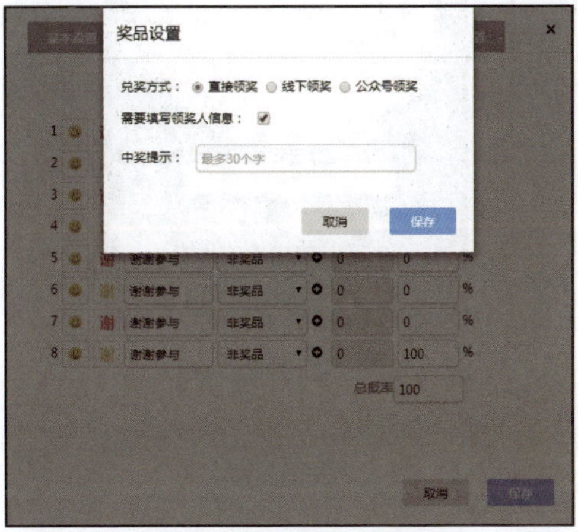

图4-17 “实物奖”设置

步骤 07 在奖品设置中，可以用奖品图片来替换笑脸图片，如图4-18所示。单击笑脸上传自制的商品图片和兑奖券图片，图片标准大小为50像素×50像素，超过则将会自动压缩，只要图片不过大，都不会有明显失真现象，可以放心上传。

图4-18 上传奖品图片

步骤 08 抽奖设置。设计者可以分别对参与者的抽奖次数、中奖次数和总中奖次数3个选项进行设置，如图4-19所示。

步骤 09 领奖设置。设计者可以在此选择所需要的参与者信息，如图4-20所示。当鼠标指针移动到领奖信息的某个选项上时，会显示此项的详细介绍。参与者在领奖时，需要先填写领奖信息表单。

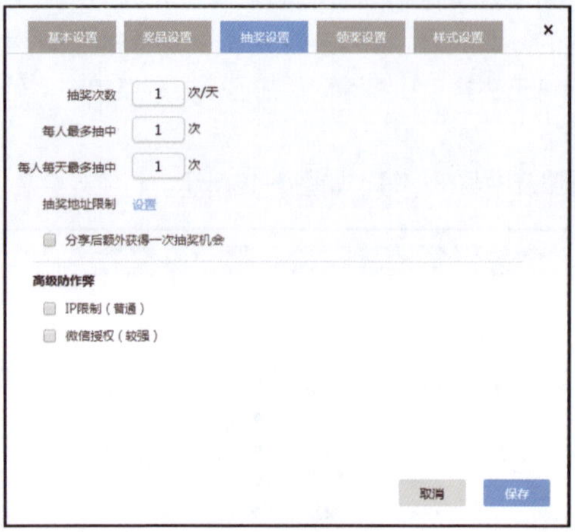

图4-19 抽奖设置

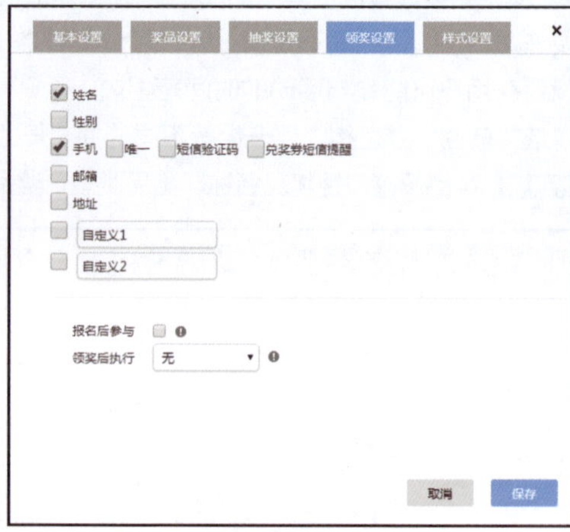

图4-20 领奖设置

步骤 10 样式设置，可以让抽奖活动更加个性化，如图4-21所示。

步骤 11 设置完成后，单击“保存”按钮保存即可，如图4-22所示。

图4-21 样式设置

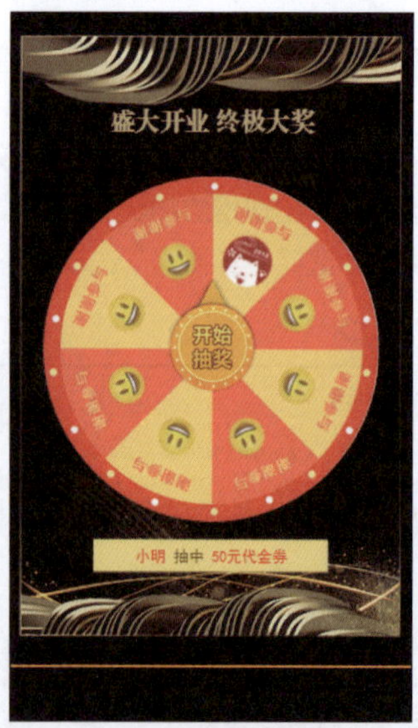

图4-22 保存设置

专家指点

除了比较常见的大转盘抽奖外，人人秀平台还支持九宫格、水果机、刮刮乐、砸金蛋、摇一摇、翻牌子、红包雨和扭蛋机等多种抽奖活动。

制作完成后，可以预览抽奖活动的效果，如图4-23所示。奖品图片不仅可以显示在大转盘中，在参与者领取奖品时也能显示出来。

图4-23 预览抽奖活动的效果

如果设计者不愿意自己一步一步对抽奖插件进行设置，也可以使用人人秀平台上的模板进行套用，既精美又方便，如图4-24所示。

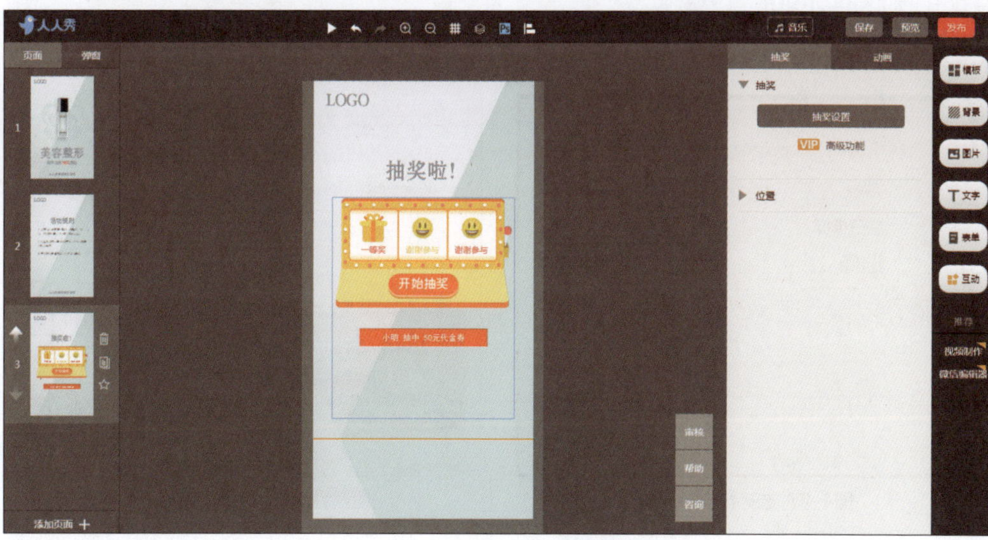

图4-24 使用抽奖活动模板

H5营销带有商业标志及强烈的营利性质，在一定程度上缩小了H5作品的用户定位范围，但是通过兴趣点进行互动仍然是营销的重要途径。抽奖、红包、小游戏等都是吸引用户的主要方式。

4.2.3 视觉设计：给H5锦上添花

视觉设计主要是用来吸引用户的注意力，我们可以通过对H5作品中的图片、文字、音乐、视频等内容进行视觉化设计，来增加H5作品的美感，使其更加赏心悦目。

下面以人人秀为例，介绍一些视觉设计的基本方法。

步骤 01 登录人人秀官网，单击右上角的“进入个人中心”，如图4-25所示。

步骤 02 单击靠左侧的“创建活动”按钮，创建新的H5页面，如图4-26所示。

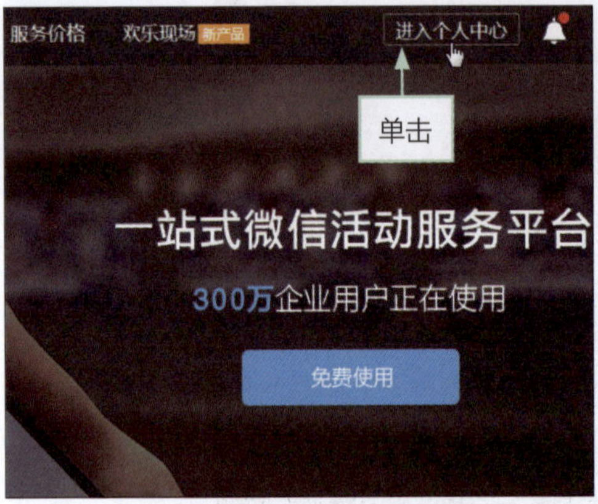

图4-25 单击“进入个人中心”按钮

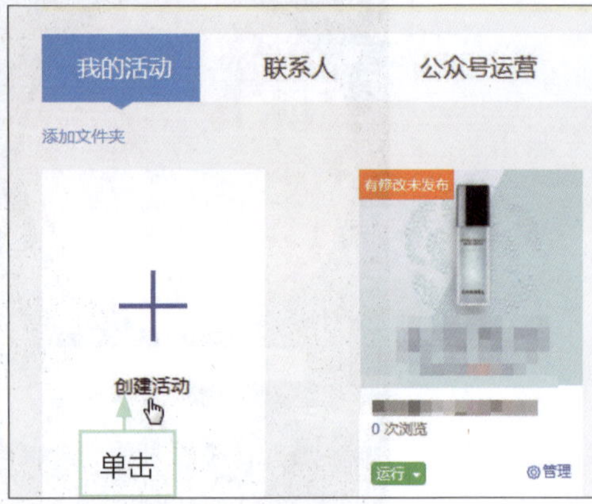

图4-26 单击靠左侧“+”号

步骤 03 在弹出的窗口中可以选择创建空白模板，或者套用模板市场的模板，如图4-27所示。

步骤 04 若选择模板市场，页面则会跳转到模板商店，设计者可以在模板商店中选择合适的模板进行套用，如图4-28所示。

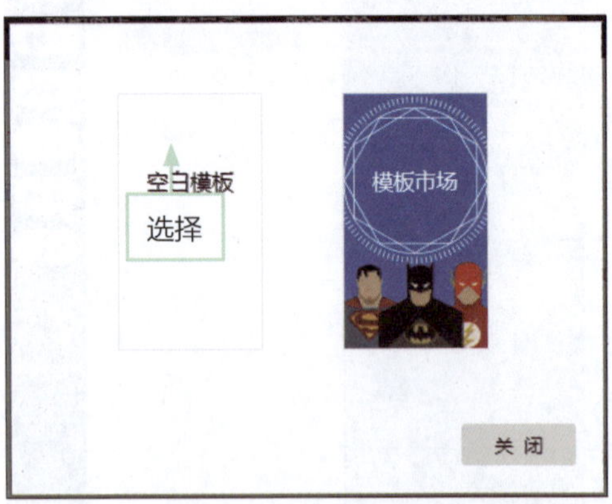

图4-27 选择模板类型

图4-28 模板商店

专家指点

PC时代奉行的是“流量为王”，而移动互联网时代的主要特征是“流行即流量”，商家通过H5来让产品或品牌变得流行，增强它们的影响力和吸引力，从而激发人们的消费欲望，让浏览变成购买。

大品牌在营销推广方面非常舍得投资，从来不缺少金钱和创意，其实有时候完全没必要过多投入，只需要善于运用一些简单的H5模板，即可轻松完成“引流”的目标。

步骤 05 选择空白模板，进入人人秀H5编辑器页面，如图4-29所示。

图4-29 进入人人秀H5编辑器

步骤 06 导入背景，❶单击右侧工具栏中的“背景”按钮；❷再单击“更换”按钮，如图4-30所示。

步骤 07 在弹出的背景库列表框中选择背景，如图4-31所示。

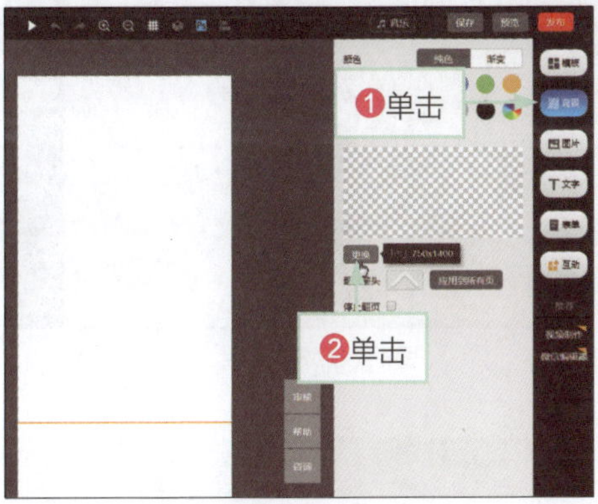

图4-30 单击“更换”按钮

图4-31 选择背景

步骤 08 如果希望使用自己的素材，❶可以单击“我的”按钮，切换至选项卡；❷然后单击“上传图片”按钮，如图4-32所示。

步骤 09 弹出“打开”对话框，❶选择相应图片；❷单击“打开”按钮，上传本地图片作为背景，如图4-33所示。

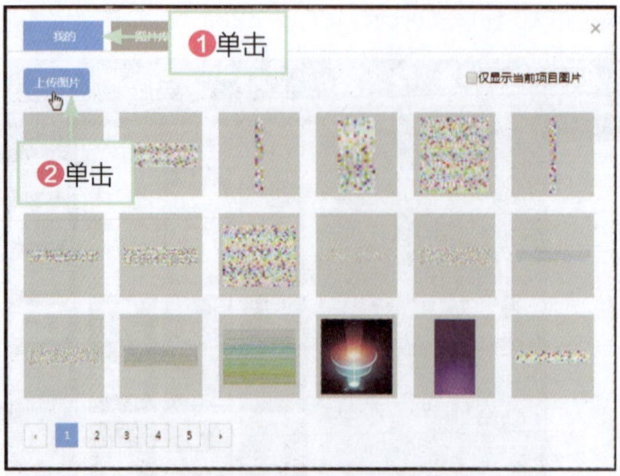

图4-32 单击“上传图片”按钮

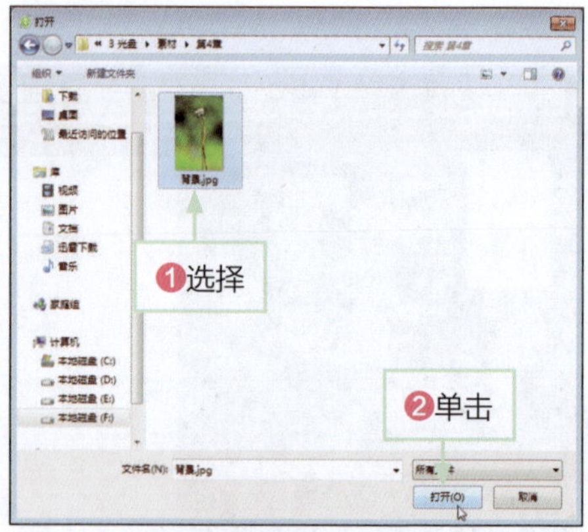

图4-33 上传本地图片作为背景

步骤 10 执行操作后，即可将本地图片上传为H5背景，如图4-34所示。

步骤 11 为H5页面增加其他装饰图片。这里我们需要添加一个带有特效的邀请函字样的图片。单击“图片”按钮上传图片，并在“我的”下方选择想要的图片，即可将其插入H5页面中。当然，我们也可以在图片库中选择使用合适的图片，并调整大小和位置，效果如图4-35所示。

图4-34 设置图层

图4-35 增加图片

专家指点

H5图片格式通常为jpg、png、gif等，可以设置其相框、序列帧、样式（包括背景颜色、文字颜色、透明度、圆角、边距、边框等）、阴影（包括水平阴影、垂直阴影、颜色、模糊度等）、位置（包括宽度、高度、X与Y位置、旋转角度、大小等）等属性。

步骤 12 为H5补充文字。单击“文字”按钮，系统会自动在H5页面中插入文本框，输入相应文字，如图4-36所示。

步骤 13 编辑文本框内的文字，并为之设置合适的字体和颜色，如图4-37所示。

图4-36 插入文本框

图4-37 编辑文字

步骤 14 选择合适的音乐背景，❶单击“音乐”按钮展开功能菜单；❷单击“更换”按钮，如图4-38所示。如果你使用的人人秀是企业标准版或以上版本，你也可以在此对音乐图标进行更换。

步骤 15 设计者既可以自己上传音乐，也可以在音乐库中选择相应的音乐文件，如图4-39所示。

图4-38 单击“更换”按钮

图4-39 选择相应的音乐文件

步骤 16 当页面的内容添加完成后，可以对页面内容的动画效果进行设置。选择要制作动画效果的内容，单击右上角的“动画”按钮，切换至该选项区，然后单击“添加动画”按钮，选择相应的动画方式，如图4-40所示。

步骤 17 对同一个内容，选择不同的触发方式，可以设置多个不同的动画效果，不同的事件将触发不同的动画。单击“添加”按钮，即可为相应对象添加动画事件，如图4-41所示。单击“播放”按钮，可以预览动画效果。

步骤 18 第一页内容完成后，还可以添加更多的页面。单击屏幕左下角“添加页面”按钮即可增加页面，并可以在模板中选择相应的页面效果，如图4-42所示。

步骤 19 在屏幕左侧拖动页面，可以调整页面顺序，如图4-43所示。单击垃圾桶按钮🗑，可以删除页面。

在编辑器的右上角选择保存、预览或发布，人人秀H5编辑器每过30秒会自动保存作品，最终效果如图4-44所示。

图4-40 动画效果的设置

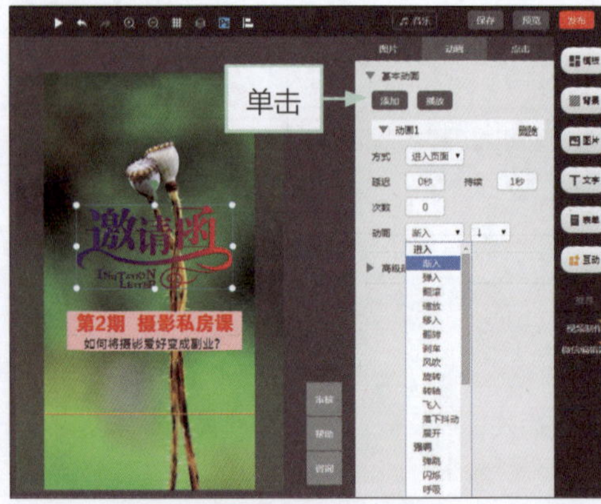

图4-41 添加其他动画事件

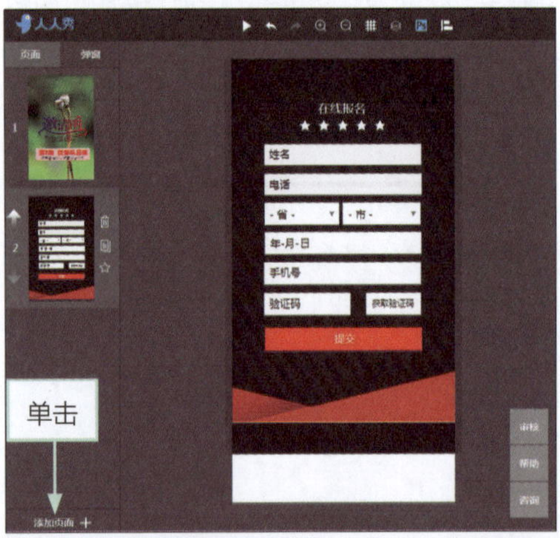

图4-42 增加页面

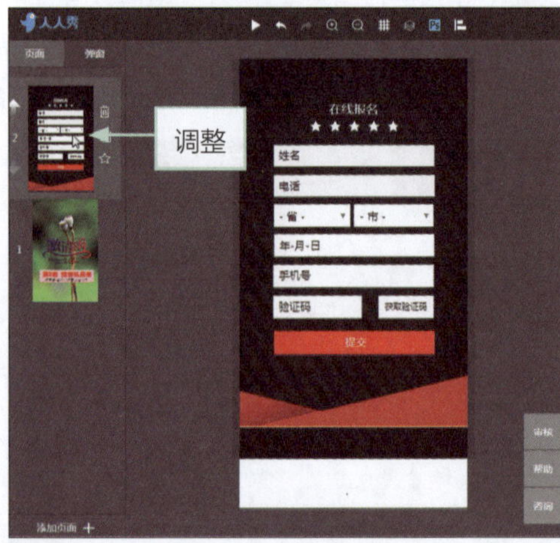

图4-43 调整页面顺序

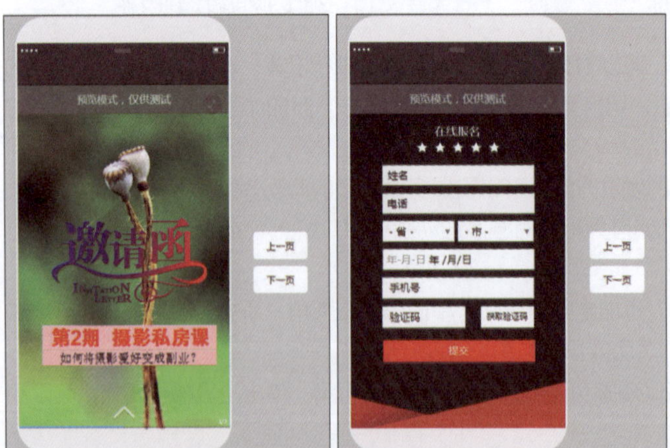

图4-44 最终效果

专家指点

H5作品发布成功后，设计者还可以在个人中心重新编辑作品，编辑方法与制作方法相同。重新编辑后的作品将会重新经过人人秀平台的审核。

4.3 测试分析：做好H5的总结与沉淀

H5作品测试完成后，就可以开始发布上线活动，并且做好相关的客服工作，以及时对H5作品进行推广。

4.3.1 程序测试：进行修改和完善

当H5作品制作完成后，还需要对其进行测试，才能发布。认真地检测和体验H5作品的所有流程，找出其中的错误和不足之处，及时进行修改和完善。H5测试的主要内容如图4-45所示。

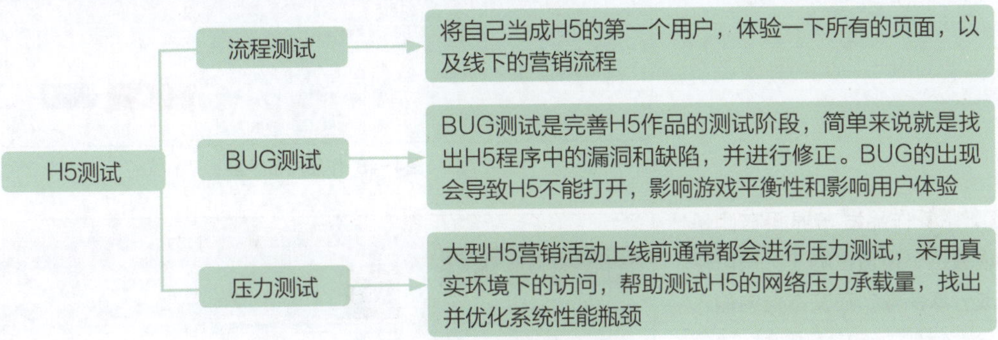

图4-45 H5测试的主要内容

专家指点

H5 测试的具体内容包括页面功能测试、前端性能测试、浏览器兼容性能测试，以及服务端性能测试。

（1）页面功能测试：测试各页面是否能够正常显示，功能是否能够实现。

（2）前端性能测试：测试 Http 请求个数、组件是否压缩、图片格式和大小是否合适，以及是否添加缓存等。

（3）浏览器兼容性能测试：测试能否在各种手机浏览器上正常运行。

（4）服务端性能测试：测试服务器的响应速度。

以人人秀为例，当制作完成H5作品后，可以单击右上角的“预览”按钮，如图4-46所示。在打开的页面中，可以预览H5作品的效果，如图4-47所示。单击“上一页”或“下一页”按钮可以切换页面，也可以扫描二维码在手机上预览。

图4-46 单击“预览”按钮

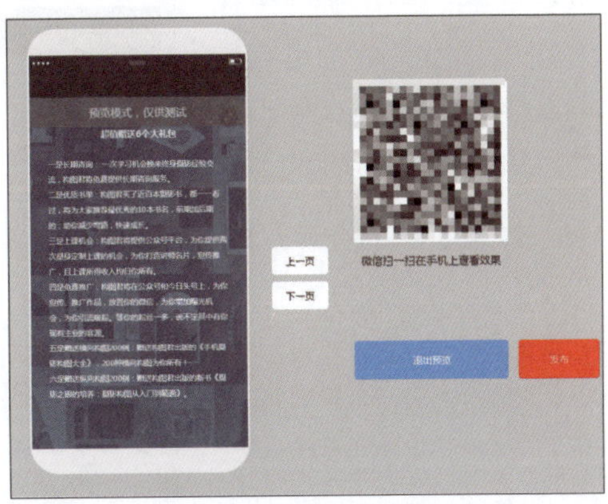

图4-47 预览H5作品的效果

4.3.2 活动上线：做好H5的推广

下面以人人秀为例，介绍H5活动上线的基本方法。

步骤 01 H5作品完成后，单击右上角的“发布”按钮，进入作品发布界面，界面的左侧是发布预览，可以预览分享界面，如图4-48所示。

图4-48 作品发布界面

步骤 02 作品发布界面右侧是设置栏，设置栏的左上角可修改分享头像，在文本框内输入分享标题，选中右侧的“#分享数#”复选框，可以在分享时显示已经分享的人数。下方的文本框可以输入分享详情，如图4-49所示。

步骤 03 在分享详情下面，可以设置翻页效果和作品标签，如图4-50所示。

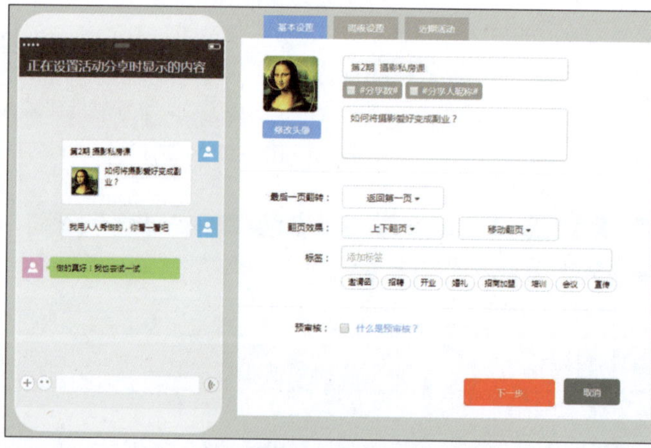

图4-49 修改分享头像和标题

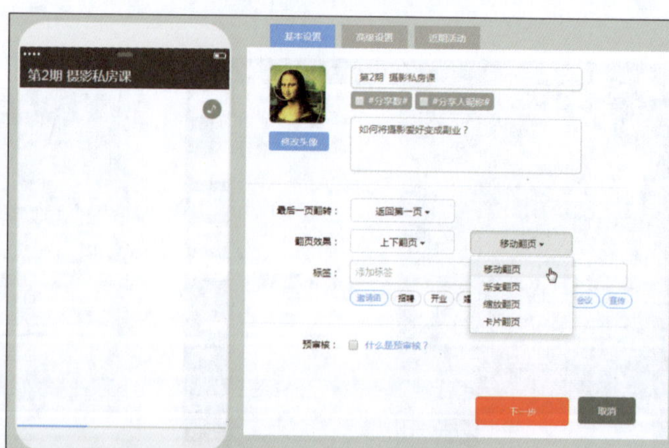

图4-50 设置翻页效果和作品标签

> **专家指点**
>
> 在该页面下方的“预审核”功能是人人秀为其付费用户开通的特殊服务，包括加急审核、预先审核、审核不通过短信提醒等功能。选中该选项后，客户经理会在作品发布的第一时间协助付费用户对H5作品进行人工预先审核，提供一对一的审核帮助，并在审核不通过时详细地告知用户违规之处。确保用户的作品顺利投放和账号不被封号，以保障用户的经济安全。

步骤 04 基本设置编辑完成后，单击“下一步”按钮或者“高级设置”标签，切换至“高级设置”选项卡，可以进行版权设置。单击右侧的铅笔符号可以进行相应的设置，如图4-51所示。例如，单击“设置公众号”按钮，可以设置公众号的显示状况、名称、二维码、描述和关注按钮。

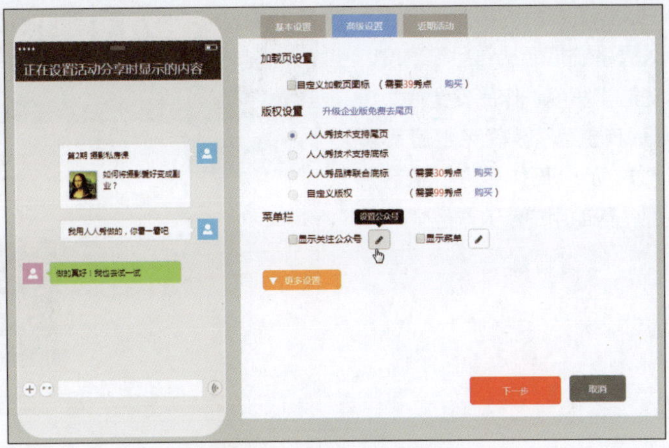

图4-51 “高级设置”选项卡

步骤 05 单击下方黄色的“更多设置”按钮，可以进一步对H5作品的样式进行设置，设置内容包括进度条、阅读数、弹幕/点赞、评论审核等，如图4-52所示。

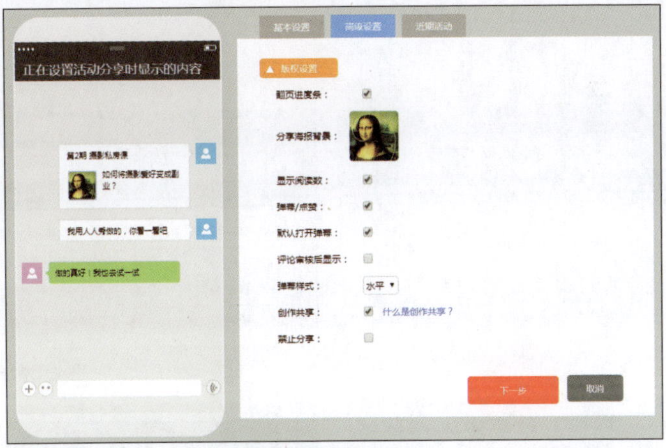

图4-52 更多设置

步骤 06 单击“下一步”按钮，进入“近期活动”界面，该界面显示近期可以参加的活动，如图4-53所示。例如，当前的活动为“申请作为模板（申请通过送50秀点）”。全部设置完成后，单击红色的“发布”按钮，即可成功发布作品。

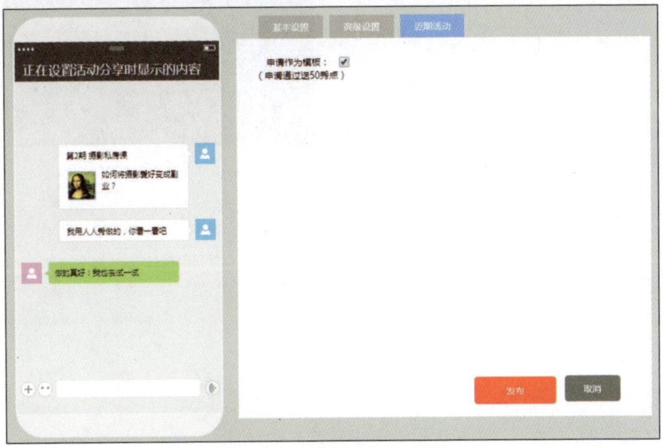

图4-53 “近期活动”界面

作品发布成功后，会跳转至分享推广界面，并生成二维码和小程序链接，如图4-54所示。同时会出现作品的得分情况，人人秀系统将会从作品丰富度、功能丰富度、作品安全性、浏览流畅度、版权完整度等多个方面对H5作品进行综合测评，帮助用户修改作品。

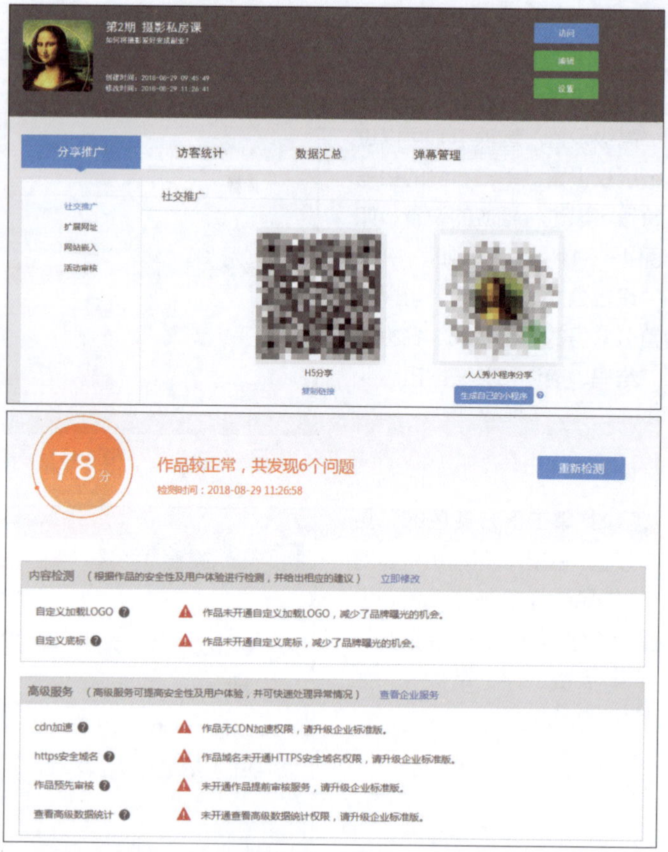

图4-54 分享推广界面

扫描二维码进入作品链接，可以选择以下3种方式进行推广。

- 在微信右上角获取作品地址，直接推送H5作品地址，如图4-55所示。
- 将作品转发到朋友圈或者微信群中进行推广，如图4-56所示。

图4-55 获取作品地址

图4-56 微信推广

● 获取作品地址，将作品链接填入微信公众号的阅读原文链接、下拉菜单网址中进行推广。

设计者也可以在“扩展网址”页面中选择推广网址，可以添加多个推广网址，分别把每个推广网址置于不同的推广渠道，如图4-57所示。

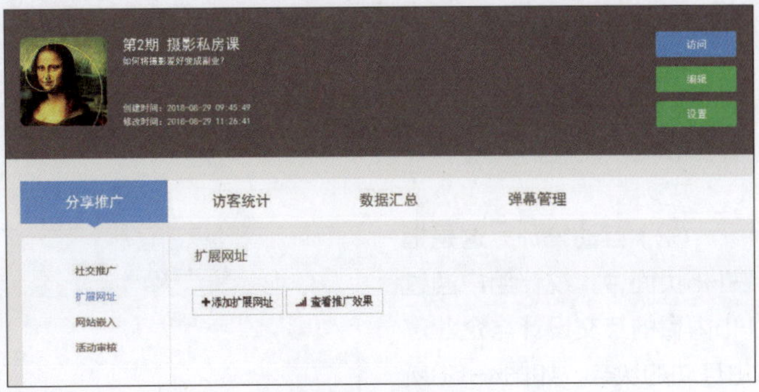

图4-57 推广网址

4.3.3 效果分析：实现数据化营销

发布H5营销活动后，我们仍然不可松懈，需要紧跟营销活动进行效果分析，主要内容如图4-58所示。

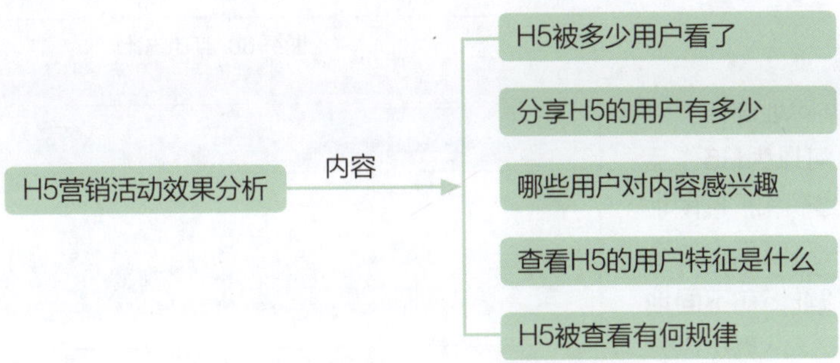

图4-58 H5营销活动效果分析的主要内容

在进行效果分析前，我们可以通过H5制作平台，获得相应的后台数据分析，为H5营销活动的后期发展提供数据基础。

例如，人人秀通过对H5页面和渠道入口的监测，为企业提供翔实而又精准的数据支持，帮助企业更好地完成自动化营销的过程。

（1）流量统计/分享统计：这是数据统计中最基本、最基础的数据，所有的其他数据都与之有关。人人秀为所有设计者提供流量统计与分享统计的结果，如图4-59所示。

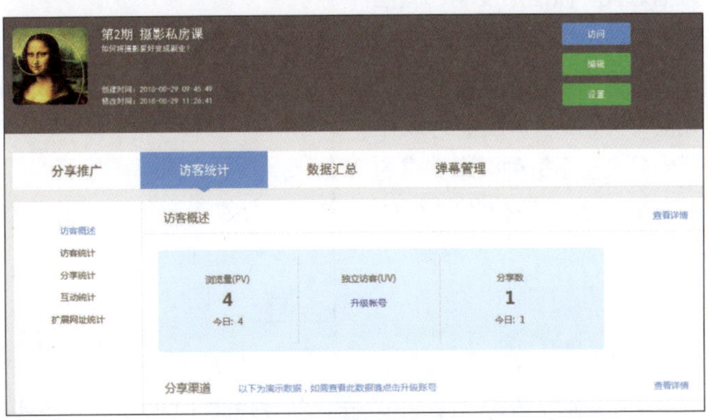

图4-59 流量统计/分享统计

专家指点

流量又称PV（Page View），即浏览量的意思，可以非常直观地反映H5作品的营销效果。每当你的H5作品被打开1次时，PV数据就会增加1个。分享数是指用户分享这个H5作品给其他用户的总次数，每当你的H5作品被分享1次时，分享数就会增加1个，这可以很好地体现出H5的推广效果。

（2）互动统计：这是指在H5页面中，统计用户通过H5内置的互交设计与企业产生互动的次数，如图4-60所示。当用户拨打H5页面中内置的电话号码，或者点击其中的网页链接时，人人秀都会实时监测和记录这些行为，企业可以通过这个数据来衡量营销推广的效果。

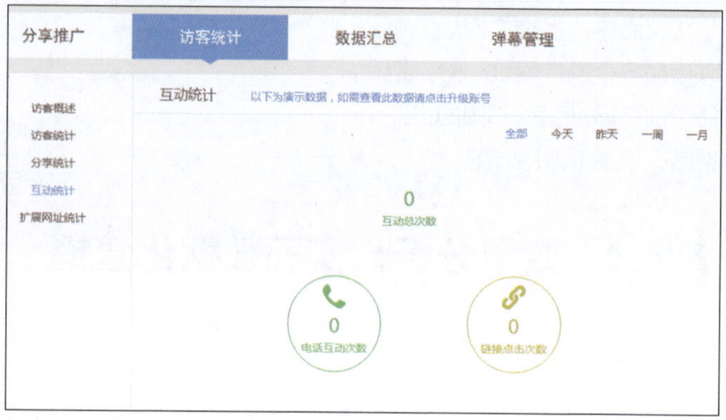

图4-60 互动统计

（3）扩展网址统计：添加扩展网址，可以为H5作品生成不同的二维码和扩展网址链接，如图4-61所示。这个数据让企业了解H5在不同地址的推广情况。人人秀可以分别生成多个扩展网址，企业可以分别查看每个推广网址的推广情况。

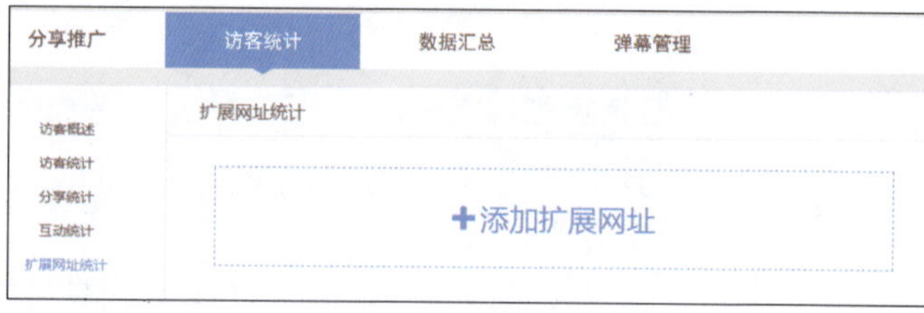

图4-61 扩展网址统计

（4）分享渠道统计：人人秀支持记录的分享渠道包括微信好友、微信朋友圈、微信群、QQ、QQ空间、新浪微博等绝大部分现行主流媒体，如图4-62所示。企业可以在后台分别查看每种渠道获得的分享量，借此调整产品广告的投放方向。

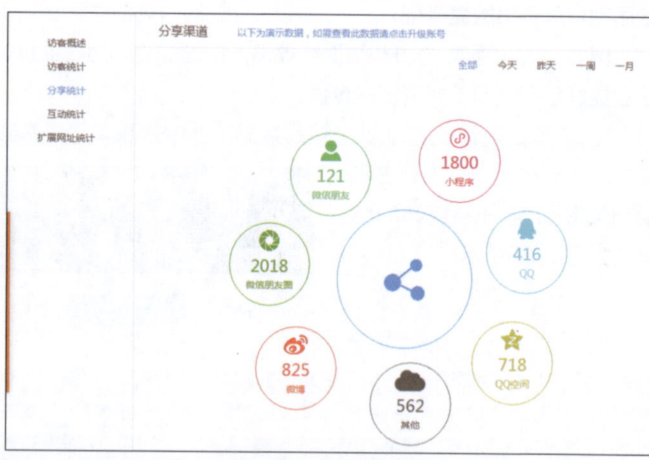

图4-62 分享渠道统计

（5）独立访客（UV）统计：独立访客（UV）即为唯一访客，UV（unique visitor）以Cookie为依据，记录网站的真实用户量，如图4-63所示。UV可以精准地反映企业的H5页面被多少人阅读过。

（6）访问设备统计：不同人群对H5页面的访问设备也会不同，通过记录这些数据，企业可以得知用户浏览H5页面时使用的设备，进而初步推断出用户的消费习惯和消费喜好，如图4-64所示。

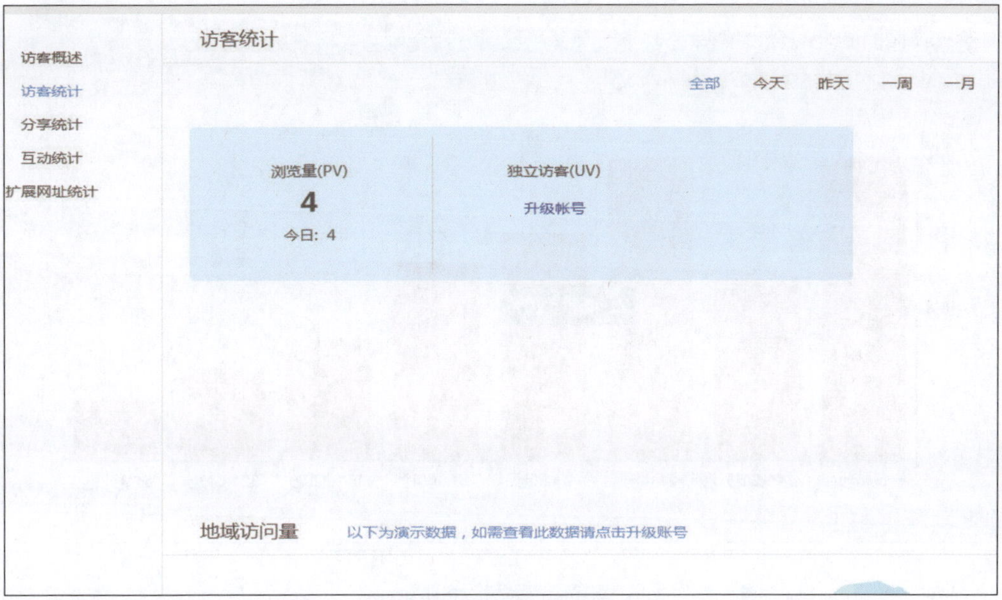

图4-63 独立访客（UV）统计

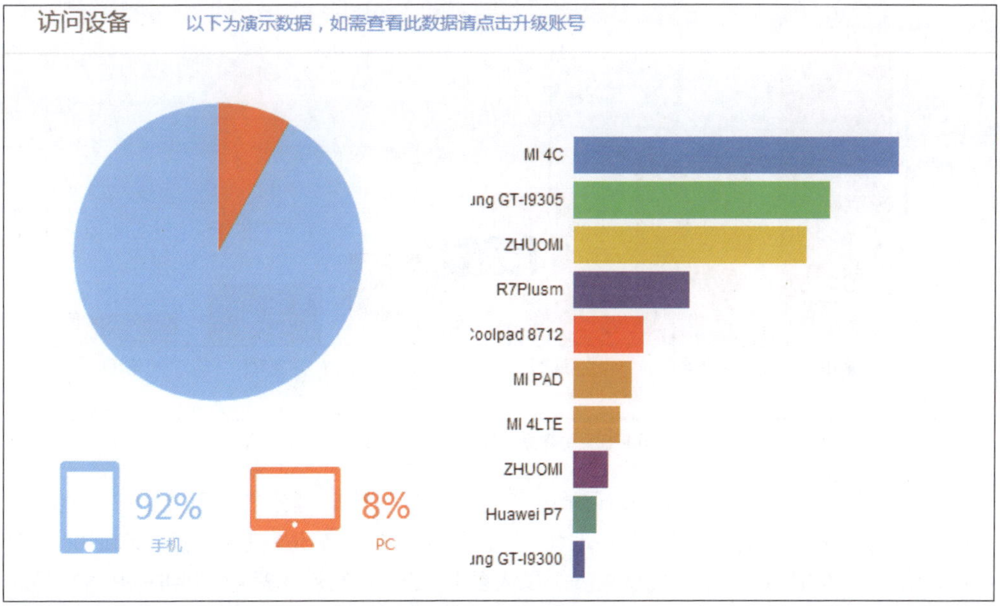

图4-64 访问设备统计

（7）访客停留时间/阅读深度统计：人人秀会自动将用户在H5页面停留的时间和在哪个页面离开等这些数据都记录下来，如图4-65所示。企业可以利用访客停留时间和阅读深度的数据统计，发现不足，改进自己的H5作品，使用户的存留率得到提升。另外，企业也可以了解到用户有没有看到核心营销内容，以及有没有对产品做具体了解。

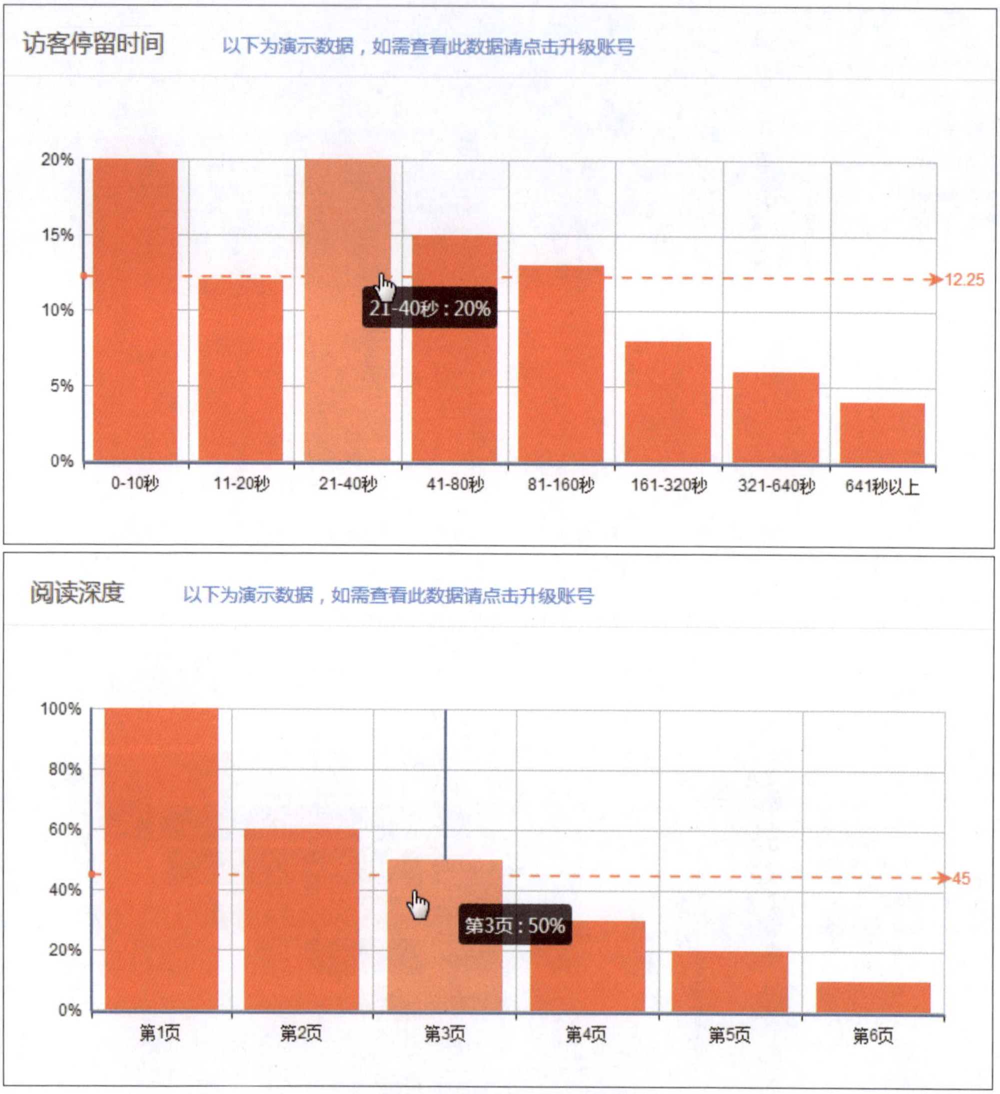

图4-65 访客停留时间/阅读深度统计

（8）地域访问统计：人人秀可以记录访问H5作品的用户的地理分布情况。当用户浏览H5页面时，人人秀可以获取到这些用户的IP地址，然后得到用户的实施位置信息。通过地域访问统计数据，企业可以知道H5作品主要被哪些地方的人看了，进一步说明这些地方的用户对你的产品或活动比较感兴趣，可以作为主推地域；也可以反映哪些地方的推广不足，以进行相应的整改。

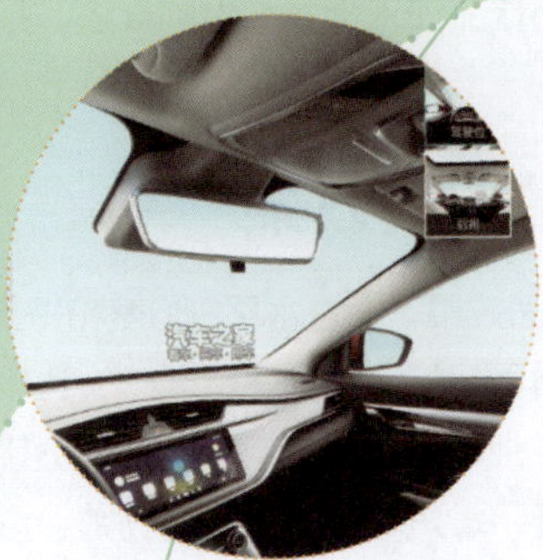

第5章

技术：移动H5热门开发技术

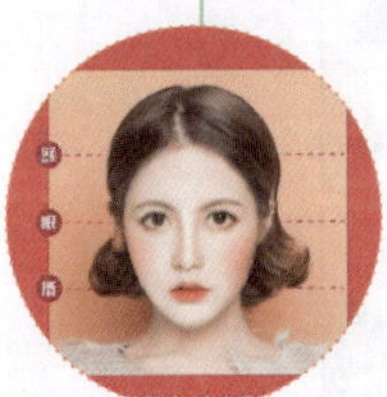

学习提示

H5具有强大的表现能力，可以通过文字、图片、动画、视频、3D、VR等多种形式来展现企业的各类信息，具有强大的营销优势。当然，想要让H5作品快速地流行起来，制作者还需要在页面中加入自己的创意，从而更显著地提升移动广告的效果。对于H5开发来说，如果说视觉设计是“脸面”，那么应用技术就是“大脑”，有一个漂亮的“脸面”，还必须搭配一个有思想的“大脑”，这样才能制作出有吸引力的H5作品。因此，H5营销人员必须了解各种开发技术，并使用这些技术打造精品H5项目。

5.1 让H5人气值爆棚的“黑科技”

如今，H5中应用的技术越来越多，增加了H5的可玩性，从而可以吸引更多用户参与、分享。因此，H5营销人员需要掌握时下流行的核心技术，为H5作品注入更多前沿的玩法，抢占市场营销高地。

5.1.1 运用720度全景技术打造全景画面效果

运用720度全景技术可以打造超越正常人类视角的全景画面效果。通过水平360度和垂直360度方向相结合，产生三维立体空间的720度全景画面，呈现出更强的三维立体空间感，让用户犹如置身其中。在H5中运用720度全景技术，可以更好地展示企业的环境、产品特点等，适用于旅游景点、酒店展示、房产全景、公司宣传、商业展示、空间展示、汽车三维、特色场馆、虚拟校园等多种场景下的营销活动，可以让H5作品变成一个全天24小时不间断的在线展示窗口。

例如，汽车之家在WAP网站中就运用了720度全景技术，来展现汽车内的空间，同时还会显示各种配置，用户可以点击其中的配置名称，查看更加详细的视频介绍。这让用户看车、选车更加便捷，同时也使汽车销售更轻松有效，如图5-1所示。

图5-1 汽车之家的720度全景看车功能

5.1.2 运用3D旋转技术让H5画面更加动感

在H5页面中，给相关元素添加3D旋转技术，可以让画面更加动感，非常适合产品图片滚动切换展示，以及各种产品图片的场景应用。

例如，“坐享全景星空”是由雪佛兰汽车推出的一个产品推广H5页面，这个H5以“3D旋转＋重力感应”的互动形式，让用户可以通过移动手机，透过汽车的全景天窗来拍摄外面的美丽星空景色，如图5-2所示。

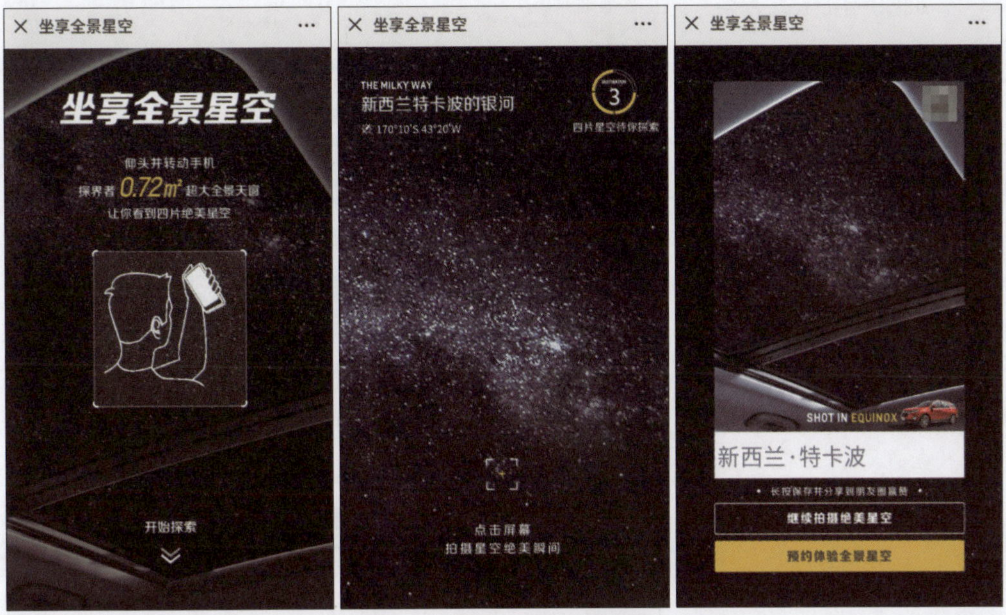

图5-2 “坐享全景星空”H5页面

5.1.3 运用人脸识别技术实现H5趣味营销

人脸识别的技术的工作原理可以分为两个方面的内容，图5-3所示为人脸识别技术原理示意图。

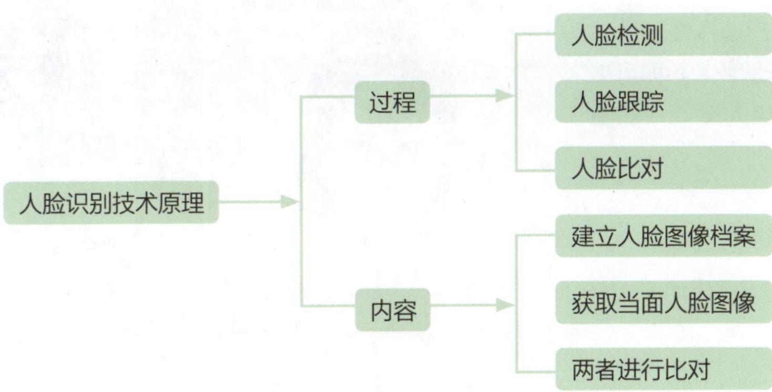

图5-3 人脸特征技术原理示意图

人脸识别技术就是将人脸图像或者相关视频输入系统，然后根据人脸的特征，分析每个脸的大小、位置及各个面部器官的位置信息。如今，人脸识别技术也被应用到H5营销中，识别率也已经得到显著提升，而且H5还具有一定的优势：通过手机摄像头直接获取人脸，以非接触的方式完成识别过程，方便快捷。

例如，“我的前世青年照”是由天天P图“疯狂变脸”在五四青年节期间推出的图片合成类H5宣传页面。它采用了人脸识别技术，用户可以上传照片，选择性别，进入一段1秒左右的过渡动画，即可生成“前世青年照”，如图5-4所示。

图5-4 “我的前世青年照”H5页面

例如，“我的新年人设”是由天天P图“萌偶”在新年期间推出的一个人脸识别类H5作品。用户选择性别后，上传人物的正脸照片，即可生成“我的新年人设”，如图5-5所示。

图5-5 “我的新年人设”H5页面

5.1.4 运用物理引擎技术创建出虚拟世界

物理引擎技术实际上就是一种“仿真程序”技术，可以在H5页面中创建出一个虚拟的世界出来，然后在这个世界中模拟各种物理世界的规律，如重力、碰撞等行为。使用iH5编辑器，即可轻松实现物理引擎的构建，制作流畅的动画，打造超真实的重力、弹力及运动效果，创建更有趣的H5作品，如图5-6所示。

图5-6 使用iH5编辑器创建H5“物理世界”

例如，“守护众众熊”是由大众汽车推出的一个H5小游戏，采用“Canvas + Egret（白鹭引擎）”技术来实现物理世界的汽车行驶效果，同时运用重力感应技术来实现车辆控制，用于宣传大众汽车的驾驶辅助系统，如图5-7所示。

物理引擎技术简单易用，可以帮助那些不懂编程的开发人员轻松开发各种H5游戏，还可以实时预览，使得H5游戏的开发、发布、推广变为一体化内容。

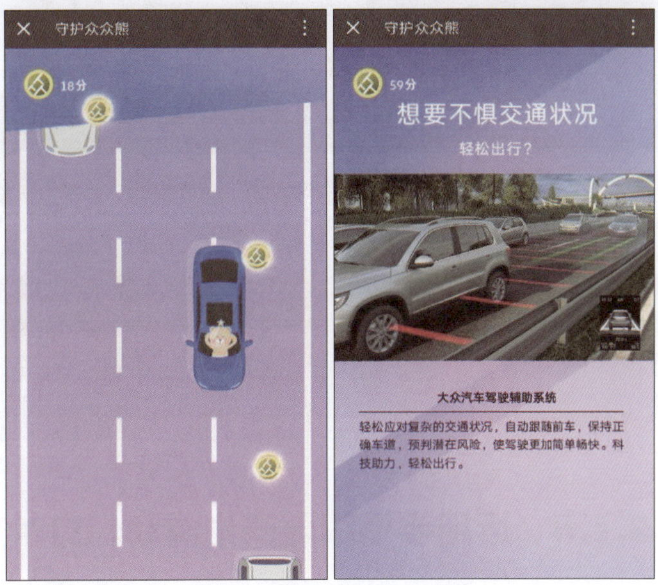

图5-7 “守护众众熊”H5页面

5.1.5 运用重力感应技术提升用户的互动体验

重力感应的原意是指，地球上的各种物体在重力作用下，会呈现出自由下落的状态。如今，很多智能手机都具有重力感应器，这种技术也被广泛应用于各种H5游戏中，来提升用户的互动体验。我们可以在H5页面中，选择一个元素来添加重力感应效果，当用户将手机倾斜时，这个元素也会随着手机的倾斜角度而晃动，这种重力感应效果的小动画可以让画面充满乐趣。

以人人秀为例，打开人人秀编辑器，更换好背景，并插入需要添加重力感应效果的图形元素，在右侧切换至“动画”选项卡，在“高级动画”选项区中选中“重力感应”复选框，如图5-8所示。选中“重力感应”复选框后，会出现“感应强度”调节选框，“感应强度”的数值设置得越高，则重力感应的效果就越强。

图5-8 选中“重力感应”复选框

例如，“好好玩厨房的奇趣食空”是由老板电器推出的一个品牌推广H5页面，提供触摸屏和重力感应两种交互模式，通过7个不同的立体场景展现不同的主题，画面非常精致，如图5-9所示。

图5-9 “好好玩厨房的奇趣食空”H5页面

5.1.6 运用手指跟随产生滑动幻灯片效果

很多H5设计者为了彰显自己作品的独特之处，会去模拟原生应用的触控效果，其中，手指跟随就是应用得比较多的H5触控效果。手指跟随可以产生用手指滑动幻灯片的效果，如图5-10所示。

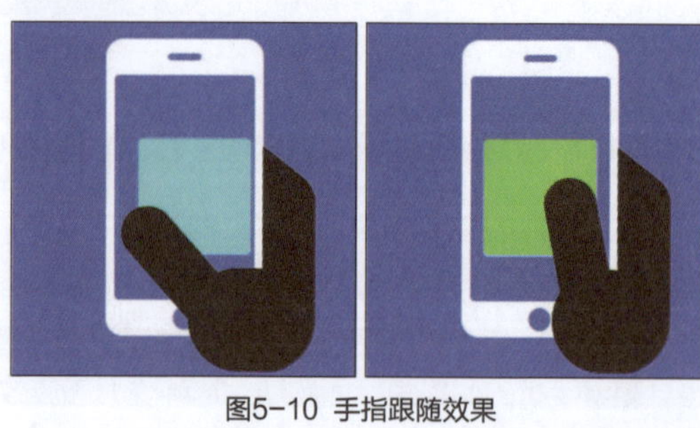

图5-10 手指跟随效果

H5单页面的手势滑屏切换主要是采用HTML5触摸事件（Touch）和CSS3动画（Transform,Transition）来实现的。例如，“星冰乐夏日万花筒”是由星巴克推出的一个活动宣传H5页面，用户可以左右滑动屏幕来实现翻页，点击图片就可以跳转到上传照片界面，如图5-11所示。

图5-11 “星冰乐夏日万花筒”H5页面

5.2 H5 +VR/AR/AI：融合高端定制开发

将VR/AR/AI等新技能与H5相结合，可以给用户带来一种全新的移动营销体验，产生极强的现场体验感和智能感，让用户完全沉浸在H5的虚拟世界中，为用户带来满满的新鲜感。

5.2.1 运用AR技术结合线下活动和线上互动

增强现实（Augmented Reality，简称AR）其实是虚拟现实的一个分支，它主要是将真实环境和虚拟环境叠加在一起，营造出一种现实与虚拟相结合的三维情境。AR技术可以将真实世界的信息与虚拟世界的信息进行“无缝”链接，通过计算机等技术，将现实世界的一些信息通过模拟后进行叠加，然后呈现到真实世界中。这种技术使得虚拟信息和真实环境共同存在，大大地增强了人们的感官体验。

增强现实和虚拟现实类似，也需要通过一部可穿戴设备来实现情境的生成，如谷歌眼镜或爱普生Moverio系列的智能眼镜，都能实现将虚拟信息叠加到真实场景中，从而实现对现实增强的效果，如图5-12所示。

图5-12 智能眼镜

对于传统行业来说，AR技术互动体验再加上H5的低门槛传播，不但可以让H5实现基本的宣传和品牌曝光，还能将它运用到线下活动中去，更新线上线下营销活动传播体验工具。例如，“狗年布狗袋”是由LxU推出的一个节日宣传H5页面，通过“AR动画+视频”的互动形式，讲述一个关于过年回家故事的搞笑场景，画面具有极强的真实感，如图5-13所示。

图5-13 “狗年布狗袋”H5页面

专家指点

在AR技术的应用下，H5页面可以给用户带来身临其境的感官体验和新颖的互动环节，企业可以利用“H5+AR”技术将传统的线下展示销售环节直接搬到线上来进行，打造“沉浸式·一体化”的行业营销新模式。可以预测，更多企业都会将AR技术与H5营销结合起来使用，以此形成较大的影响力，从而提升自己的市场地位。

5.2.2 运用VR技术生成一种虚拟的动态情境

虚拟现实（Virtual Reality，简称VR）这个词最初是在20世纪80年代初提出来的，它是一门建立在计算机图形学、计算机仿真技术学、传感技术学等技术基础上的交叉学科，图5-14所示为虚拟现实技术的应用。VR可以说是目前十分流行的一种虚拟现实技术，它可以创建出一个虚拟世界，增强用户的体验感，同时可提供更多的交互方式。

直白地说，虚拟现实技术就是一种仿真技术，也是一门极具挑战性的时尚前沿交叉学科，它通过计算机，将仿真技术与计算机图形学、人机接口技术、传感技术、多媒体技术相结合。在H5内容中运用VR技术可以生成一种虚拟的情境，这种虚拟的、融合多源信息的三维立体动态情境，能够让观众沉浸其中，就像经历真实的世界一样。

图5-14 虚拟现实技术的应用

例如，“i71艺术展”是由爱奇艺推出的一个线上720度H5展览馆，采用“手绘VR全景图+交互弹层”的互动形式，用户进入H5场馆后可以720度观看里面的展品，而且每个作品都可以查看具体的介绍，让用户可以跨越时空看艺术作品展，如图5-15所示。

专家指点

VR技术为我们带来了一种全新的场景化营销模式，VR的真实感和沉浸感，让用户可以随时随地体验到不同的虚拟化生活场景。同时，企业可以将自己的产品、理念等品牌因素嵌入到这些虚拟场景中，在潜移默化中影响人们的消费观、价值观，从而达到自己的营销目的。

图5-15 “i71艺术展”H5页面

另外，在H5游戏中运用VR技术，可以让用户彻底沉浸到游戏当中，得到前所未有的展现效果，带来更加真实的体验。例如，“H5推理游戏-圣西罗公寓枪击事件”是由天映客（SKY VIEW）推出的一个游戏类H5页面，运用VR全景打造了一个密室逃脱的推理小游戏，画面场景非常真实和生动，带给用户很强的沉浸感，而且画面剧情的衔接也非常自然和谐，背景音乐会随着剧情的发展而变化，从而让用户的内心也随之波澜起伏，设计得非常巧妙，给用户带来新颖的视觉效果，如图5-16所示。

图5-16 “H5推理游戏-圣西罗公寓枪击事件”H5页面

5.2.3 运用AI技术让移动H5作品变智能

AI（Artificial Intelligence，人工智能）技术在H5领域的应用可以说是非常广泛的，包括语音识别技术、图像识别技术、机器视觉技术、大数据技术、情感认知引擎、机器人技术及体感技术等。人工智能技术是基于深度学习算法，可以让H5营销更懂你的心，实现需求的精准匹配与触达，其作用如图5-17所示。

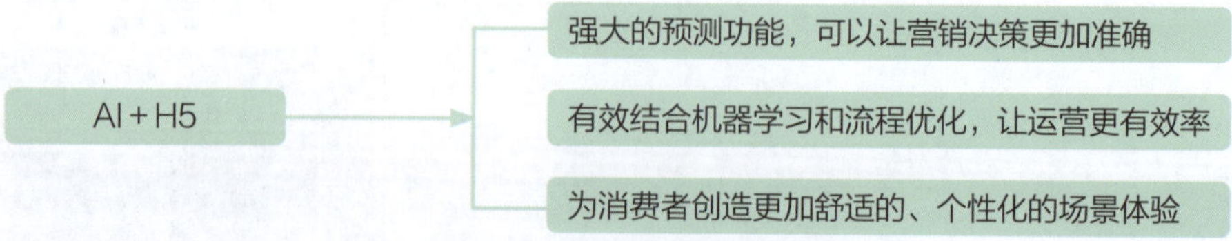

图5-17 AI技术在H5中的作用

1. AI图像识别技术

图像识别技术是人工智能的一个重要领域，它是指对图像进行对象识别，以识别各种不同模式的目标和对象的技术。在H5营销中运用图像识别技术，可以结合企业本身产品的特点，来制作各种有趣的小游戏，吸引用户深度参与。

例如，“猜画小歌”是由谷歌公司利用谷歌AI技术推出的一个H5猜画小游戏。用户可以根据给出的单词来绘制一些简单的图案，然后交给谷歌AI“小歌”来猜，体验起来非常有趣，如图5-18所示。

图5-18 “猜画小歌”H5小游戏

再例如，“智能机器人小F揭秘真实的你”是由房天下推出的一个H5品牌推广页面，利用AI识图功能结合公司家装的营销主题，用户可以上传图片，由AI功能来识别其中的元素信息，并得到相关的信息反馈，如图5-19所示。

图5-19 “智能机器人小F揭秘真实的你”H5小游戏

2. AI语音识别技术

语音识别技术也被称为自动语音识别（Automatic Speech Recognition，简称ASR），其目标是将语音中的词汇内容转换为计算机可读的内容形式。在H5中运用语音识别技术，可以突破传统广告，为创意插上“声音的翅膀”，让H5广告形式更加多样，传播性更强。

例如，“5秒鉴音预测你的TA”是由讯飞输入法利用语音识别技术推出的一个七夕节H5活动。该H5作品会调用手机的录音功能，用户可以用语音录入一句喜欢的诗句，上传后系统会测试出你的另一半是什么样的人，并通过雷达图来展示，如图5-20所示。

图5-20 “5秒鉴音预测你的TA”H5七夕节营销活动

再例如，“今年拜年，打个有AI的电话”是使用科大讯飞文字内容转语音技术推出的一个H5新年活动。用户可以输入任意文字，该H5作品会自动将文字内容转化为语音内容，制作个人AI电话，作为专属拜年电话，如图5-21所示。

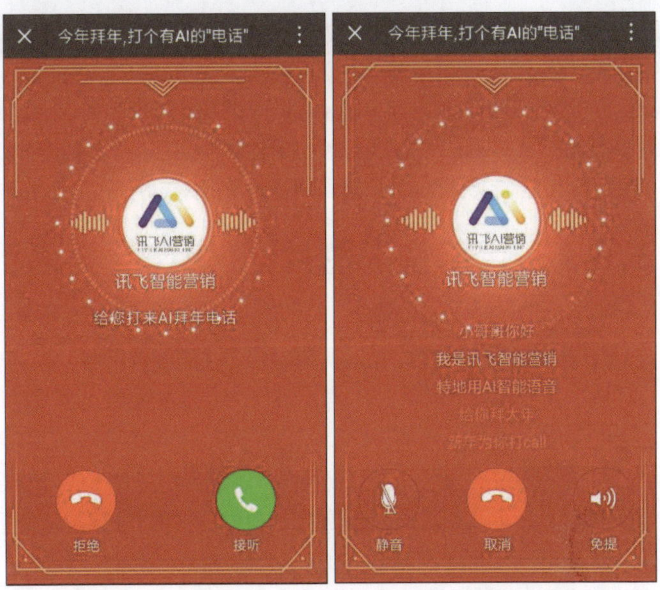

图5-21 “今年拜年，打个有AI的电话”H5新年营销活动

3. 模拟人类智慧

人工智能技术可以利用计算机来模拟人的某些思维过程和智能行为，如学习、推理、思考及规划等，帮助人类轻松解决各种难题。在H5作品中运用这种AI技术，可以显得科技感十足，并且交互形式也会更有趣。例如，“好运来，狗年旺”是腾讯新闻与Tencent AI Lab（腾讯人工智能实验室）共同打造的一个H5新年营销活动，采用传统新年中常见的对对联作为交互形式，用户可以输入2~4个汉字，H5会以这些字作为开头，自动生成一副对联，如图5-22所示。

图5-22 “好运来，狗年旺”H5新年营销活动

5.3 展现动态炫酷画面的H5技术运用

在制作H5动态效果时，如果是简单的动画效果，可以通过CSS3技术来实现；如果是较为复杂的动画效果，例如，有很多特效或动画时间比较长，则需要动画引擎来实现。本节介绍一些常见的展现动态炫酷画面的H5技术的运用及相关的案例。

5.3.1 运用快闪影片让H5作品更吸引眼球

快闪指的是“快闪影片”，是一种视频内容的制作方式，H5快闪主要是指在短时间内在手机屏幕中快速闪过文字和图片等信息。在传统营销中，快闪也用得非常多，如苹果的iPhone 7广告、凯迪拉克的ATSL广告、华为P10发布会等，甚至很多淘宝店铺都用快闪视频来宣传产品。

如今，通过“快闪广告+H5页面”的结合营销，不但可以更好地展现快闪的魅力，还能提升浏览体验，让企业的营销广告更引人注意。例如，“穿越App Store”是由微信支付推出的一个快闪风格的H5作品，如图5-23所示，通过这种前卫、新颖的广告形式，展示出大量的信息，给用户带来无与伦比的视觉冲击。

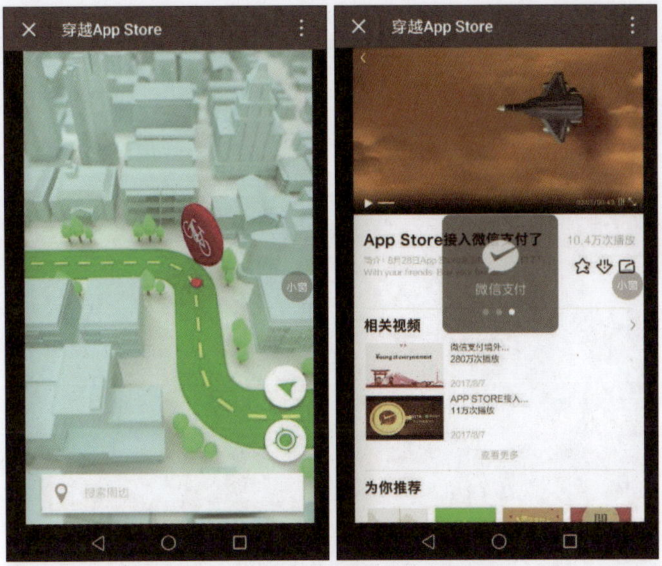

图5-23 “穿越App Store”H5快闪视频

H5快闪影片的优势如图5-24所示。

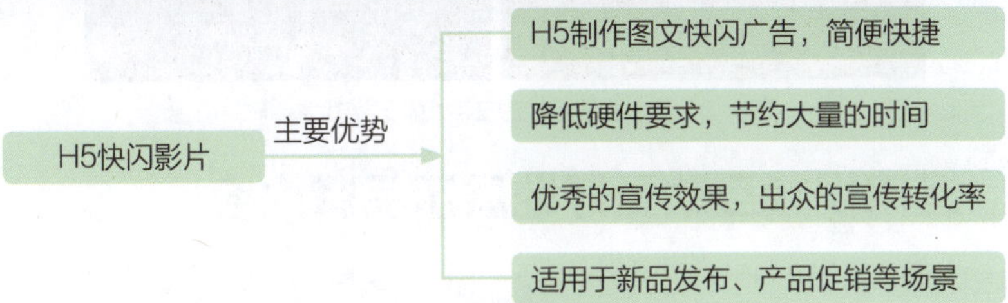

图5-24 H5快闪影片的优势分析

5.3.2 运用粒子特效展现炫酷的动画效果

粒子特效是视频处理中常用的一种效果，原理是通过三维软件将无数的单个粒子组合使其呈现出固定形态，模拟出现实中的水、火、雾、气等效果。设计者可以利用H5中的新技术实现非常炫酷的粒子动画效果，给用户带来不一样的视觉体验，如图5-25所示。

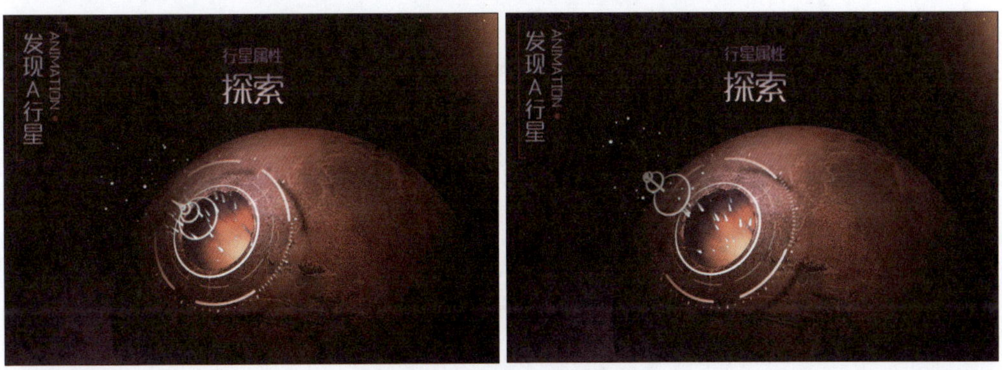

图5-25 H5中的粒子动画效果

例如，“一生要历经的三种战斗”是由网易游戏推出的一个游戏宣传H5，在内容页面上加入了粒子动画效果，而且粒子的颜色会随着内容的变化而变化。另外，用户在操作屏幕时，点击屏幕或者滑动屏幕，H5背景中的粒子效果也会产生相应变化，如打乱或跟随手指移动等，效果非常炫酷，如图5-26所示。

图5-26 “一生要历经的三种战斗”游戏宣传H5

5.3.3 运用视频互动更好地展示品牌内容

视频互动主要是通过在H5页面中植入视频，借此来实现在宣传产品的同时与用户互动的方式。视频与图片、文字不同，它不能够随意造假，相对而言是一个比较真实的展示企业信息的媒介。视频如果具备以下几个特征，就容易吸引顾客的目光，使顾客深入感受企业的内涵，对企业的方方面面有个比较直观的了解，如图5-27所示。

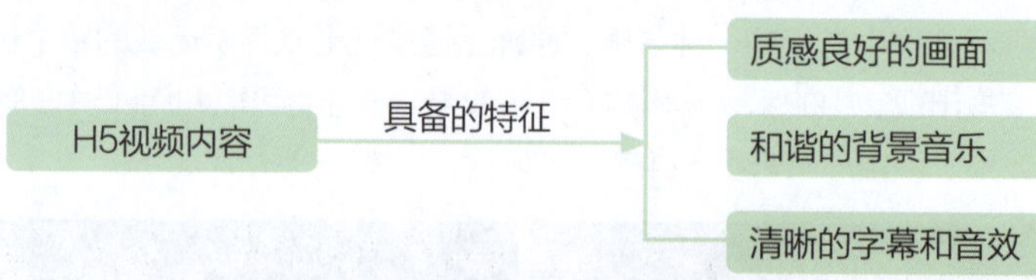

图5-27 H5视频内容需要具备的特征

没有一个企业是不想向顾客展示自己完美形象的，因此他们可以通过H5视频内容对产品、服务进行介绍，这样更具说服力，能够使得顾客更加相信企业，从而有力地推动产品的销售。

例如，在宝马全新BMW M2即将上市时，宝马团队打造的一款全新H5作品，当天传播量即达20 000 000次，如图5-28所示。创意上，炫酷的新车预售宣传，吸引眼球，突出产品亮点，曝光品牌；策划上，采用“H5+TVC视频”的技术，H5负责“交互+静态”展现，TVC视频则负责动态炫酷展现。

图5-28 视频互动的H5宣传页面

5.3.4 运用多屏互动打造互动娱乐新模式

H5拥有多种交互及展示方式，其中，多屏互动可以实现手机、平板电脑、电视之间的多屏互动营销，帮助企业重塑商场活动场景，打造互动娱乐营销的新模式。

例如，图5-29所示是由中国平安推出的一个H5页面“传递炬能量，接力不凡”，通过借势奥运会这个热点话题，运用双屏互动技术在两个手机上模拟传递火炬的画面，很好地呈现了奥运会火炬的传递效果。

图5-29 “传递炬能量，接力不凡”H5页面

“一滴奶，邂逅爱”是由蒙牛联合未来应用平台推出的一个双屏互动H5页面，运用了二维码的连接方式。打开H5页面后，邀请好友扫描其中的二维码，即可开始体验双屏互动画面。两个手机同时摇一摇后进入一个房间，可以看到一串代表爱情的花朵从一个手机屏幕飞到另一个手机屏幕中，然后出现一个由花瓣组成的心形，两个手机中各有一半，一盒蒙牛纯牛奶静静地放置在钢琴上，画面唯美梦幻，如图5-30所示。

图5-30 “一滴奶，邂逅爱”H5页面

5.3.5 运用GIF动画让页面变得生动

GIF格式的动画图像能够广泛支持Internet标准，因此在H5中也非常流行，可以让原本呆板的页面变得生动。

例如，“七夕心里话”是由vivo手机推出的一个七夕宣传H5页面，其中飞舞的纸飞机采用的是GIF动图，画风清新自然，如图5-31所示。打开H5页面后，用户可以根据自己目前情感状态，选择合适的主题场景，与H5页面产生互动，同时带来更好的体验感。另外，这些场景页面中都植入了vivo的品牌图片，为品牌宣传起到了推动作用。最后，用户可以将写满七夕心里话的纸飞机分享给心中的对象，让该H5作品得到了很好的传播。

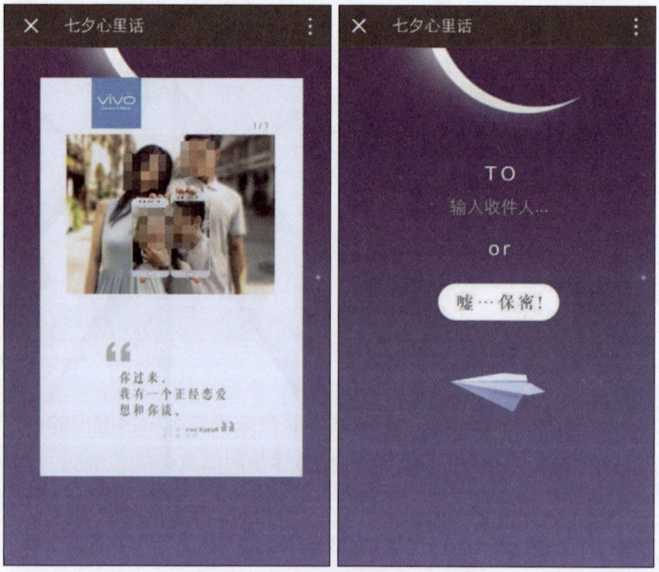

图5-31 “七夕心里话”H5页面

视觉设计篇

第6章

风格：移动H5视觉风格设计

学习提示

H5作品传播的内容直接影响用户对于H5作品的认可程度，适当的内容表现技巧能够更有利地提升H5作品的影响力。本章将介绍H5作品传播内容的视觉风格设计技巧。在选择H5的设计风格时，我们首先要去理解H5页面，然后根据不同的行业特性、活动主题及品牌调性等，采用不同的页面设计风格。当然，优秀的H5 作品往往不会是单一的风格，而是可以融合多种风格，给用户带来更加强烈的视觉冲击效果。

6.1 设计原则：五大H5设计精髓要点

随着移动互联网的发展，现在网络营销的方式也越来越多，不过基本的、广泛的还是H5营销。H5营销不仅成本低，而且能够有效地树立企业形象、提高知名度，因此成为很多企业喜欢的营销手段之一。

H5营销首先需要进行传播，也就是将企业的H5作品传播出去，在这个过程中，还需要掌握一些精髓要点，这样才能传播地更快、更远。

6.1.1 有创意，少抄袭，多原创

首先，企业的H5作品必须有足够的创意，这一点前面已经强调过，而且应该少抄袭、多原创。如今，内容营销是一种非常流行实用的营销方式，企业可以在H5作品中添加与众不同的内容或创意，使人们都乐于传播。

在各种电商平台上，充斥着很多缺少创意的产品，这些产品自然难以吸引用户下单。因此，企业可以借用H5创意营销来把握用户痛点吸引用户。

1. 吉利汽车“中国有帅咖”

例如，“中国有帅咖”是由吉利汽车推出的一个品牌宣传H5页面，通过创意设计来抓住用户眼球，如图6-1所示。

图6-1 “中国有帅咖”H5页面

“中国有帅咖”的创意亮点如图6-2所示。

吉利汽车“中国有帅咖” → 创意亮点：

- 通过快闪嘻哈视频进行展示
- 采样恶搞古风的动漫设计风格
- 用户可以选择表演的角色，打造不一样的互动形式
- 通过“四大才子”来描述产品优势，形成独特的借势营销

图6-2 “中国有帅咖”的创意亮点

2. 南昌万达城|融创“赣江8mm”

“赣江8mm”是南昌万达城针对“乐高童趣嘉年华”活动推出的一个宣传H5页面，如

图6-3所示。这个H5页面采用视频互动的形式，通过31 722块8mm×8mm乐高颗粒来拼成各种赣江风景，展示人们对于美好生活的追求。乐高作品很有创意，同时还表达出了“乐高童趣嘉年华”的活动主题，如图6-3所示。

图6-3 “赣江8mm”H5页面

6.1.2 注重H5设计风格的统一

在设计H5作品时，统一的设计风格是一个基本原则，H5中各种元素的色彩、文案风格等需要和谐自然，所有的细节设计都要符合整体的设计风格，这样才能带来更好的用户体验，相关的设计要点如图6-4所示。

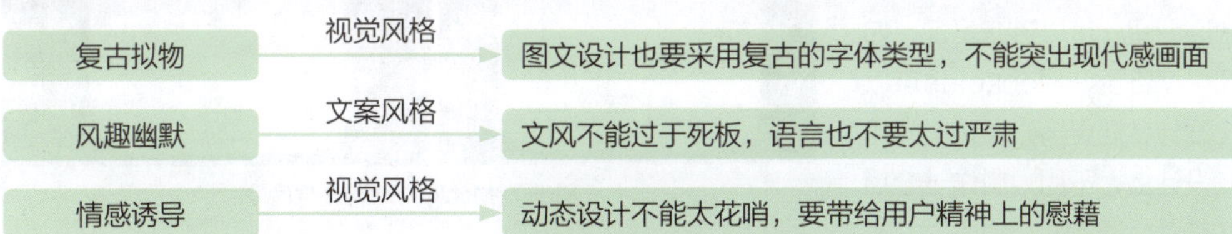

图6-4 H5设计风格的相关要点举例

例如，“要Cool一夏”是由戴尔公司与“草莓音乐节”共同推出的H5推广活动。活动主题定为“夏日清凉”，采用换装小游戏的互动形式，用户可以自由搭配出专属卡通人物形象，并生成有趣的个性海报，同时非常巧妙地展示出品牌广告，如图6-5所示。

图6-5 “要Cool一夏”H5页面

在设计上，这个H5页面的风格非常统一，具体如图6-6所示。

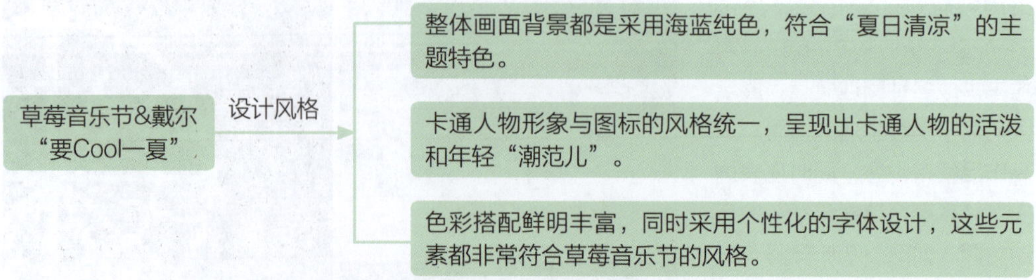

图6-6 “要Cool一夏”H5页面的设计风格

6.1.3 H5原型图的绘制与构思

H5原型图是指整体框架样式的构思，也可以说是草稿、底稿或大纲，可以通过手绘或软件绘制的方式来制作，同时以此来与其他利益相关者进行交流。例如，Mockplus就是一款不错的原型图绘制软件，用户作图时只需要把这些组件放入工作区进行组合，一张原型图就可以迅速呈现，如图6-7所示。Mockplus可以让设计者把更多心思和时间用在设计上，不用为制作一个组件去劳心费力。

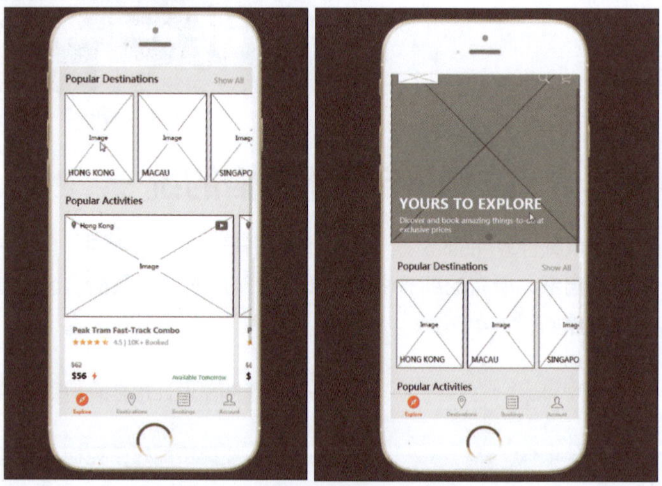

图6-7 Mockplus绘制的原型图

H5原型图的绘制和构思都不同于一般的移动应用产品，而是有自己独特的方法和原则，主要如图6-8所示。

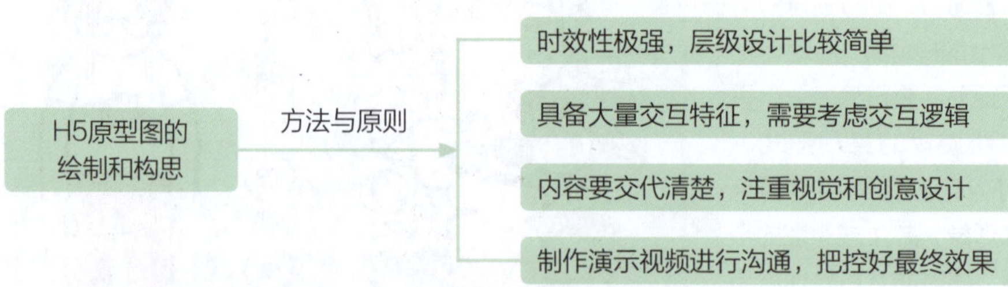

图6-8 H5原型图的绘制和构思的方法与原则

6.1.4 营造出合适的视觉氛围

H5营销的重点在于情感传递，如何实现这一点？我们通常依靠在H5作品中营造合适的视觉氛围，来烘托出某种情感气氛，从而更好地传达品牌的营销主题。

例如，“嘻哈电音趴”是由天猫推出的一个音乐类H5小游戏，主色调设计为蓝紫色，从而营造出一个非常炫酷的电音派对氛围，视觉和听觉效果都很吸引人，同时加上有趣的互动玩法，让H5作品的黏性非常高，如图6-9所示。

图6-9 “嘻哈电音趴”H5页面

再例如，“北京SKP儿童节 奇幻后浪潮”是由北京SKP商场针对儿童节推出的宣传H5作品，整个页面采用了丰富多彩的颜色，与儿童节的主题完美搭配在一起，让画面充满了阳光、活力和快乐，同时可以让用户的心情得到放松，H5作品的结尾处非常自然地引出两个活动，宣传效果很不错，如图6-10所示。

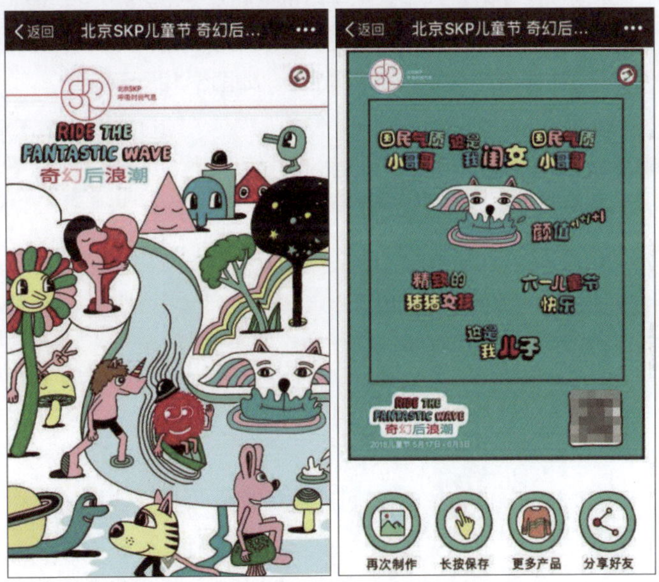

图6-10 “北京SKP儿童节 奇幻后浪潮”H5作品

6.1.5 让用户真实参与和体验

H5营销始终都是以用户为核心的，如何让用户更喜欢、更支持是每一位营销者需要时常思考的问题。因此，在设计H5作品时，要学会让用户真实参与和体验，制作出更多个性化和定制化的H5作品。例如，“幸福照相馆”是由央视财经联合天天P图共同打造的一个照片合成类H5活动，用户可以拍摄多张照片，运用人脸融合技术来合成家庭合影，如图6-11所示。

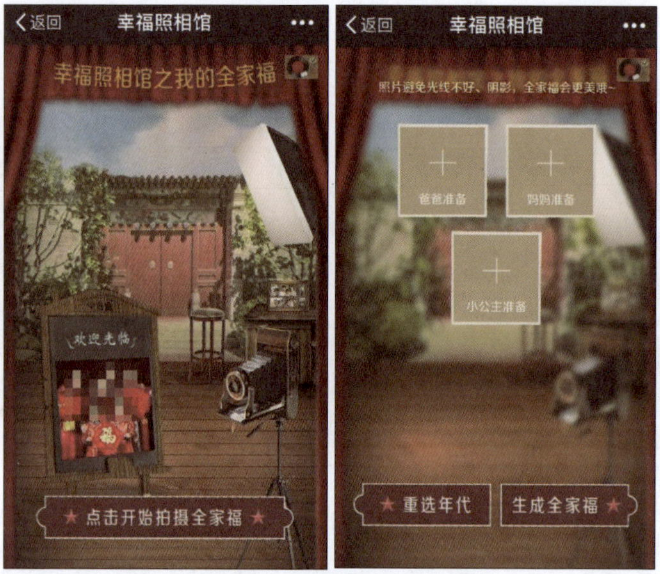

图6-11 “幸福照相馆”H5作品

再例如，“我们结婚啦”是由迅雷联合天天P图共同打造的一款关于结婚的H5活动，用户可以选择单人或双人，男生或女生，以及婚纱风格，然后拍摄自己的正面照或者上传一张图片，打造单人婚纱照或与其他人的结婚合照，如图6-12所示。

图6-12 “我们结婚啦”H5作品

这两款H5作品都是基于天天P图强大的图像合成技术，合成的人脸效果非常自然。同时，H5的操作简单、界面干净、互动性很强，用户可以深度参与，制作属于自己的各种不同的形象和场景，获得不同寻常的参与感和体验感。

6.2 设计风格：12种H5设计风格解析

视觉设计对于H5作品来说非常重要，在那些优秀的H5作品中，无论是色彩斑斓的图片，还是创意十足的文字，都足以对用户造成视觉冲击，促使其点击其中的广告，进入商品的购买页面，最终实现营销效果。这就是视觉营销，简单地说，视觉是方法，营销是目的，二者不可分离。

当然，由于H5作品通常具有多个页面，因此我们在进行视觉设计时，必须首先确定一种风格，用来统一这些页面，从而更好地传达营销理念。

6.2.1 扁平、插画视觉风格设计

扁平风格的主要原则是去除冗余、厚重和繁杂的装饰效果，强调抽象、极简和符号化，这种风格的H5画面更简约，而且条理也更加清晰。如Android 5.0系统就采用了扁平化的效果，画面很绚丽。

插画也称插图，是一种视觉艺术表现形式，其设计的元素形象比较直观，可以给画面带来真实的生活感，同时体现出美的感染力。这种风格的H5作品制作起来比较花时间，但却可以加深用户的印象。

1. 做不同，点亮你未来的光

“做不同，点亮你未来的光”是由联想公司推出的招聘H5页面，采用了“扁平+实拍”的设计风格，同时运用了扁平、摄影和3D等多种风格来展现H5主题，如图6-13所示。

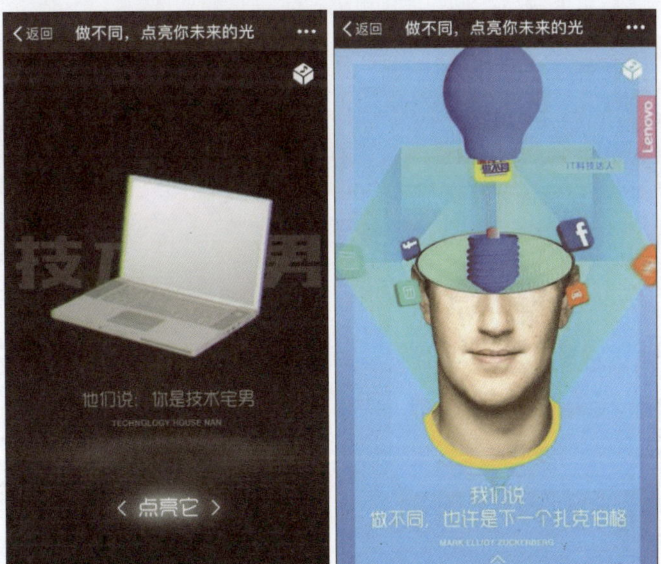

图6-13 “做不同，点亮你未来的光”H5页面

画面的整体配色非常舒适，运用了红色、橙色、蓝色、黄色4种颜色来表现4种不同的职位，展现出每个人的特定闪光点，并让你点亮它，最后引出H5活动的主题，也就是这4种职位的联想暑期实习报名表。

2. 天生绝配

“天生绝配”是由德克士推出的一个品牌推广H5页面，画面采用“矢量插画＋实景拍摄”的设计风格，在视频中，人物穿着白色的衬衫，衬衫上面的矢量插画做成的动画效果非常有趣，创意性比较强，如图6-14所示。

图6-14 “天生绝配”H5页面

同时，视频播放结束后，用户可以参与一个穿搭小游戏，上传自己的脸部照片作为主角的脸部，代入性比较强。同时，可以选择衬衫上的图案，其中植入了大量的品牌元素，而且参与互动游戏的用户还有机会获得T恤实物奖品及德克士优惠券。

3. 避暑的108种姿势

“避暑的108种姿势”是由长隆水上乐园联合网易新闻一起推出的夏季宣传H5活动，采用“扁平＋插画”的设计风格，用户通过自主设定人物的避暑姿势、场景、性别、表情、服饰等元素，来生成属于用户自己的图片，如图6-15所示。

图6-15 “避暑的108种姿势”H5页面

这个H5作品采用可爱的扁平化插画人物与字体进行设计，页面风格活泼有趣。同时，主色调为清爽的蓝色，颜色清新，与“避暑”的主题相符。

6.2.2 手绘、动漫视觉风格设计

很多场景下，企业希望H5页面中的设计元素更加精准，拥有完美的像素。于是大家都在H5中运用了很多个性化且非常有趣的设计元素，让H5页面看上去更加生动。因此，手绘风格的元素被广泛应用到H5页面中，从而赋予H5作品更多个性，使其整体的视觉冲击力得到增强，而且手绘元素还能调动画面氛围，传递企业的某种情绪。

例如，“后厂村日常”是由网易联合有道推出的H5宣传页面，采用了手绘漫画的设计风格，画面简洁、剧情生动，展示了动人的故事情景，如图6-16所示。

图6-16 “后厂村日常”H5页面

动漫风格的视觉元素在H5页面中很常见，风格形式也比较多，不仅可以在视觉上更加丰富多变，而且能够创造出独特的视觉风格，实现形式与内容的完美统一。例如，“优酷9周年”是由优酷推出的一个品牌宣传H5页面，画面采用动漫设计风格，主色调为蓝色，并配以粉色，运用大量卡通形象展现优酷一路走来的品牌历史故事，如图6-17所示。页面中还插入了mp4格式的视频文件，引导用户进行动漫视频交互，从而对优酷这个品牌产生情感共鸣。

图6-17 “优酷9周年”H5页面

6.2.3 水墨、复古视觉风格设计

水墨风格的H5视觉设计，可以让页面的形象更简洁、寓意更丰富，通过极少的元素，将更多的信息传达出来，显示出企业或品牌的高雅文化品位及人文情怀。

例如，“小蝌蚪找妈妈”是百度推出的一个公益类H5页面，其主题为“寻人，让回家不再是童话”，展现了百度通过人工智能助力寻找走失儿童的科技力量，如图6-18所示。在设计风格

上，这个H5页面采用了水墨画的方式，以青色作为整体色调，象征着坚强、希望、古朴和庄重，这也非常符合“回家”的主题。同时，运用“视频+画中画”的方式，很好地体现了百度人工智能的产品功能和实际应用。

图6-18 “小蝌蚪找妈妈”H5页面

复古风格主要是通过在H5页面中加入旧时代的设计元素，或者将现代的元素处理成旧的事物，这样来突出品牌或产品文化渊源的形象特征。例如，肯德基推出的“如果时光可以倒流，这件事我一定会做”这个H5页面就是采用复古的设计风格，在页面中增加了旧电视机元素，点击开关打开电视后，可以看到肯德基的历史品牌故事，同时将产品很自然地植入其中，如图6-19所示。

图6-19 “如果时光可以倒流，这件事我一定会做”H5页面

6.2.4 写实、科技视觉风格设计

写实风格是指如实地描绘事物，使H5作品中的事物与现实世界中的情况基本相吻合。简单来说，写实风格就是画照片，让画面达到真假难分的效果。例如，“他一直在你身份证背面”是由腾讯公益推出的一个写实风格的H5作品，描述了一个男人前往长城的画面，他经过了不同季节、不同天气、不同地方，途中经历了很多事，最后到达长城，通过维护长城来宣传公益事项，如图6-20所示。该H5作品主要运用了视频的内容形式，这也是写实风格类H5常用的创作手法，大量

采用实景拍摄与自然光，借助非职业演员的表演与自然的生活细节描写，带有不加粉饰的真实感。

图6-20 “他一直在你身份证背面”H5页面

科技风格就是在H5页面中增加了有科技感的视觉元素，如机器人、IT技术、科技产品等，让画面显得更加科幻。例如，“我是隐藏很深的AI”是由网易新闻|哒哒推出的一个产品宣传H5页面，画面运用大量科技风格的设计元素，如智慧大脑、水景风格的网格面板及各种耀眼的光芒等，主色调同样为科技风格的蓝色，很有格调，如图6-21所示。同时运用RGB角色扮演游戏的交互形式，用户可以通过对话的形式参与互动，从游戏剧情故事中让用户了解网易新闻的AI产品特色。

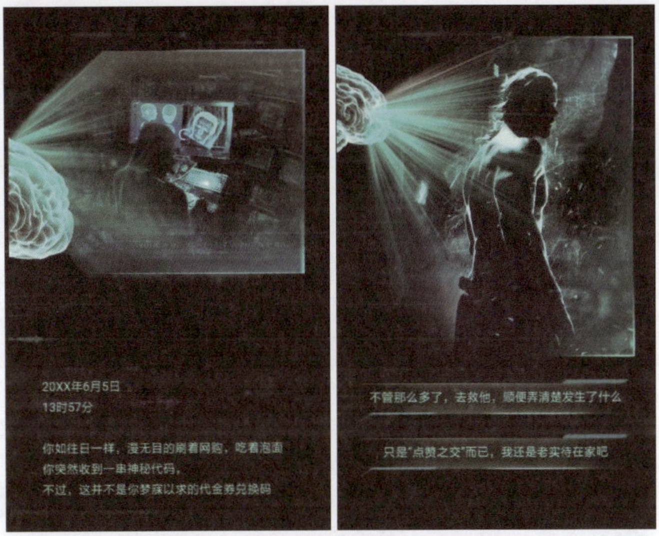

图6-21 “我是隐藏很深的AI”H5页面

再例如，“天玑·探索未见”是由海信推出的一个H5产品宣传页面，采用“写实＋科技”的视觉风格设计，主色调为黑色与蓝色的搭配，营造出一种充满科幻感的外太空场景，同时加上科幻类的题材剧情，突出海信电视天玑系列的特色，如图6-22所示。

图6-22 “天玑·探索未见”H5页面

6.2.5 极简、拼贴视觉风格设计

H5页面设计的基本原则之一就是规整、简约，这同时也是视觉营销的要领所在。如果用户在设计H5页面时，不管什么内容都纳入画面中，页面就会显得杂乱无章，因此必须使画面变得简约而不简单。

极简风格主要是指运用极少的色彩和极少的形象去简化画面，摒弃一切干扰主体的不必要元素，很大程度地降低这些不必要元素对欣赏者的干扰和视觉冲击，从而形成布局、场景及构图等。在H5设计中，极简设计风格可以通过简单的技巧、内容和构图方法，给用户带来惊喜的视觉效果。例如，“出行焦虑指数测试仪”是由小牛电动推出的一个产品宣传H5页面，采用黑白线条的极简设计风格，同时运用重力感应技术来测试用户的抖腿次数，以此来体现用户的出行焦虑指数，然后为用户提供“解药”，旁敲侧击地宣传其电动车绿色环保、减轻焦虑的产品特色，如图6-23所示。

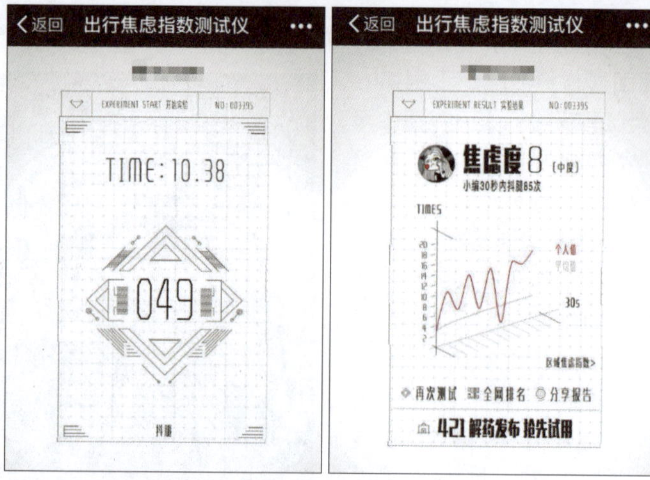

图6-23 “出行焦虑指数测试仪”H5页面

与极简风格不同的是，拼贴设计是一种包罗万象的表现手法，通过运用剪贴画、点线面、色块、波普等元素，可以拓宽H5页面表现的空间，打破平庸的画面，使其更具活力。例如，“‘小朋友’画廊”是由腾讯公益推出的一个公益宣传H5页面，画面中采用大量拼贴设计风格的元素，整体视觉效果非常饱满生动，如图6-24所示。

图6-24 “‘小朋友’画廊”H5页面

再例如，“恭喜你抽中一次回到10年前的机会”是由饿了么联合虾米共同推出的一个品牌宣传H5页面，采用拼贴风格的设计形式，整体氛围复古优美，如图6-25所示。

图6-25 “恭喜你抽中一次回到10年前的机会”H5页面

6.2.6 摄影、小清新视觉风格设计

摄影风格主要是在画面上运用各种摄影技术，对画面的构图、光线、色彩等进行处理，如360度全景、微距、双重曝光、黄金分割构图等画面效果，让H5作品更加吸引观众的注意力。

例如，“绿色猛兽，咆哮而至”是由奔驰汽车推出的一个产品宣传H5页面，画面采用了大量实景拍摄的照片和视频，画面非常生动逼真，如图6-26所示。H5画面的背景色为黑色，主色调为绿色，设计风格比较酷炫，同时运用各种凌乱的元素来展现奔驰AMG速度快的产品特色。在互动设计上，对产品感兴趣的用户，可以点击“驯服野性”按钮，在H5页面中查看AMG的外观、性能、赛道科技、内饰等详细情况。

图6-26 “绿色猛兽，咆哮而至”H5页面

小清新风格并没有具体的含义，通常这种类型的H5页面色彩比较淡雅，并且饱和度不高，整体呈现出一种灰色调的画面影调，给人带来清爽、清纯、唯美的视觉感受。例如，“快来尝尝这碗阅历丰富的元宵”是由中国民生银行小微金融推出的元宵节H5活动，背景以浅蓝色为主，非常精致地描绘出各地的特色景物，这种独特的小清新风格不同于元宵节一众红色喜庆的H5作品，极

容易给用户留下深刻的印象，如图6-27所示。

图6-27 “快来尝尝这碗阅历丰富的元宵”H5页面

再例如，“发现美好体|验|馆”是由上海万象城推出的一个宣传H5页面，不仅有着很好的交互性，而且背景大量采用浅蓝色和亮色，营造出一种宁静、安谧的小清新风格，清晰直观，如图6-28所示。

图6-28 “发现美好体|验|馆”H5页面

6.3 表现手法：6种H5视觉特效设计

除了设计风格外，H5作品中还可以运用各种视觉特效，让画面更有创意。对于H5营销来说，视觉创意是吸引用户注意的很好的方式，在确定好H5营销活动方案后，就要开始针对活动创意进行视觉效果的打造了。

不可否认的是，在进行视觉设计之前，要把方案和设计者的想法进行结合，才能产生富有特色的H5视觉效果。

6.3.1 来电视觉特效表现手法

来电特效主要是在H5页面开始的位置模拟来电界面，让用户通过接听电话的形式打开H5页面。常用的H5来电特效有语音来电和视频来电两种形式。

1. 语音来电

在H5页面内模仿语音电话或微信来电功能，这种特性可以结合明星效应来使用，也可以制作一些恶搞语音效果，增加H5营销的趣味性。

2. 视频来电

模仿微信的视频来电界面，企业可以寻找一个明星作为代言人，让他作为视频来电的对象与用户进行互动，可以更好地提升H5的引流效果，非常适合公司年会老板慰问、产品宣传名人介绍等H5应用场景。

3. 制作H5来电特效

使用人人秀H5页面制作工具，可以快速制作各种来电特效，下面介绍具体的操作方法。

步骤 01 打开人人秀编辑器，新建一个空白页面。❶单击“互动”按钮展开其操作面板；❷选择“趣味”类目中的“语音来电”插件，如图6-29所示。

步骤 02 执行操作后，即可插入“语音来电”插件，如图6-30所示。

图6-29 选择“语音来电”插件

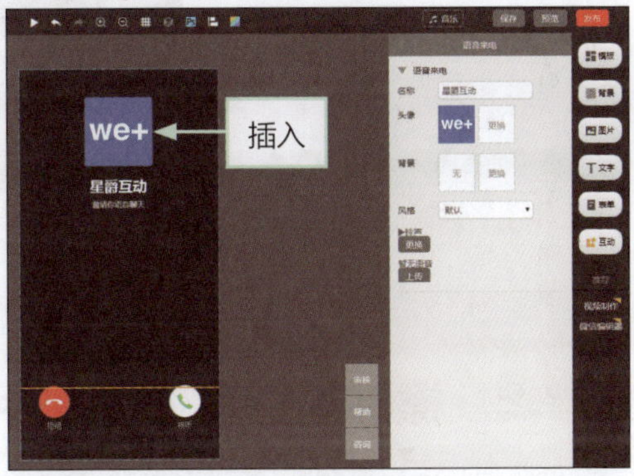

图6-30 插入“语音来电”插件

步骤 03 填写名称，并上传头像和背景，如图6-31所示。

步骤 04 单击铃声右侧的“更换”按钮选择来电铃声，需要用户自己上传来电铃声，如图6-32所示。

图6-31 设置来电界面

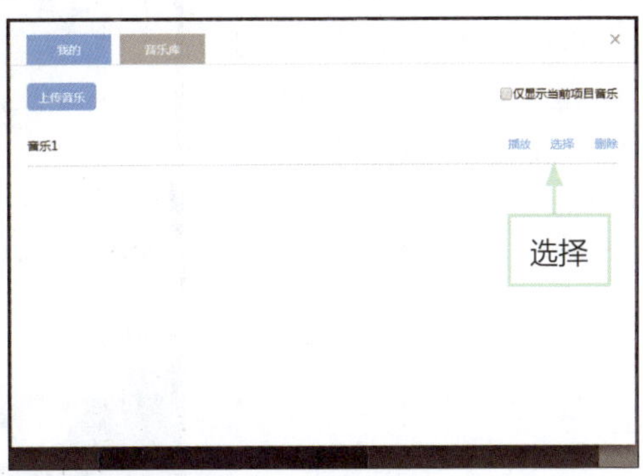

图6-32 选择来电铃声

制作完成后，预览来电界面效果，如图6-33所示。添加视频来电/语音来电插件时，会占据整个H5页面，因此最好单独建立一个页面来放置该插件。

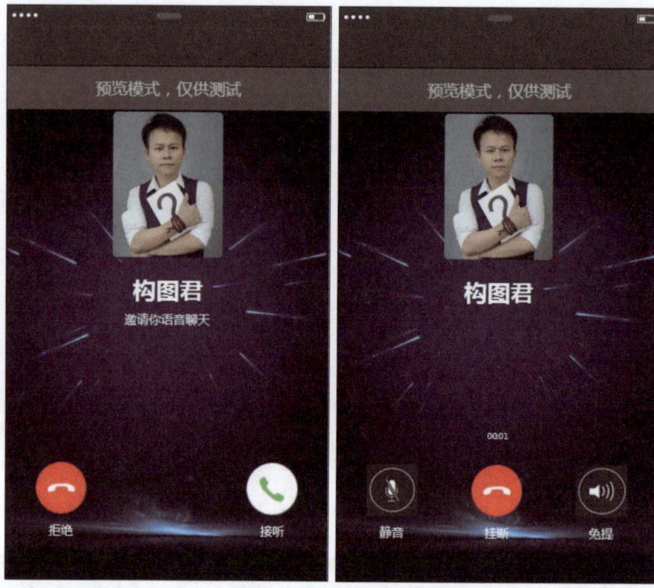

图6-33 预览来电界面

> **专家指点**
>
> 那些优秀的H5营销案例，通常都是具有一定亮点的，如精致的创意策划、精美的视觉设计、精彩的互动体验等，可以让用户快速地联想到具体的情景或者回忆。因此，很多H5营销都开始借鉴各种模拟手机或微信的趣味营销方式，来让H5快速传播。

6.3.2 擦除视觉特效表现手法

擦除特效主要是在H5页面中实现橡皮擦擦除图像的画面效果，可以恰当融入各种营销场景中，作为页面切换效果或者交互行为，从而与用户进行互动。

例如，“十年，我们的鬼吹灯”这个H5页面采用怀旧的电影胶片设计风格，以漫画为主的画面效果非常朦胧，用户可以点击屏幕擦除前景的模糊画面，即可看到下面清晰的画面，让用户去回忆，从而引起大家的共鸣，如图6-34所示。

图6-34 “十年，我们的鬼吹灯”H5页面

6.3.3 动画视觉特效表现手法

动画就是一系列连续的画面按顺序呈现出来，画面中的各种元素从一种样式逐渐变化为另一种样式的效果。在H5页面中适当地使用动画特效，可以提升用户感受和乐趣。

例如，“京东男装节”是由京东推出的一个京东男装节活动宣传H5页面，采用了各种纯色作为背景，在充满节奏感的音乐带动下，各种品牌的衣服、裤子和鞋子等随着音乐起舞，如图6-35所示。这个H5页面通过SVG、Transform及Animation相关技术实现动画的展示效果，突出局部产品款式。Transform可以实现初始和结束两个关键状态的简单动画，而Animation则可以实现多关键点的复杂动画。

图6-35 “京东男装节”H5页面

6.3.4 SVG视觉特效表现手法

SVG是基于XML的，因而能制作出空前强大的动态交互图像效果。而且SVG的尺寸非常小，在H5中的加载速度也很快，具有十分灵活的扩展性能。

例如，“【罕见】深圳打造伸手可以摘星辰的房子”是由深业上城推出的一个房产宣传H5页面，采用简单黑白色调搭配图文的形式，展现出用户心目中一个理想房屋的各个特点，由此引出深业上城符合这些特点的产品优势，极好地宣传了深业上城房产，如图6-36所示。

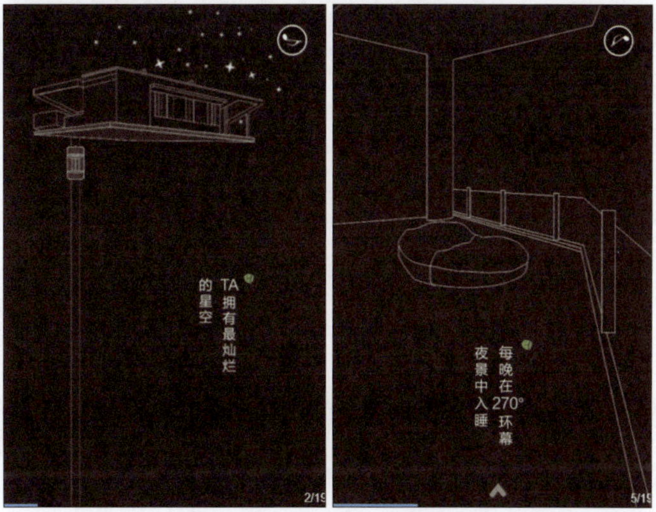

图6-36 “【罕见】深圳打造伸手可以摘星辰的房子”H5页面

H5中不断出现了很多延伸的动态线条，就是采用SVG来实现的，动态效果非常好，如图6-37所示。

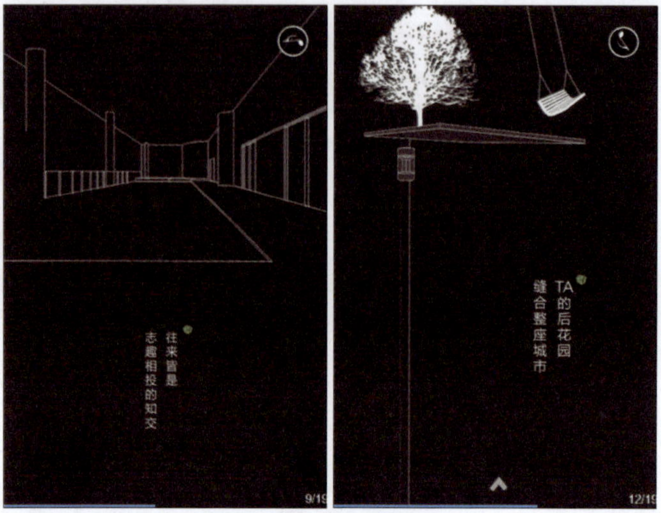

图6-37 SVG实现动态效果

6.3.5 拍立得视觉特效表现手法

拍立得原本是一种摄影技术，也就是说拍完就可以得到照片。如今，在H5页面中，也可以模拟拍立得特效，让画面充满创意，使整个H5页面趣味多多。例如，“我的2018奋斗姿势”是由中国工商银行推出的一个信用卡产品宣传H5页面，首先采用漫画的视觉风格形式，介绍了不同行业工作者的“奋斗姿势”，如图6-38所示。

图6-38 “我的2018奋斗姿势”H5页面

用户可以上传一张正面照，选择性别和姿势进行图片合成，生成一张拍立得照片效果的“奋斗姿势”图片，还可以保存该图片，领取一张“奋斗信用卡”，如图6-39所示。

图6-39 生成拍立得照片效果

6.3.6 玻璃碎掉视觉特效表现手法

在H5页面中模拟玻璃破碎的特效，可以让画面看上去更加炫酷、更加令人震撼。同时，企业可以在玻璃碎掉后的页面中，引出自己的营销主题，这种交互形式不但比较新颖，而且不容易引起用户的反感。

例如，“是谁几千年屹立守护着你的姓氏家族？”是由腾讯影业推出的一个图文展示类H5页面，场景设计比较恢宏，用户可以输入姓氏来展开故事情节，感受千年来长城所经历的沧桑，灰白色的背景、颜色深沉的文案及浓重的背景音乐，将主题氛围充分展现出来，让用户产生身临其境的画面感。同时，在场景的过渡中还利用了玻璃碎掉的视觉特效，让画面看上去更加震撼，如图6-40所示。

图6-40 “是谁几千年屹立守护着你的姓氏家族？”H5页面

第7章

创意：移动H5视觉创意设计

学习提示

在传播的过程中，用户第一眼看到的就是H5的视觉设计。因此，企业必须通过精心的创意设计，让H5画面时尚而富有视觉冲击力，运用视觉创意来征服用户，这不仅能够提升相关产品的销量，还有助于企业打造品牌、塑造自身形象。本章主要介绍移动H5的视觉创意设计，主要内容包括版式设计、活动设计、动效设计、音效设计、交互设计等。

7.1 版式设计：让你的设计越来越出色

如果说在H5作品中，内容是实力担当、图片是颜值担当，那么排版就是H5作品的视觉担当。只有将排版做好，才能给用户良好的浏览体验，让他们成为H5作品的忠实粉丝。本节将为大家介绍一些H5版式设计的方法。

7.1.1 视觉动线设计

H5的视觉动线设计，主要是通过合理布局H5页面中的各种主题元素，从而实现主动线和辅助动线的自然衔接，让所有的主题都处于人们的视线范围内，尽可能地消除用户产生的视觉疲劳感，让他们在H5页面上停留的时间尽可能长一些。

通常情况下，用户在手机上的阅读习惯都是从上到下、从左到右，因此在设计H5页面时，可以利用内容的动态特性，对用户视觉产生牵引作用。其中，F模式能创建不错的视觉层次结构，用户可以一直从上到下、从左到右阅读，能够轻松浏览H5页面的整体内容，同时视觉感也非常舒适，如图7-1所示。

图7-1 F模式的视觉动线设计

7.1.2 画面焦点设计

H5画面的尺寸比较小，用户停留的时间通常也不会太长，而且还会运用大量的动效设计，因此画面的视觉焦点不宜过多，必须让用户能够快速清晰地找到和识别，这样才能更好地突出H5作品的主题。

（1）一带多焦点：这种方式主要是在H5页面中设置一个画面主焦点，然后通过一个主焦点带多个分焦点的设计形式，让画面更加充实，并且主焦点可以让页面的整体内容更加清晰，如图7-2所示。

图7-2 一带多焦点

（2）多焦点平衡：有时，我们需要在一个H5页面中展现多个主题内容，此时可以通过颜色、过渡和动效等方式来展现这些主题内容，使画面看上去更加平衡和谐，并且有秩序感，如图7-3所示。

图7-3 多焦点平衡

7.1.3 页面层级设计

在布局H5页面内容时，可以采用清晰的层级划分方法，将主次信息交代清楚，来营造更好的秩序感，使内容能够被用户快速理解。在设计页面层级时，可以使用数字序号、分页主题、编号、按钮、图形元素、时间轴及不同色彩来进行划分，更好地安排各个分页的内容，建立统一的层级关系。

例如，“奥利奥缤纷音乐盒”这个H5页面采用纯色大背景的设计形式， 每个页面都会展示一个礼盒，通过色彩丰富的画面、炫酷的动画效果及流畅的过渡，加上允许返回上一步的设定，层级非常清晰明了，各类功能点都做得很精致细腻，如图7-4所示。

图7-4 “奥利奥缤纷音乐盒”H5页面层级

7.2 活动设计：快速引爆H5页面的热度

在制作H5作品时，除了内容的优化外，活动的设计也是必不可少的一环，活动是H5作品吸引用户的有力形式，可以很大限度地提高H5页面的热度，提升粉丝的黏性。

7.2.1 砍价活动设计

砍价活动是一种非常重要的H5营销手段，企业可以在H5页面中发布需要推广的产品或服务，然后确定一个原价与活动优惠价，并规定相应的砍价人数。

用户打开H5页面后，可以将其分享给好友，邀请他们帮助你一起砍价，邀请的人数越多，则可以砍到越低的价格，直至砍到企业设置的活动优惠价为止，用户便可使用该价格购买相关的产品或服务，如图7-5所示。

专家指点

H5 砍价活动可以用于那些难销售、难成交、难推广的大单商品，通过其裂变传播的属性可以增加大单商品的推广面，使成交量得到提升。另外，H5 砍价活动还可以改变用户的消费心理，让他们的消费意愿得到提升。例如，很多人都不愿意错过优惠，因此 H5 砍价活动可以让他们由“花钱买产品”转变为“花更少的钱买优惠”，这样的消费方式用户也更容易接受。

砍价活动是一种非常实用的裂变营销工具，可以让H5营销形成“病毒式”传播效果，尤其是将其投放到各种活跃的微信社群后，宣传规模将呈现指数增长，同时引流效果和范围会大幅扩大。

图7-5 砍价活动H5页面

图7-6所示为H5砍价活动的营销优势。

病毒传播 → 用户自发分享，从而引发更多的用户去分享H5作品，让企业的产品或品牌在不经意中通过H5大范围地传播到人群中，并形成“裂变式”“爆炸式”或“病毒式”的传播状况。

快速引流 → 当用户砍价成功后，通常会进行消费，对于店铺来说，“引流”效果非常显著。而且这些用户都是企业的优质潜在用户，他们对产品或服务有很大的兴趣，这等于在无形中帮助企业对客户进行了一次筛选工作。

精准营销 → H5页面中的砍价插件可以快速收集用户的信息，而且可以将数据导出，这些数据为企业的个性化营销和精细化运营提供了很好的依据。

图7-6 H5砍价活动的营销优势

当然，砍价活动真正实行起来，还需要企业在选品和推广渠道上多下功夫。

（1）选品方面

- 要降低消费者的决策成本，消除他们的顾虑。
- 要尽可能选择有诱惑力的大众型商品。
- 设定的目标价格要尽可能低，达到薄利多销的目的。

（2）推广渠道

- 通过公众号进行预热宣传，吸引粉丝参与。
- 通过个人微信使其传播到自己的朋友圈中。
- 通过多个微信社群，形成“病毒式”传播效应。
- 通过线下实体店，使用二维码宣传引流。
- 通过地推宣传，在线下发放印有H5砍价活动的宣传单。
- 其他社交媒体推广，如QQ、微博、贴吧等，通过这些社交平台来展示H5砍价活动。

7.2.2 抽奖活动设计

抽奖活动非常流行，而且效果很好，可以应用于自媒体“吸粉”、门店“引流”及品牌营销等多种场景中，是投资回报率很高的营销方式之一。

例如，大转盘抽奖活动主要是将奖品放置在一个圆形的面板周围，并在中间设置一根指针，形状与时针比较类似，当用户在抽奖时，指针会转动，当指针停在某个奖品上时，用户即可获得该奖品，如图7-7所示。大转盘抽奖与微信相结合进行营销，可以获得更好的“引流”效果。

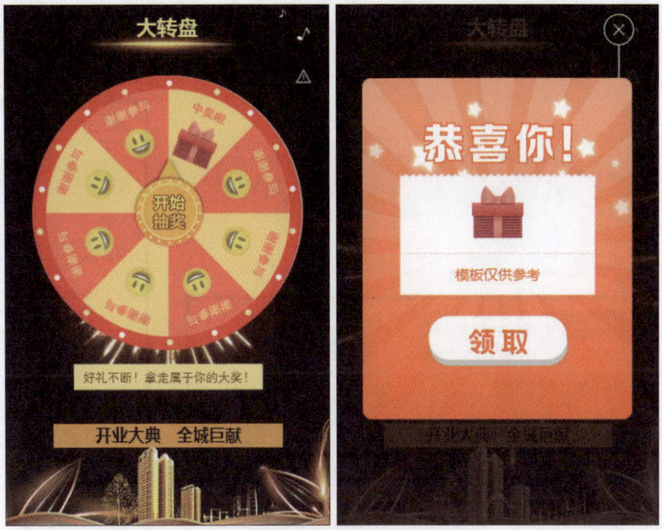

图7-7 大转盘抽奖H5页面

7.2.3 调查问卷设计

问卷调查是一种用于收集用户信息、反馈和喜好的活动，企业可以制作问卷调查H5页面，对消费者的意愿进行调查，从而知晓用户的购买意向。

问卷调查的功能与在线表单看上去比较相似，但各有各的长处，表单善于收集用户信息，而问卷调查则可以获取更多的用户意向数据，如调查用户常用的洗发水品牌或者用户喜欢玩的手游等。问卷调查非常适合一些时间比较仓促、不能确定答案数量的场景，而且还可以作为投票选举活动的工具。

下面以人人秀为例，介绍在H5页面中添加问卷调查活动的操作方法。

步骤 01 打开人人秀编辑器，更换好背景。单击“互动”按钮展开其操作面板，选择“活动”类目中的“问卷调查”插件，如图7-8所示。

步骤 02 执行操作后，即可插入“问卷调查”插件，如图7-9所示。

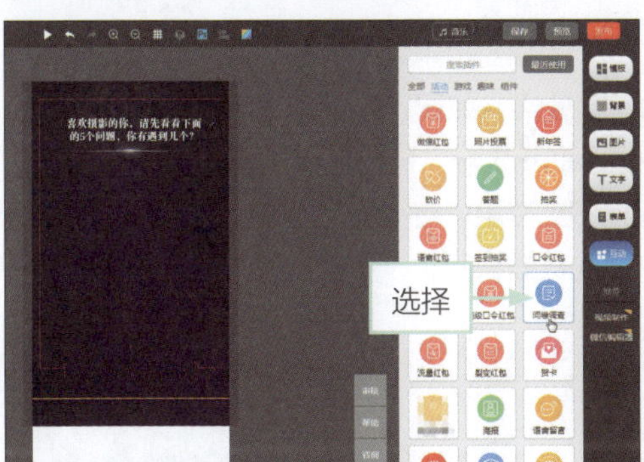

图7-8 选择“问卷调查”插件

图7-9 插入“问卷调查”插件

步骤 03 在右侧的“问卷调查”选项区中单击“设置”按钮，弹出“基本设置”对话框，填写活动名称，设置活动的起止日期，如图7-10所示。

步骤 04 单击“投票选项”右侧的“设置”按钮，在弹出的窗口中添加相应选项，如图7-11所示，单击“保存”按钮。

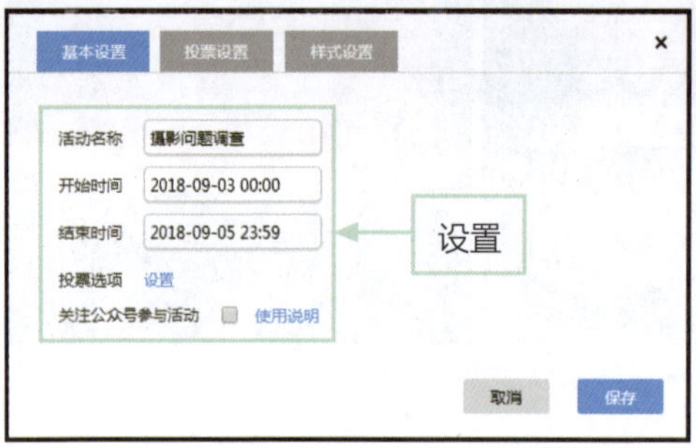

图7-10 设置“问卷调查”插件

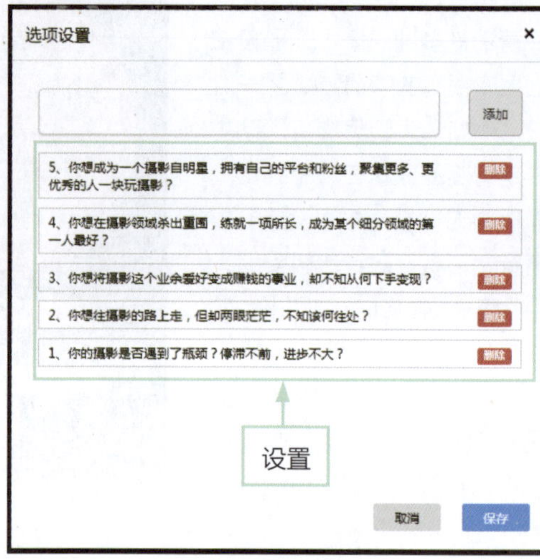

图7-11 添加相应选项

步骤 05 切换至“样式设置”选项卡，设置相应的按钮文字和风格颜色，如图7-12所示。

步骤 06 单击“保存”按钮，即可完成调查问卷的设置，如图7-13所示。

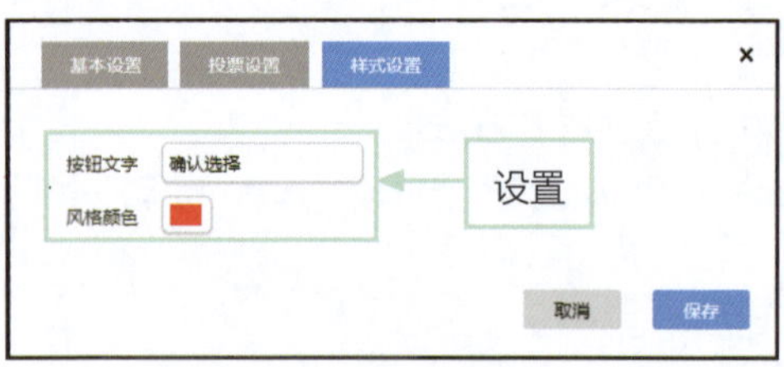

图7-12 “样式设置”选项卡

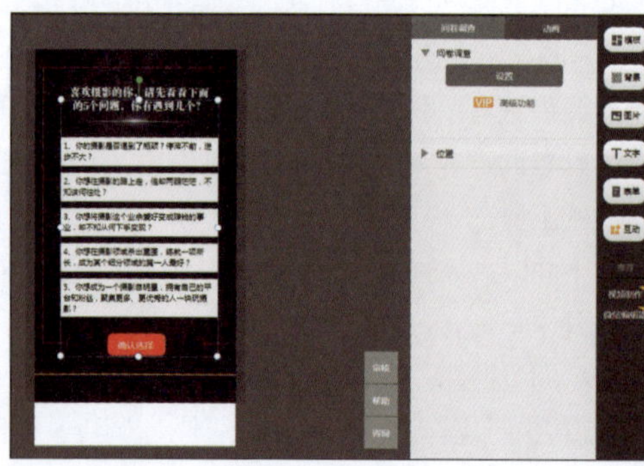

图7-13 完成设置

保存并发布H5页面后，即可查看问卷调查的活动效果，如图7-14所示。用户打开H5页面后，选择相应数量的选项，点击“确认选择”按钮，即可参与问卷调查，并显示全部的投票情况。不过，问卷调查只支持单项或多项不定项选择，不支持用户自行填写答案，企业可以根据需要灵活设置“最多选择”的数量，收集更多的用户意向数据。同时，企业也可以利用各种互动功能，将用户调查问卷H5活动自发地传播出去。

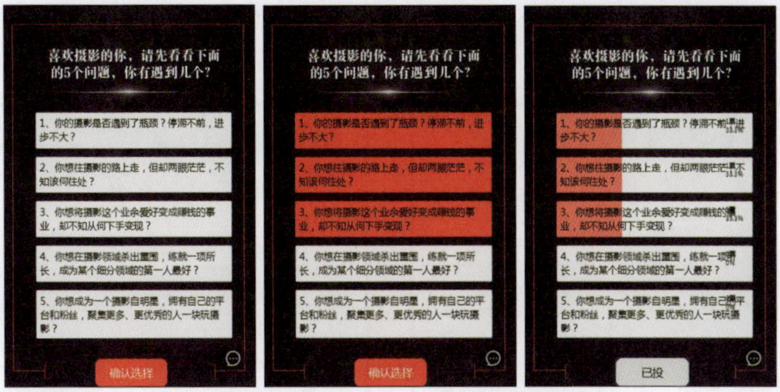

图7-14 预览H5用户调查活动效果

7.2.4 投票活动设计

投票活动是一种与众筹非常类似的营销活动，企业可以在H5页面中添加一些投票活动，并设置相应的奖励机制，用来快速“吸粉”“增粉”。例如，人人秀平台的照片投票插件就是一个不错的投票互动活动，适合用于“萌宝大赛”“学员投票”等微信上比较流行的投票活动应用场景。企业可以借用该插件来开发营销活动，吸引用户自行上传照片参加比赛，然后根据这些照片的点赞、分享或者评论数量，快速选出最受欢迎的照片，同时还能让投票者和参赛者进行很好的互动。

专家指点

在节假日或企业重大纪念日期间，都可以举办各种选举、评优等活动，此时通过人人秀的照片投票功能制作一个H5页面，是非常适合的营销方法。

下面以人人秀为例，介绍在H5页面中添加投票活动的操作方法。

步骤 01 打开人人秀编辑器，更换好背景。单击“互动”按钮，展开其操作面板，选择“活动”类目中的“照片投票”插件，如图7-15所示。

步骤 02 执行操作后，即可导入照片投票插件，单击右侧的“投票设置”按钮，如图7-16所示。

步骤 03 设置“活动名称”为“旅行摄影照片征集”，在“开始时间”和“结束时间”选项中可以设置投票活动的起止日期，鼠标点选即可弹出日期选框，直接选择时间，如图7-17所示。设置好活动时间后，如果用户不在此时间范围内浏览H5页面，是无法进行投票的。

图7-15 选择“照片投票”插件

图7-16 单击“投票设置”按钮

步骤 04 在“活动类型”列表框中，可以选择“照片投票”或“语音+照片投票”两种不同的活动类型，如图7-18所示。

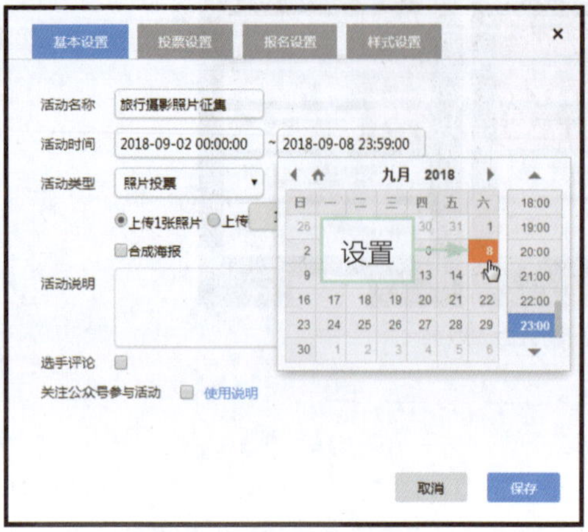

图7-17 设置活动时间

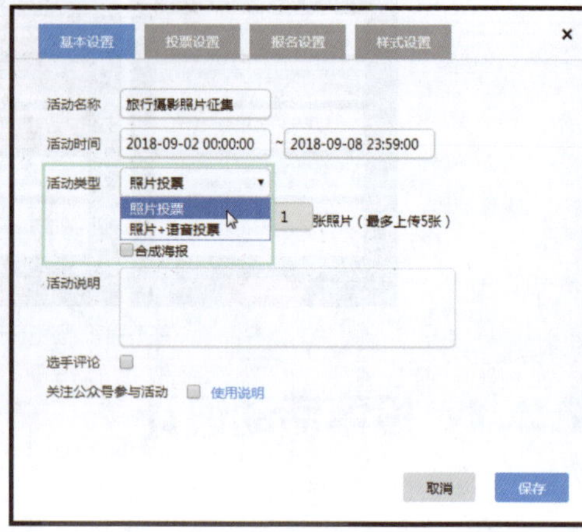

图7-18 选择活动类型

专家指点

选择“语音＋照片投票”选项后，参赛者在报名时可以录制一段音频文件，作为自己的拉票宣言，投票者可以在投票页面播放音频。比起传统的投票方式，“语音＋照片”双重投票方式的针对性更强，非常适合用于歌手大赛等赛事场景。

在投票方式的下方，还可以选择上传照片的数量，默认为“上传1张照片”。注意，人人秀平台还支持上传多张图片（最多上传5张），即一名选手可以在报名页面上传多张照片。排行榜页面将会显示每位参赛者的第一张照片，进入选手详情页，则可以对全部照片进行查看。

步骤 05 输入相应的活动说明，如图7-19所示。活动说明将会显示在投票窗口的最上方，我们可以在此写下活动须知。

步骤 06 切换至“投票设置”选项卡，在此可以设置投票次数、投票地址限制、投票后触发功能、每人每天只能为同一个人投1票、分享后可额外获得一次投票机会，以及高级防刷票选项，如IP限制（普通）、微信授权（较强），如图7-20所示。

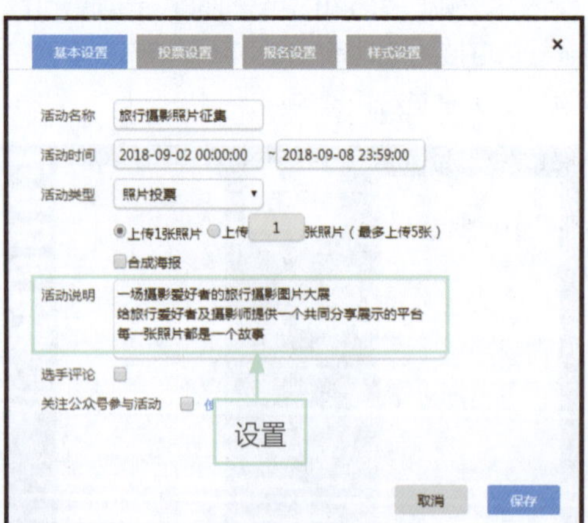

图7-19 输入活动说明

图7-20 “投票设置”选项卡

步骤 07 切换至“报名设置”选项卡，在此可以设置报名状态、开启报名审核、报名地址限制设置及报名表单设置等选项，如图7-21所示。

步骤 08 切换至“样式设置”选项卡，可以对投票栏的样式进行更改。在“风格颜色”列表框中可以设置按钮的颜色，如图7-22所示。

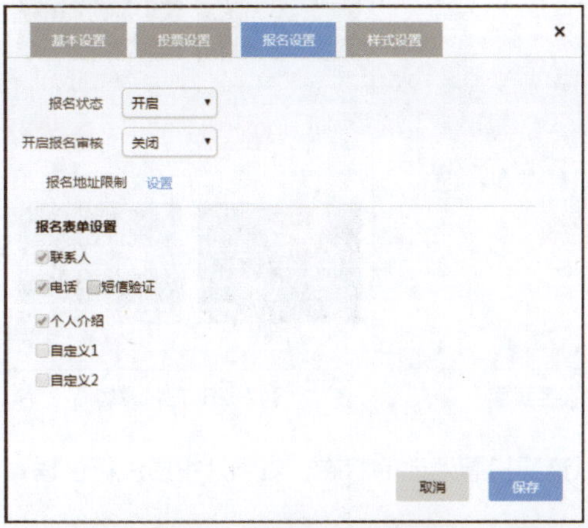

图7-21 “报名设置”选项卡

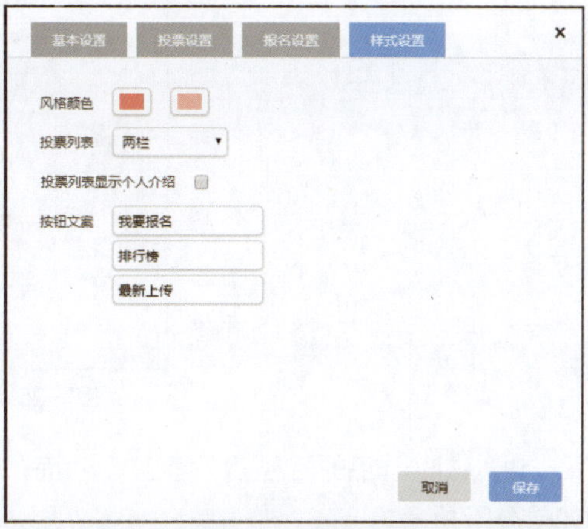

图7-22 “样式设置”选项卡

专家指点

在“样式设置”选项卡的“投票列表”列表框中可以自由设置每行显示的选手数目。选择“一栏”选项代表每行一名选手，选择“两栏”选项则是每行两名选手。

步骤 09 设置完成后，单击右下角的“保存”按钮，即可完成照片投票插件的设置，如图7-23所示。

保存并发布H5页面后，可以查看投票活动的详情页面，可以看到活动时间、活动剩余时间、活动规则、参赛选手和累计投票数量等信息，如图7-24所示。

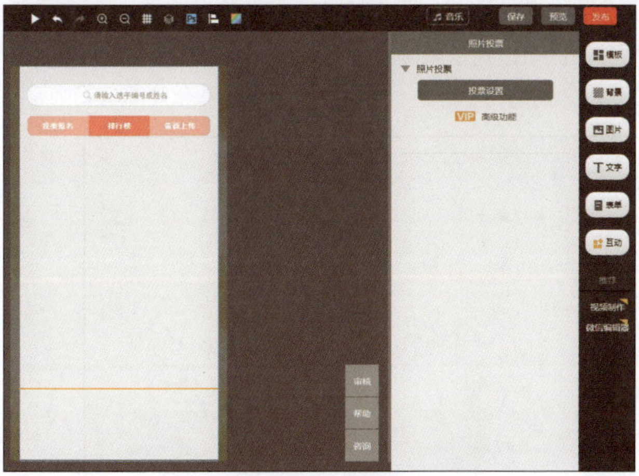

图7-23 完成照片投票插件的设置

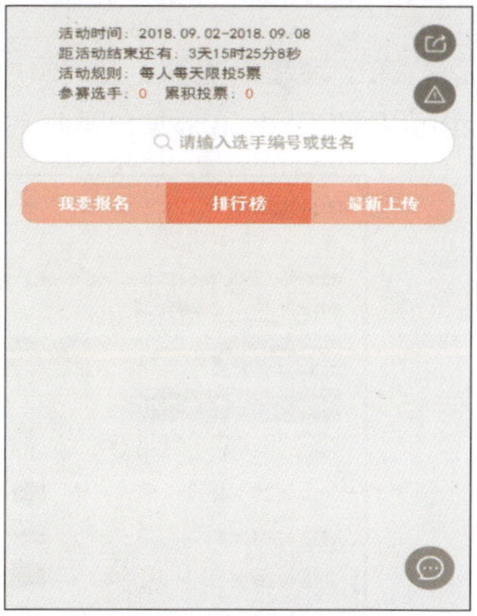

图7-24 查看投票活动

单击“我要报名”按钮，❶即可上传照片并填写相应的报名信息；❷点击“提交报名”按钮即可，如图7-25所示。报名成功后，即可将照片展示到活动页面中，如图7-26所示。

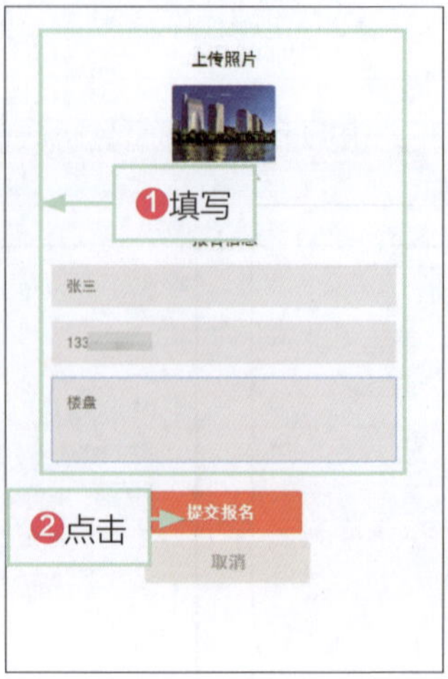

图7-25 活动报名页面

图7-26 报名成功

进入该H5作品的后台“数据汇总”页面，可以查看投票活动的状态，对照片投票进行管理，如图7-27所示。

序号	名称	活动类型	状态	开始时间	结束时间	参与人次	参与人数	操作
1	旅行摄影照片征集	照片投票	进行中	2018-09-02 00:00	2018-09-08 23:59	0	0	数据 报表

图7-27 “数据汇总”页面

单击“数据”链接，在“照片投票”页面可以对参赛照片进行审核，禁止不合格照片参选；也可以导出Excel和添加参赛选手，如图7-28所示。

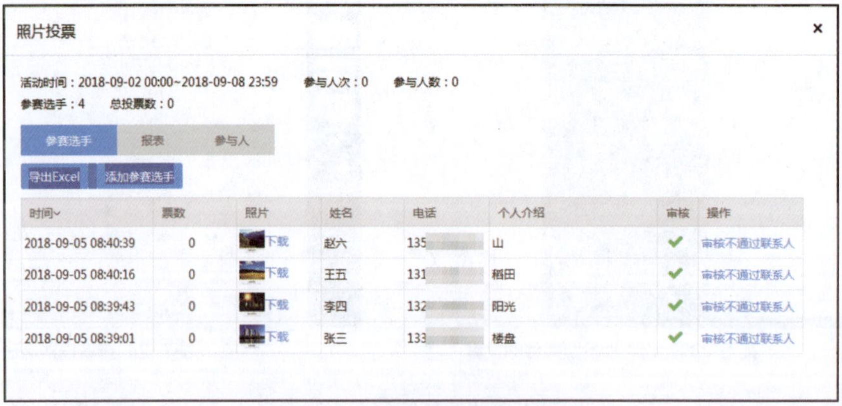

时间	票数	照片	姓名	电话	个人介绍	审核	操作
2018-09-05 08:40:39	0	下载	赵六	135	山	✔	审核不通过联系人
2018-09-05 08:40:16	0	下载	王五	131	稻田	✔	审核不通过联系人
2018-09-05 08:39:43	0	下载	李四	132	阳光	✔	审核不通过联系人
2018-09-05 08:39:01	0	下载	张三	133	楼盘	✔	审核不通过联系人

图7-28 “照片投票”页面数据详情

专家指点

企业在查询投票记录时，可以看到投票者的微信头像、昵称和IP地址，甚至可以更改票数，更改的票数不会影响总投票数，所以更改需要谨慎。

7.2.5 微信卡券活动设计

腾讯在微信上推出了一种连接线上、线下的活动营销工具——微信卡券。企业可以通过这个功能更好地向用户推广促销活动，打造O2O消费闭环。

人人秀平台同样具有微信卡券功能，只需进行简单的设置即可制作一个微信卡券H5页面，建议与大转盘抽奖、游戏抽奖等互动游戏相结合，将卡券作为游戏奖品分发给用户，如图7-29所示。通过这种营销方式，不但企业可以快速有效且低成本地完成促销活动，同时用户还能获得更多实惠，促进他们进店消费。

图7-29 微信卡券

7.3 动效设计：为H5页面打造视觉动效

如今，丰富细腻的动效遍布移动端优秀H5页面中，为用户提供了良好的动态沉浸式体验。动效设计在H5交互的逻辑展示及提高可读性方面是很有必要的，当然其作用也不限于交互展示，还有很多富有创意的设计点都可以用动效设计来表现。

7.3.1 了解移动H5的动效知识

动效设计是H5页面必不可少的元素，可以让H5页面不再单调乏味，而且比颜色设计和图形设计更能吸引用户注意。动效设计的主要工作就是为H5页面中的各种元素设计动作，包括启动过程、运行过程及收尾过程等，为其赋予一个流畅的视觉线索过程，让用户能够清晰了解这些动作的前后关系，以及元素的切换变化过程。

例如，下面这个H5开业活动邀请函就是通过一个烟花升空和绽放的过程，来引出主题内容，如图7-30所示。

图7-30 烟花的动效设计

优秀的H5页面动效设计，还必须融入情感，来调动用户的情绪，让他们产生共鸣，为用户带来更好的体验。

7.3.2 H5动效的主要类型与实现方法

下面介绍H5动效的主要类型与实现方法。

1. GIF动图

GIF（Graphics Interchange Format，图像互换格式）是一种基于LZW算法（Lempel-Ziv- Welch Encoding，串表压缩算法）的连续色调的无损压缩格式，可以存储多幅彩色图像，构成简单的动画效果。在设计H5动效时，我们可以直接导入GIF格式的动图来进行装饰，丰富画面效果，如图7-31所示。

图7-31 飘落的桃花就是一个GIF动图

2. 视频动效

视频动效也比较容易实现，而且其沉浸感和感染力很强，很多H5作品都是直接在其中嵌入一个视频来进行封装设计，同时可以内置各种华丽炫酷的动画效果。“夜深时，北京红庙的这条胡同会……”就是以视频嵌入为主体内容，采用真实场景与卡通场景交替出现的形式，显得非常生动有趣，如图7-32所示。

图7-32 “夜深时，北京红庙的这条胡同会……”采用视频作为动效设计形式

3. 代码动效

代码动效的主要形式包括CSS3、SVG、VR全景、WebGL、JavaScript及CANVAS等，这些通常都是由前端工程师来制作，但H5设计者也需要了解，并与前端工程师一起协同完成H5的动效设计。

例如，“测测你是银魂里的谁”是一个测试类的H5小游戏，采用漫画的设计风格，主题元素都是黑白色，用户点击后就会变成彩色，同时出现声音及动画效果，如图7-33所示。这个H5作品就是使用CANVAS代码来实现点击选项后的动画特效的。

图7-33 “测测你是银魂里的谁”H5小游戏

4. 帧动画动效

帧动画动效是一种比较传统的动画设计形式，而且其运动过程是可控的，可以生成比较复杂的动态效果。例如，“完美老师生成器”这个H5页面就是采用帧动画的动效设计，整体节奏把握得非常好，如图7-34所示。

图7-34 “完美老师生成器”H5页面

7.3.3 在H5作品中运用转场类动效

H5作品中的转场动效主要起承上启下的作用，用来展现各个页面的切换效果，让引导过渡更加自然，用户体验更加流畅。转场动效的主要形式包括上移、下移、左移、右移、缩小、放大、立体翻转、旋转和动效转场等。当然，还有一些比较特殊的转场动效，如变形和拟物等。例如，“8年期待 · 更近所爱”这个H5作品就是采用模拟翻书的转场动效设计形式，如图7-35所示。

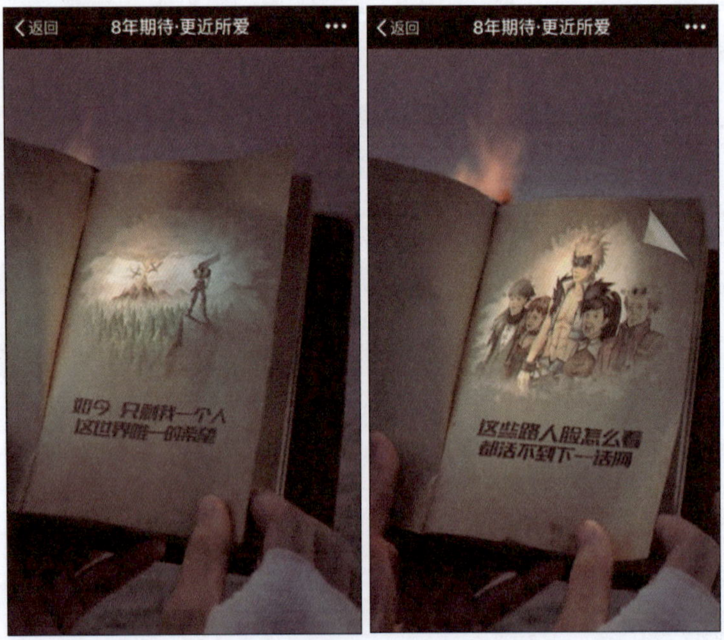

图7-35 “8年期待 · 更近所爱”H5页面

7.3.4 在H5作品中运用内容类动效

内容类动效主要是指各种影视动画特效，有简单展示型的内容，也有可以进行交互的内容，动效丰富多彩，需要一定的专业能力来制作。例如，“轻舟泊泱誉，溯源见梁丰”这个H5页面采用大面积的古风动画内容的动效设计，通过江面上的行船来带动场景的变迁，展示不同的历史文化故事，效果极抓眼球，如图7-36所示。

图7-36 “轻舟泊泱誉，溯源见梁丰”H5页面

7.3.5 在H5作品中运用辅助性动效

辅助性动效的展示面积比较小，只占了画面内容的一小部分，而且持续时间也非常短，但可以很好地增强细节部分的表现力，提升H5作品的趣味性。例如，下面这个H5作品中，红色的文字内容会有一个极为短暂的闪烁过程，这就是一个辅助性动效设计，如图7-37所示。

图7-37 在H5作品中运用辅助性动效

7.3.6 在H5作品中运用功能性动效

功能性动效主要起到一个引导作用，用来提示用户可以进行哪些操作，如提示翻页、点击某个按钮或提示分享位置等。功能性动效的面积通常不大，不会影响整体的页面信息展示效果。

例如，“一米阳光教师节暖心祝福贺卡”这个H5作品的首页就做了两处功能性动效设计，分别是“打开信封”指引按钮和底部的翻页提示图标，通过重复缩放和渐隐的动效形式，吸引用户的注意，如图7-38所示。

图7-38 “一米阳光教师节暖心祝福贺卡”H5页面

7.4 音效设计：更好展现H5作品个性与情感

音效是一种为了增进场景的真实感、气氛或剧情讯息而做出艺术化处理的声音效果。音效作为H5作品创意表现的重要元素，是制作H5作品时不可或缺的组成部分。

7.4.1 不能忽略H5作品中的声音

音效设计是一个十分容易被忽视的体验设计，但是它确实能提高H5作品的体验设计，主要作用如图7-39所示。制作时，设计者需要找到合适的素材，并且使用正确的搭配方法，才能让H5作品更加精彩。

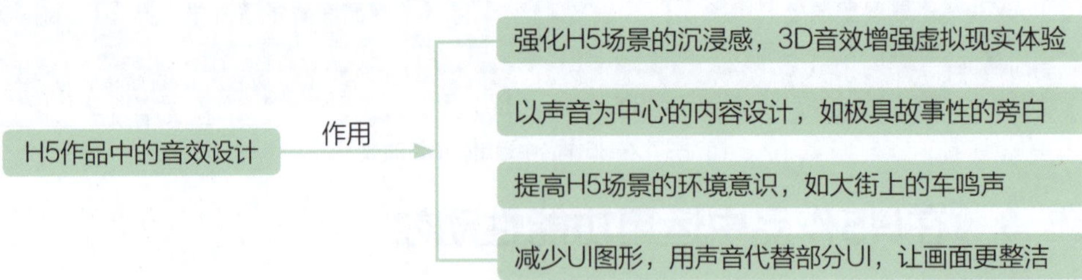

图7-39 音效设计的作用

例如，“诺兰的电影世界”这个H5作品以倒叙的方式重现了很多诺兰的经典电影，如“星际穿越”和“蝙蝠侠黑暗骑士”等，同时搭配标志性的镜头和经典的原声配音，为用户带来极佳的视听体验，让H5作品的整体内容也更加饱满，如图7-40所示。

图7-40 “诺兰的电影世界”H5页面

7.4.2 H5背景音效的注意事项

在制作H5背景音效时，需要注意以下两个声画关系方面的事项，如图7-41所示。

- 声画对列 → 声画对位是指H5作品的画面形象和声音分别表达内容，又在各自独立发展的基础上有机结合起来，打造出单是画面或单是声音所不能完成的整体效果。
- 声画分立 → 声音与画面不同步、不吻合，但二者在内容上相互关联，在声画分立的组合关系中，声音和画面实际上有着自己相对独立的方式，造成一种体验反差，比较新鲜有趣。

图7-41 H5背景音效的注意事项

7.4.3 选择合适的H5背景音效

背景音效对于大部分H5作品来说，并不是主体元素，而是用于衬托主体的辅助装饰元素，可以让H5作品更丰富，同时让用户能更好地体验内容。

在选择H5背景音效时，需要符合画面的内容，声音要能够与画面相辅相成。设计者需要思考如何通过音效吸引用户，但又不能太刻意。另外，选择音效还要结合画面的整体氛围，切不可扰乱用户的注意力，必须达到音效和视觉的平衡。

例如，“回溯时光 重拾城长”是由华润置地推出的一个房地产宣传H5页面，采用类似“观马灯”的界面设计形式，用户可以通过左右滑动屏幕来浏览页面内容，同时配合着温柔安静的背景音乐，增强了H5作品的艺术性氛围，如图7-42所示。

图7-42 “回溯时光 重拾城长”H5页面

7.4.4 H5作品中常见的辅助音效

从H5作品中音效的使用目的来说，常见的辅助音效可以大致分成以下3类，如图7-43所示。

- 功能音效 → 以为用户提供触键反馈为主要功能的声音效果，如点击、滑屏、按键及各种系统提示音等，可以分担画面在交互上的负担。
- 氛围音效 → 主要是为了呈现出不同的现场环境氛围，增强H5作品的代入感，如室内、大街、森林、河流、工地或婚礼现场等。
- 拟真音效 → 根据H5的内容元素来模拟各种物体的声音，打造非常真实的体验感，如掌声、笑声、枪声、钟声、狗叫、鸟叫及门铃等音效。

图7-43 H5中常见的辅助音效

7.4.5 如何获取更好的音效

对于H5作品来说，好的音效可以更好地衬托视觉内容，能够帮助提高整体的互动体验感及感知质量，起到了非常重要的作用。美妙的H5背景音效结合人物、场景和故事剧情，有助于提升用户的体验感，为用户呈现出视听盛宴。

那么，H5作品该如何获取更好的音效呢？设计师可以通过一些音效素材网站来获取，然后使用音效工具软件对其进行二次加工，如Garage Band、Final Cut、Adobe Premiere CC以及Adobe Audition等软件。H5作品的音效采集主要包括以下几种常见的方法，如图7-44所示。

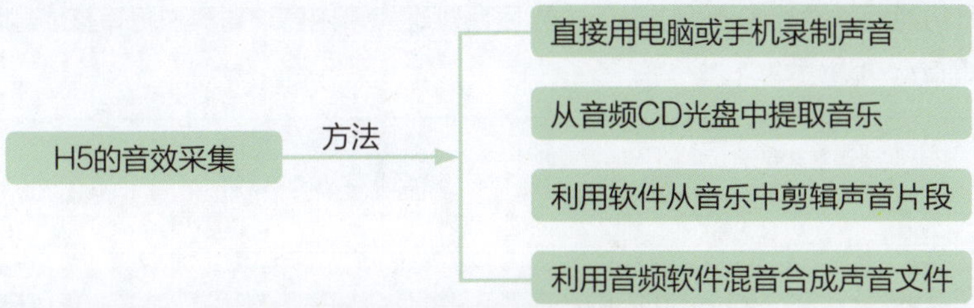

图7-44 H5作品的音效采集方法

专家指点

虽然音乐的魅力是无穷的，但那些喧宾夺主的音效设计却是不可取的。在设计H5作品音效时，切不可让声音过度吸引用户的注意，而使得他们忽视了真正应当关注的内容。

7.5 交互设计：增加互动性吸引更多人气

交互设计又称互动设计（Interaction Design，缩写IXD），是定义、设计人造系统的行为的设计领域。企业若想在H5活动策划中实现信息的传播，就必须要抓住“体验点”来设计活动策划，其目的就是让用户在活动中，能有一个难忘的、美好的交互体验，这既能提高用户的参与度，又能在用户的交互体验过程中巧妙地将企业商业信息传递给他们。

7.5.1 弹幕评论设计

弹幕（barrage）这个词本来的意思是指“密集的炮火射击”，如今，在视频中经常可以看到大量以字幕弹出形式显示的用户评论，这种形式也被称为弹幕，它可以给人们带来一种“实时互动”的体验。以人人秀为例，在制作H5作品时，设计者可以选择是否开启弹幕功能，开启该功能后，❶点击底部的留言按钮；❷输入相应内容；❸文字以弹幕的形式显示在H5页面中，如图7-45所示。

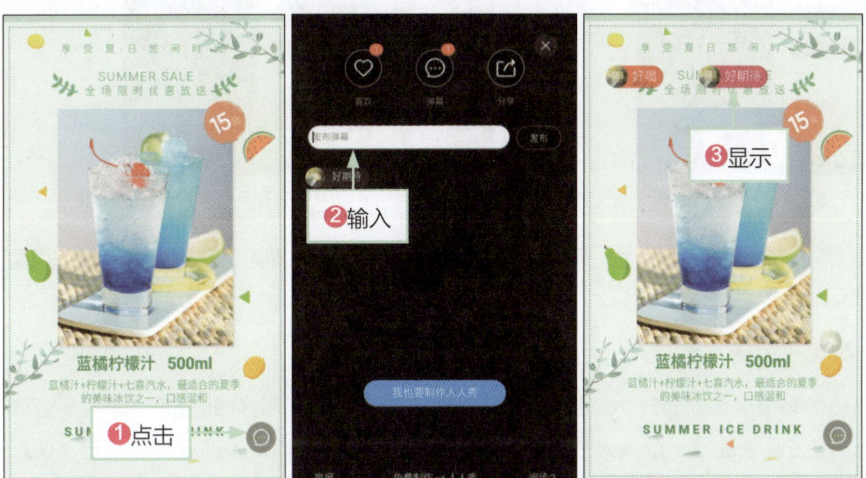

图7-45 在H5中应用弹幕

开启弹幕功能后，设计者还可以在人人秀后台管理弹幕内容，对其执行审核、删除、关闭/开启等操作，如图7-46所示。

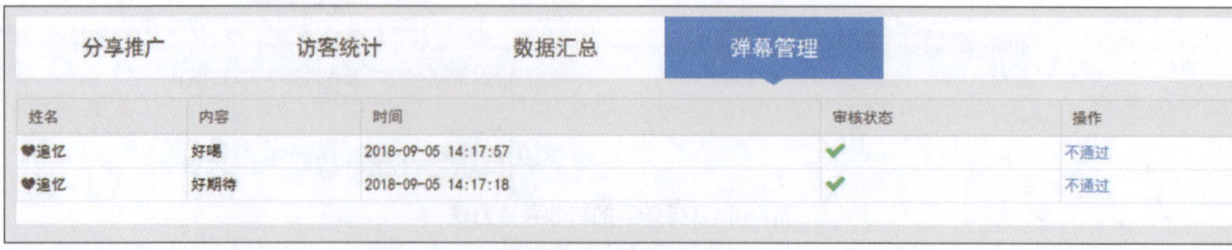

图7-46 管理弹幕内容

在H5页面中加入弹幕，这样既不影响用户的观看效果，又能烘托气氛，构成一种虚拟的社群氛围，可以为品牌带来较强的宣传效果。

7.5.2 点击触发事件设计

点击触发事件主要是使H5作品具有各种交互功能，使H5作品不同于传统的平面广告，不只是用户单方面的观看，而是可以让用户深度参与到互动中，带来更好的营销效果。

1. 插入跳转链接

跳转链接是H5页面中常常会用到的点击触发事件，企业可以在H5中添加各种商品、店铺和活动的链接，让用户快速直达相应的页面，快速实现“引流”。

以人人秀为例，进入H5编辑器，选择要添加链接的按钮，在右侧窗口切换至“点击”选项卡，在“触发”列表框中选择“跳转外链”选项，如图7-47所示。在下方的网址处，设计者可根据需求添加网址链接，添加后即可进行跳转，如图7-48所示。

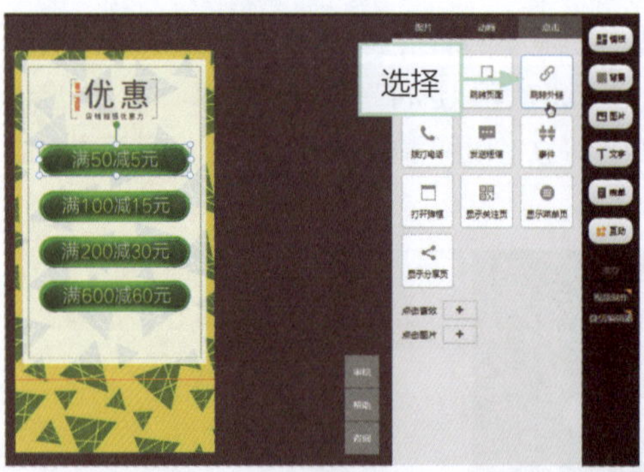

图7-47 选择“跳转外链”选项

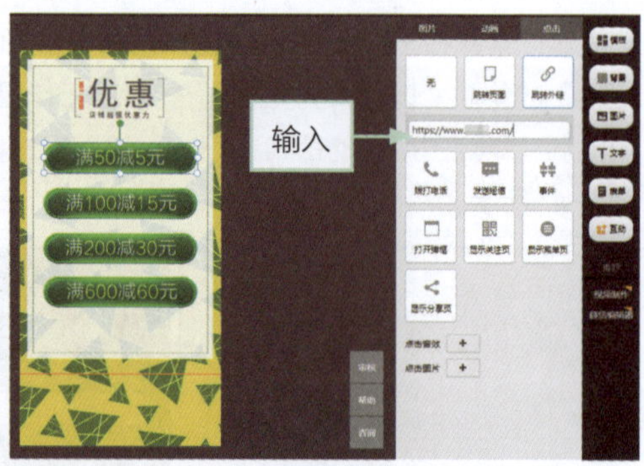

图7-48 设置跳转网址

保存修改后，预览H5页面，点击其中相应的优惠券按钮，即可跳转到设置的链接页面，如图7-49所示。

2. 插入事件动画

在H5的表单或互动游戏中，经常会用到事件动画功能，可以帮助企业完成很多营销任务，如购买、报名及关注等。以人人秀为例，进入H5编辑器，选择要添加链接的按钮，在右侧窗口切换至“点击”选项卡，❶在列表框中选择“事件”选项；❷设置相应的事件名称，如图7-50

所示。

图7-49 预览跳转链接效果

图7-50 设置触发事件

选择相应的图片，在右侧窗口中切换至“动画”选项卡，添加一个动画效果，在“方式”列表框中选择“事件”选项，并设置相应的事件名称（与前面设置的事件名称一致），然后设置相关的动画参数，如图7-51所示。

图7-51 设置“事件”动画

专家指点

保证用户的参与度是确保H5营销能够长久发展的重要因素。在H5作品中可以加入能够引起用户共鸣和提高参与度的功能，通过与用户充分的互动，获得良好的参与效果。

单击顶部的“图层”按钮，展开“图层”面板，隐藏该图片所在的图层，如图7-52所示。

图 7-52 隐藏相应图层

保存H5作品后，预览事件触发效果，点击页面中的“领取红包”按钮，可以看到红包图片会慢慢飞入画面中，效果如图7-53所示。

图 7-53 预览事件动画效果

7.5.3 互动游戏设计

H5小游戏活动是一种基于用户兴奋点的营销活动，可以产生“蝴蝶效应”的营销效果，如图7-54所示。

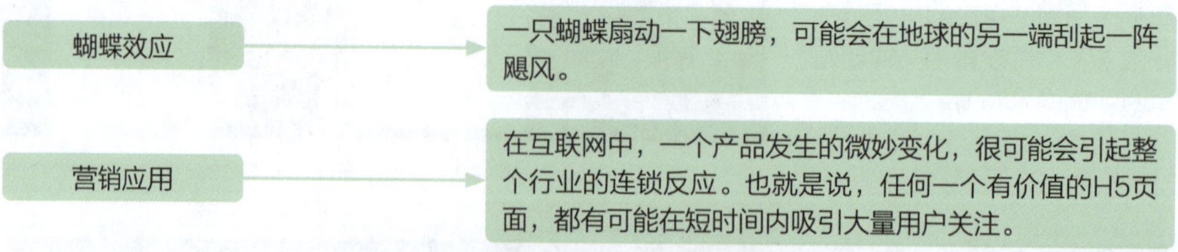

图 7-54 “蝴蝶效应”的概念和营销应用

H5游戏的思维比较好理解，就是通过游戏互动的方式吸引用户打开并进行体验，然后在用户玩游戏的过程中宣传品牌。游戏在 H5 营销中的地位非常高，是重点运营方向，运营者可以通过新颖的设计，加上简单却不单调的游戏规则，在短短几分钟内吸引到数万用户。

例如，“玩游戏赚金币，神奇马戏团同款萌宠！”是由赛菲尔珠宝推出的一个品牌宣传 H5 游戏，用户可以通过玩小游戏来收集金币，兑换优惠券和各种小奖品。这个 H5 游戏的可玩性非常高，进入游戏场景后，用户需要控制小松鼠往前走，通过左右移动来接住掉下的黄金，并避开石头来赚取金币，如图 7-55 所示。游戏剧情大致分为“淘金”“打造首饰”和“检验纯度”三大步，将品牌元素很好地嵌入其中。

图 7-55 “玩游戏赚金币，神奇马戏团同款萌宠！”H5 游戏

下面以人人秀为例，介绍在 H5 页面中添加互动游戏的操作方法。

进入人人秀产品中心，在“游戏营销”列表中选择相应的游戏类型，如“重阳节登高大比拼”，最好是可以紧扣热点的游戏，这样可以快速引起用户的关注，如图 7-56 所示。可以扫码预览游戏，单击“立即制作”按钮，如图 7-57 所示。在游戏中植入广告，这种营销方式非常隐蔽，更容易被用户所接受。

图 7-56 选择相应的游戏类型

图 7-57 单击“立即制作”按钮

进入人人秀 H5 编辑器，选择游戏模板后，单击右侧的“游戏设置”按钮，如图 7-58 所示。执行操作后，在打开的窗口中，可以进行基本设置、抽奖、排行榜、领奖人信息及样式设置等相

关设置操作。图 7-59 所示为“样式设置”窗口，用户可以设置游戏页面中的各个元素，将其替换为自己的 Logo、产品等图片。这样可以降低用户对于企业宣传的反感度，提高用户的存留率，让他们在玩游戏的同时接受企业的宣传广告。

图 7-58 单击“游戏设置”按钮

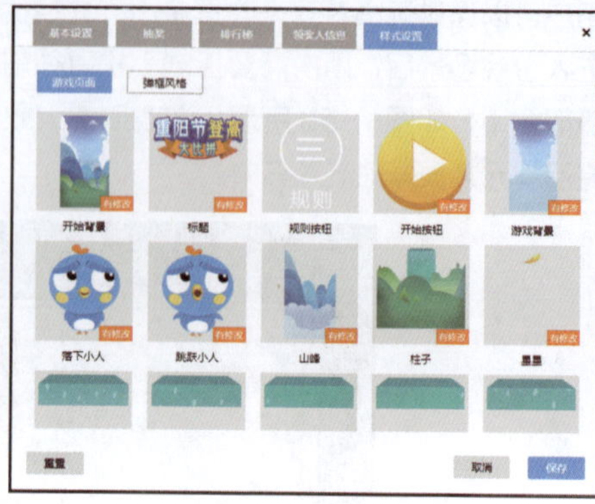

图 7-59 “样式设置”窗口

保存并发布 H5 后，即可体验互动游戏效果，如图 7-60 所示。

图 7-60 预览 H5 互动游戏

游戏是非常重要的 H5 互动营销活动，几乎所有的热门 H5 营销案例都使用了游戏营销。企业可以将游戏场景中的图片更换为自己的营销素材，当然，这些素材的安排要比较合理，不能太牵强，否则会让人看上去觉得很奇怪。利用游戏互动营销可以延长用户观看广告的时间，同时可以让参与游戏的用户参加抽奖，抽奖门槛尽可能设置得低一些，将企业的抵用券或优惠券等作为奖品，从而吸引用户到店消费。

实战案例篇

第8章

单页：精美 H5 单页移动设计

学习提示

如今，H5 设计十分流行，设计师也绞尽脑汁要设计出具有创意的 H5 作品。H5 作品可以通过扫描二维码进行快速预览，还可以在不同屏幕分辨率和尺寸的手机上完整显示。因此，H5 作品已经成为各行各业必不可少的营销工具，可以帮助企业更好地“吸粉引流”、销售产品。本章通过 3 个不同行业场景的典型案例，介绍使用 Photoshop 设计精美 H5 单页的方法。

8.1 旅行相册 H5 页面设计

摄影论坛是各大摄影爱好者发布自己的原创摄影作品的一个平台，每位爱好者都希望自己的作品能够得到更多人的欣赏，直接的方式就是吸引粉丝来得到浏览量，那么一个好的旅行相册的设计就是一个吸引路人成为粉丝的关键点。本实例介绍一个旅行相册 H5 页面的设计方法，最终效果如图 8-1 所示。

图 8-1 实例效果

8.1.1 设计旅行相册颗粒背景效果

旅行相册设计的重点在于突出主题照片，背景不能有过多的装饰。下面详细介绍设计旅行相册颗粒背景效果的方法。

素材文件	无
效果文件	无
在线视频	第8章\8.1.1 设计旅行相册颗粒背景效果.mp4

步骤 01 单击“文件”|“新建”命令，弹出“新建文档”对话框，❶设置“名称”为“旅行相册 H5 页面”、“宽度”为 1080 像素、“高度”为 1920 像素、“分辨率”为 72 像素 / 英寸、“颜色模式”为“RGB 颜色”、“背景内容”为“白色”，如图 8-2 所示；❷单击“创建”按钮，新建一个空白图像。

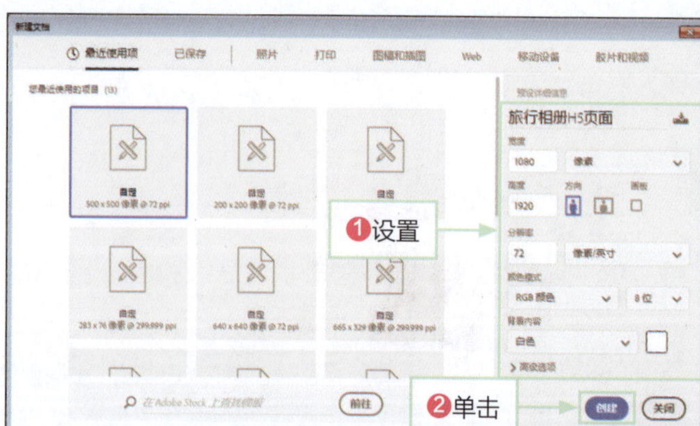

图 8-2 设置各选项

步骤 02 展开“图层”面板，❶新建“图层 1”图层；设置前景色为淡黄色（RGB 参数值为 250、239、208），❷为“图层 1”图层填充淡黄色，效果如图 8-3 所示。

步骤 03 单击“滤镜”|“杂色”|“添加杂色”命令，弹出“添加杂色”对话框，设置“数量”为 6.3%，选中“高斯分布”单选按钮，单击“确定”按钮，即可为图像添加杂色，效果如图 8-4 所示。

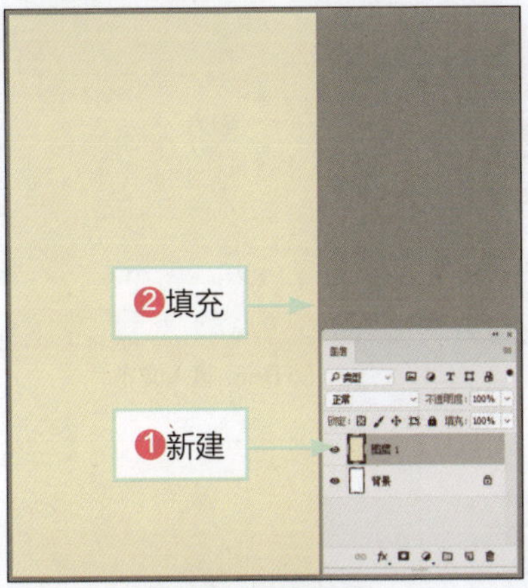

图 8-3 填充颜色

图 8-4 添加杂色

专家指点

运用“通过拷贝的图层”命令：在图像中创建了选区，可以在选区内单击鼠标右键，在弹出的快捷菜单中选择“通过拷贝的图层”命令，即可将选区内的图像复制到一个新的图层中。运用“通过剪切的图层”命令：在图像中创建了选区后，可以在选区内单击鼠标右键，在弹出的快捷菜单中选择“通过剪切的图层”命令，即可将选区内的图像剪切到一个新的图层中。

8.1.2 设计旅行相册文字信息效果

旅行相册的文字信息，可以讲述时间、地点、人物，也可以讲述自己在旅行中的所见所闻或感受。下面详细介绍设计旅行相册文字信息效果的方法。

素材文件	无
效果文件	无
在线视频	第8章\8.1.2 设计旅行相册文字信息效果.mp4

步骤 01 选取工具箱中的横排文字工具，单击“窗口”|“字符”命令，在弹出的“字符”面板中，设置“字体系列”为“黑体”、“字体大小”为160点、“设置所选字符的字距调整”为50、“颜色”为深蓝色（RGB 参数值为 0、105、180），如图 8-5 所示。

步骤 02 输入相应文本，并调整至合适位置，效果如图 8-6 所示。

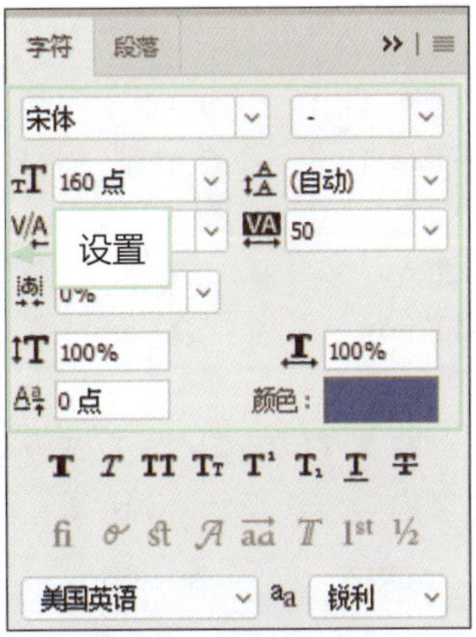

图 8-5 设置字符选项

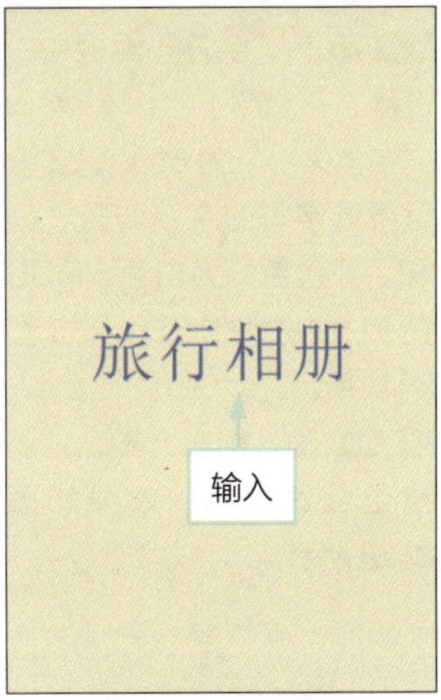

图 8-6 输入文本

步骤 03 在“字符”面板中，设置“字体系列”为“宋体”、“字体大小”为 50 点、“设置所选字符的字距调整”为 50、“颜色”为深蓝色（RGB 参数值为 0、105、180），如图 8-7 所示。

步骤 04 输入相应文本，并调整至合适位置，效果如图 8-8 所示。

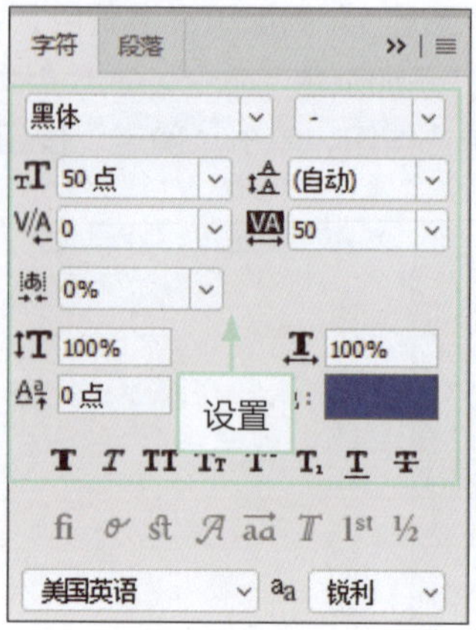

图 8-7 设置字符选项

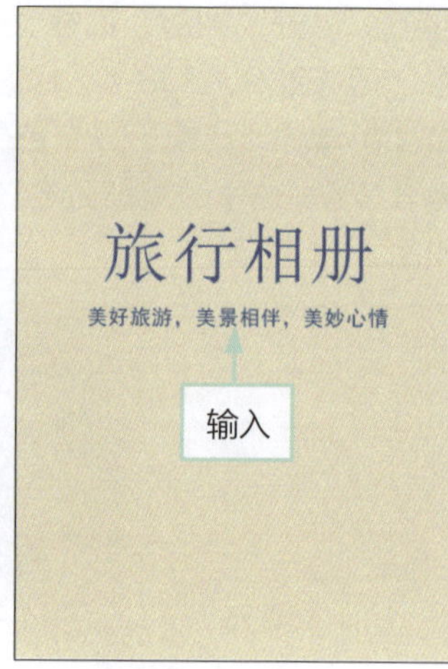

图 8-8 输入文本

步骤 05 在“字符”面板中，设置“字体系列”为“宋体”、“字体大小”为 50 点、“设置所选字符的字距调整”为 50、“颜色”为深蓝色（RGB 参数值为 0、105、180），如图 8-9 所示。

步骤 06 输入相应文本，并调整至合适位置，效果如图 8-10 所示。

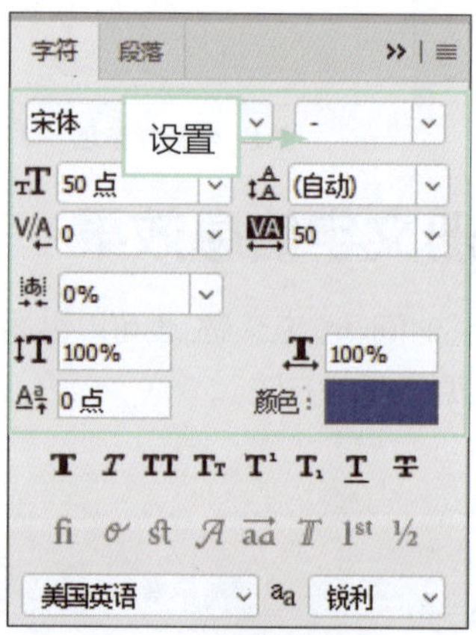

图 8-9 设置字符选项

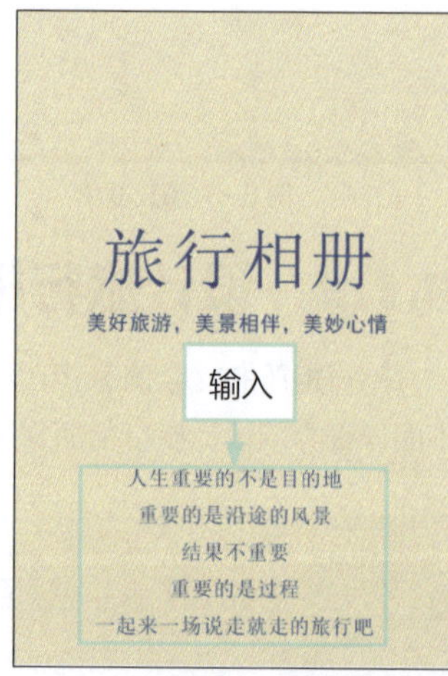

图 8-10 输入文本

步骤 07 在“字符”面板中，设置“字体系列”为“黑体”、“字体大小”为 66 点、“设置所选字符的字距调整”为 50、“颜色”为白色（RGB 参数值均为 255），如图 8-11 所示。

步骤 08 输入相应文本，并调整至合适位置，效果如图 8-12 所示。

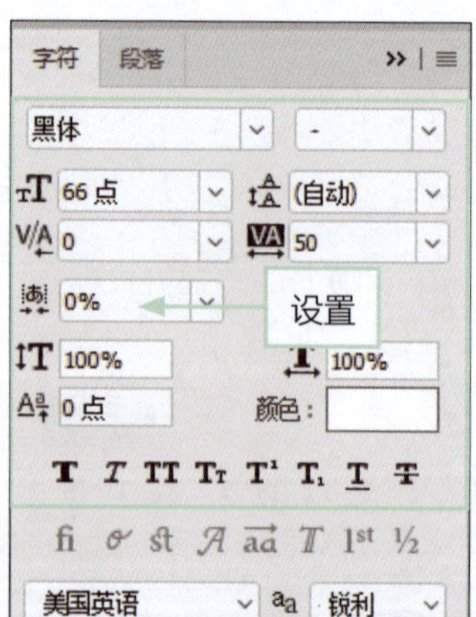

图 8-11 设置字符选项

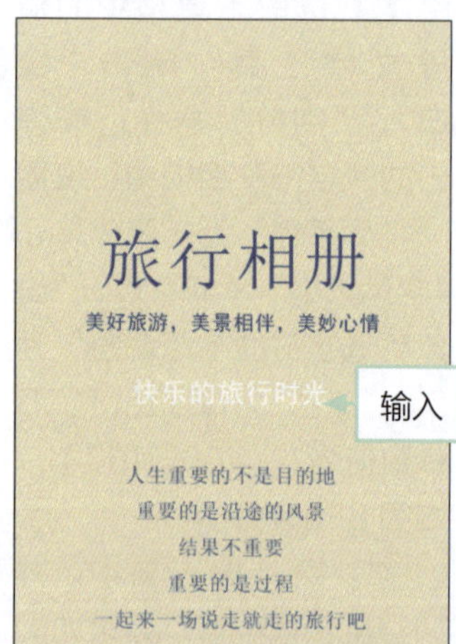

图 8-12 输入文本

8.1.3 设计旅行相册照片装饰效果

旅行相册的设计与制作，是与照片离不开的，作为设计页面的照片，一定要突出这次旅行的主题，并且能够与页面相互映衬，从而提升整个页面的视觉效果。下面详细介绍制作旅行相册照片装饰效果的方法。

素材文件	素材\第8章\旅行照片.jpg
效果文件	效果\第8章\旅行相册H5页面.psd、旅行相册H5页面.jpg
在线视频	第8章\8.1.3 设计旅行相册照片装饰效果.mp4

步骤 01 选取工具箱中的矩形工具，在工具属性栏中选择工具模式为“形状”，设置“填充”为浅蓝色（RGB 参数值为 126、206、244）、“描边”为白色（RGB 参数值均为 255）、“设置形状描边宽度”为 5 像素，在图像编辑窗口中绘制一个矩形，效果如图 8-13 所示。

步骤 02 展开“图层”面板，选择“矩形 1”图层，单击“窗口”|“属性”命令，调出“实时形状属性”面板，在面板中将“矩形 1”图层的 4 个角半径均设为 80 像素，效果如图 8-14 所示。

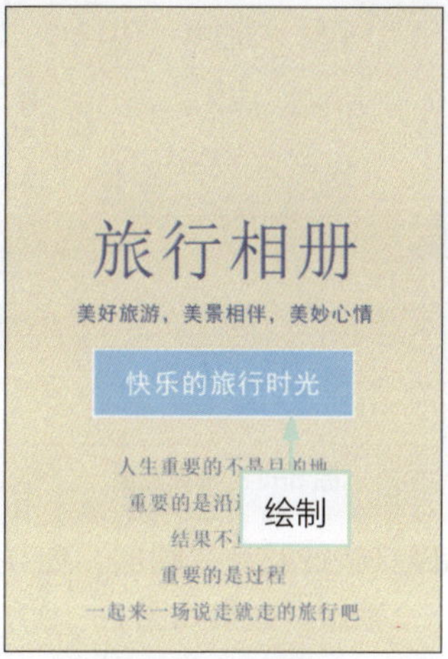

图 8-13 绘制矩形

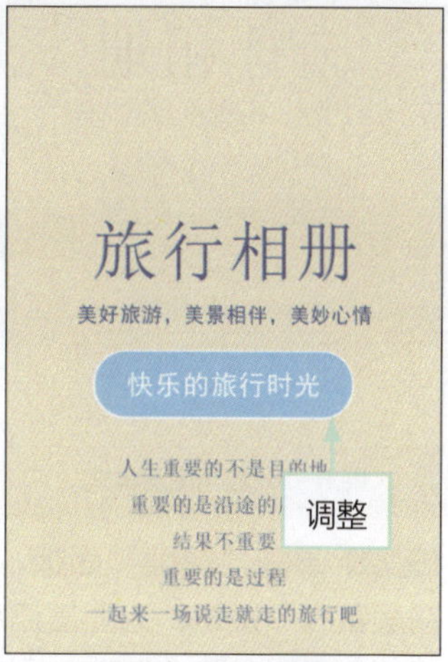

图 8-14 调整图像

步骤 03 在“图层”面板中，双击“矩形 1”图层，在弹出的“图层样式”对话框中，❶选中“投影”复选框；❷设置“混合模式”为“正片叠底”、“不透明度”为 32%、“角度”为 90 度、“距离”为 12 像素、“扩展”为 8%、“大小”为 0 像素，如图 8-15 所示。

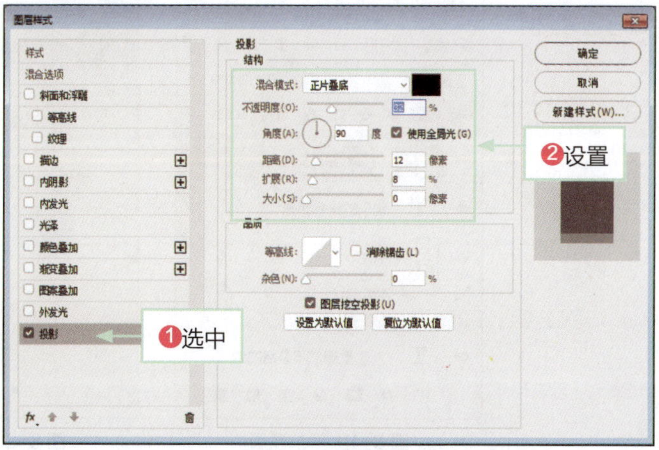

图 8-15 设置各参数

步骤 04 单击“确定”按钮，应用图层样式，效果如图 8-16 所示。

步骤 05 按【Ctrl + O】组合键，打开“旅行照片.jpg”素材图像，运用移动工具将其拖曳至图像编辑窗口中适当的位置，并将图层命名为“旅行照片”，效果如图 8-17 所示。

步骤 06 按【Ctrl + T】组合键，调出变换控制框，适当调整图像大小及位置，效果如图 8-18 所示。

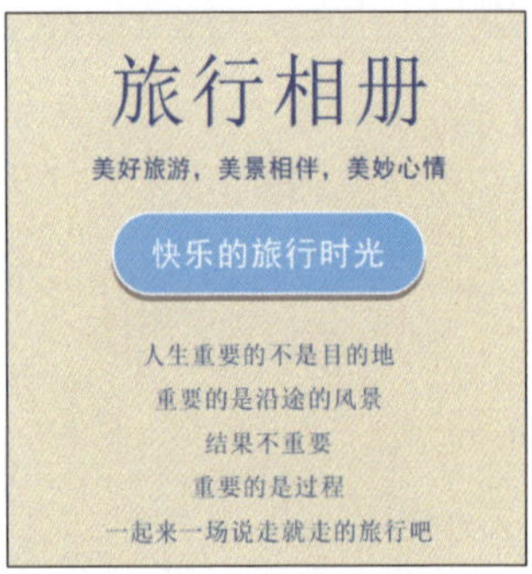

图 8-16 应用图层样式

图 8-17 拖曳图像

图 8-18 调整图像

步骤 07 展开“图层”面板，选择“旅行照片”图层，在“图层”面板下方，单击“添加图层蒙版”按钮，为图层添加一个蒙版，效果如图 8-19 所示。

步骤 08 将“前景色”设为“黑色”（RGB 参数值均为 0），“背景色”设为“白色”（RGB 参数值均为 255），选择“旅行照片”图层的蒙版缩览图，选取工具箱中的渐变工具，选择前景色到背景色的渐变，在图像编辑窗口中，将渐变从下方拖曳至上方，为蒙版添加渐变色，效果如图 8-20 所示。至此，完成了旅行相册 H5 页面设计。

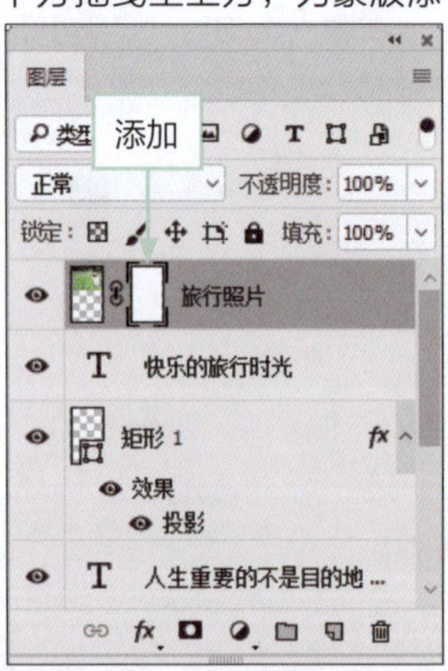

图 8-19 添加蒙版

图 8-20 图像效果

8.2 促销活动 H5 页面设计

品牌促销活动是指企业运用各种短期诱因鼓励消费者购买企业的产品和服务的销售活动，是维持品牌热度常用的一种活动形式，也可以借用 H5 作品来快速实现。例如，每年的“双 11”和“双 12”期间，很多品牌都会推出诱人的促销活动，此期间也成了消费者“狂欢”购物的时刻。

双 12 促销活动来源于“电商造节”，逐渐演化成一个每年一度的商品促销活动。本实例最终效果如图 8-21 所示。

图 8-21　实例效果

8.2.1　设计促销活动背景纹理效果

这次设计“双 12”促销活动的产品针对的是女性用户，所以在设计背景时，应用了偏粉红色调，与主题更加呼应。下面详细介绍设计促销活动背景纹理效果的方法。

素材文件	素材\第8章\背景.png、花朵背景.psd、花朵 1.png、花朵 2.png
效果文件	无
在线视频	第8章\8.2.1　设计促销活动背景纹理效果.mp4

步骤 01 单击“文件”|“打开”命令，打开一个素材图像，如图 8-22 所示。

步骤 02 按【Ctrl + O】组合键，打开“花朵背景.psd”素材图像，运用移动工具将其拖曳至图像编辑窗口中的合适位置，效果如图 8-23 所示。

图 8-22　打开素材图像

图 8-23　拖曳图像

步骤 03 按【Ctrl + O】组合键，打开“花朵 1.png”素材图像，运用移动工具将其拖曳至图像编辑窗口中，适当调整大小和位置，效果如图 8-24 所示。

步骤 04 按【Ctrl + O】组合键，打开“花朵 2.png”素材图像，运用移动工具将其拖曳至图像编辑窗口中，适当调整大小和位置，效果如图 8-25 所示。

图 8-24 拖入素材图像

图 8-25 拖入素材图像

8.2.2 设计促销活动文字边框效果

在设计双十二促销页面时，为文字适当加上边框，可以更好地突出文字主题。下面详细介绍制作“双 12”促销文字边框效果的方法。

素材文件	素材\第8章\文字1.psd
效果文件	无
在线视频	第8章\8.2.2 设计促销活动文字边框效果.mp4

步骤 01 选取工具箱中的横排文字工具，展开“字符”面板，在其中设置“字体系列”为 Stencil、“字体大小”为 150 点、“颜色”为玫红色（RGB 参数值分别为 211、50、90），如图 8-26 所示。

步骤 02 输入相应的文本，按【Ctrl + T】组合键，调出变换控制框，对文本变形，并调整至合适的位置，效果如图 8-27 所示。

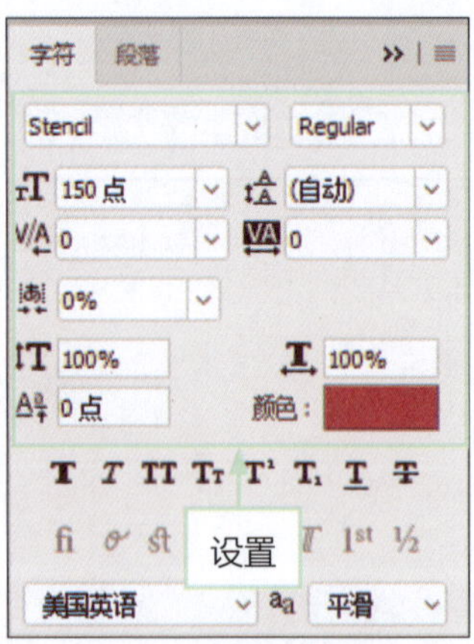

图 8-26 设置字符选项

图 8-27 输入文本

步骤 03 展开“图层”面板，双击“12 12”文字图层空白处，弹出“图层样式”对话框，❶选中“描边”复选框；❷设置“大小”为 8 像素、“位置”为“外部”、“颜色”为白色（RGB 参数值均为 255），如图 8-28 所示。

步骤 04 单击“确定”按钮，为图层添加描边，效果如图 8-29 所示。

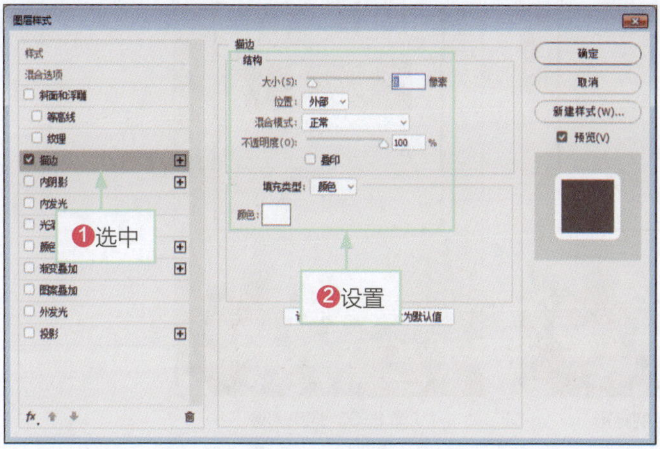

图 8-28 设置图层样式

图 8-29 添加描边

步骤 05 选取工具箱中的横排文字工具，在“字符”面板中设置“字体系列”为“黑体”、“字体大小”为“56 点”、“颜色”为玫红色（RGB 参数值分别为 229、58、106），激活仿粗体图标**T**，如图 8-30 所示。

步骤 06 输入相应文本，并适当调整文字至合适的位置，效果如图 8-31 所示。

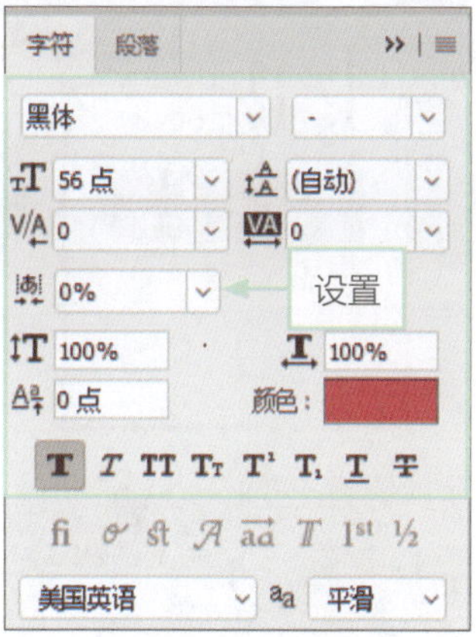

图 8-30 设置字符选项

图 8-31 输入文本

步骤 07 选取工具箱中的矩形工具，在工具属性栏中选择工具模式为“形状”，设置“填充”为无、“描边”为玫红色（RGB 参数值分别为 211、50、90）、“描边宽度”为 8 像素，在“12 12”文字图层下方绘制一个矩形图像，效果如图 8-32 所示。

步骤 08 按【Ctrl + O】组合键，打开“文字 1.psd”素材图像，运用移动工具将其拖曳至图像编辑窗口中的合适位置处，效果如图 8-33 所示。

图 8-32 绘制矩形

图 8-33 拖曳图像

步骤 09 选取工具箱中的横排文字工具，在“字符”面板中设置“字体系列”为“隶书”、“字体大小”为“58 点”、“颜色”为玫红色（RGB 参数值分别为 229、58、106），输入相对应文本，如图 8-34 所示。

步骤 10 选取工具箱中的直线工具，在工具属性栏中设置“选择工具模式”为“形状”、“填充”为玫红色（RGB 参数值分别为 211、50、90）、“描边”为无、“粗细”为 5 像素，绘制一条直线，效果如图 8-35 所示。

图 8-34 输入文本

图 8-35 绘制直线

专家指点

随着互联网的兴起，电商行业也迅速发展，很多企业都纷纷踏入电商领域，随后，电商企业发现了 H5 营销的存在，并将自身产品和 H5 营销深度结合，打造出不一样的营销策略。

8.2.3 设计促销活动产品布局效果

面对消费者的多元化时尚需求，美妆企业也要学会利用 H5 营销这种先进的营销手段来抓住市场机遇，由内到外地“雕琢美颜”，逐步壮大。促销产品的布局效果，对于整体的页面设计至关重要。下面详细介绍制作“双 12”促销产品布局效果的方法。

素材文件	素材\第8章\口红.psd、防晒霜.psd、睫毛膏.psd、粉底.psd
效果文件	效果\第8章\促销活动H5页面.psd、促销活动H5页面.jpg
在线视频	第8章\8.2.3 设计促销活动产品布局效果.mp4

步骤 01 按【Ctrl + O】组合键，打开“口红 .psd”素材图像，运用移动工具将其拖曳至图像编辑窗口中合适的位置，效果如图 8-36 所示。

步骤 02 按【Ctrl + O】组合键，打开“防晒霜 .psd”素材图像，运用移动工具将其拖曳至图像编辑窗口中合适的位置，效果如图 8-37 所示。

图 8-36 拖曳图像

图 8-37 拖曳图像

步骤 03 按【Ctrl + O】组合键，打开“睫毛膏 .psd”素材图像，运用移动工具将其拖曳至图像编辑窗口中合适的位置，效果如图 8-38 所示。

步骤 04 按【Ctrl + O】组合键，打开“粉底 .psd”素材图像，运用移动工具将其拖曳至图像编辑窗口中合适的位置，效果如图 8-39 所示。

图 8-38 拖曳图像

图 8-39 拖曳图像

步骤 05 展开“图层”面板，在按住【Shift】键的同时，单击鼠标左键选取 4 个产品图片的图层，按【Ctrl + G】组合键，将图层编组，得到“产品”图层组，如图 8-40 所示。

步骤 06 双击“产品”图层组空白处，在弹出的“图层样式”对话框中，❶选中“投影”复选框；❷设置“不透明度”为 51%、“角度”为 156 度、“距离”为 5 像素、“扩展”为 0、“大小”为 0 像素，单击“确定”按钮，为图层添加投影，效果如图 8-41 所示。至此，完成了促销活动 H5 页面设计。

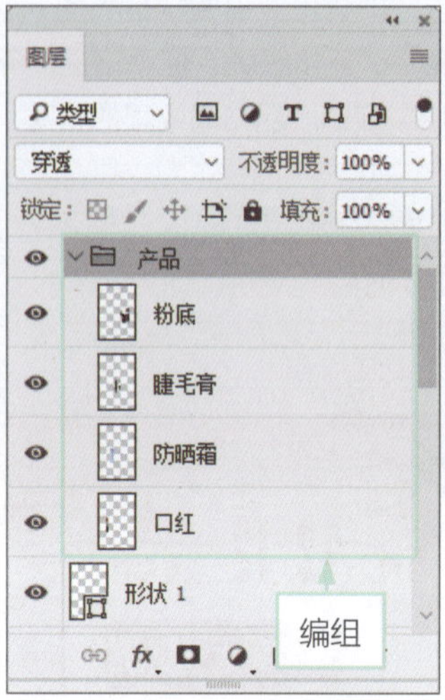

图 8-40 图层编组

图 8-41 添加投影效果

8.3 年会邀请函 H5 页面设计

年会邀请函是企业举办年会时对内部人员及一些合作企业所发出的邀请性书信。本实例最终效果如图 8-42 所示。

图 8-42 实例效果

8.3.1 设计年会邀请函边框效果

边框效果往往是年会邀请函设计时必不可少的一个组成部分，一个好看的邀请函，边框能够起到点睛效果，同时也能彰显出年会举办单位的气度。下面详细介绍设计年会邀请函边框效果的方法。

▮素材文件	素材\第8章\邀请函背景.jpg、边框.psd
▮效果文件	无
▮在线视频	第8章\8.3.1 设计年会邀请函边框效果.mp4

步骤 01 单击“文件”|“打开”命令，打开一个素材图像，如图 8-43 所示。

步骤 02 按【Ctrl + O】组合键，打开“边框.psd”素材图像，运用移动工具将素材图像拖曳至背景图像编辑窗口中，适当调整图像的位置，效果如图 8-44 所示。

图 8-43 打开素材图像

图 8-44 拖曳图像

步骤 03 复制“边框”图层，得到“边框 拷贝”图层，垂直翻转复制的图像，并移动至合适位置，效果如图 8-45 所示。

步骤 04 选中“边框”图层，选取工具箱中的矩形选框工具，在图像编辑窗口中绘制一个矩形选区，如图 8-46 所示。

图 8-45 移动图像

图 8-46 绘制矩形选区

步骤 05 按【Ctrl + T】组合键，调出变换控制框，适当调整选区内图像的大小，如图 8-47 所示。

步骤 06 在变换控制框内双击，即可确认变换，按【Ctrl + D】组合键，取消选区，效果如图 8-48 所示。

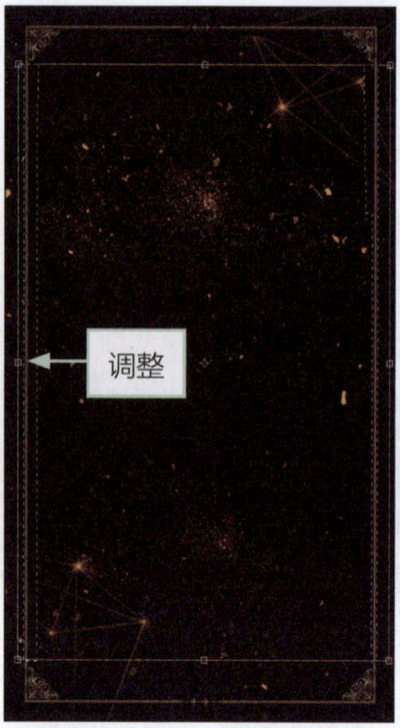

图 8-47 调整选区内图像大小

图 8-48 取消选区

步骤 07 选中“边框 拷贝”图层，运用橡皮擦工具擦去底部中间的装饰图案，如图 8-49 所示。

步骤 08 运用矩形选框工具和“自由变换”功能调整图像，效果如图 8-50 所示。

图 8-49 擦除图像

图 8-50 调整图像

专家指点

在 Photoshop CC 2018 工作界面中，【Ctrl + T】组合键是“自由变换”命令的快捷键，也可以单击“编辑”|“自由变换”命令，然后在所选图层调出的变换控制框中调整图像。执行“变换选区”命令时，对于选区内的图像没有任何影响；执行“变换”命令时，则会将选区内的图像一并变换。

8.3.2 设计年会邀请函主题效果

年会邀请函主题内容是邀请函必不可少的一个组成部分，它能够让受邀约者清楚活动的举办单位，同时简单明了的邀请信息也能够使受邀约者明确该邀请函的主要内容。下面详细介绍制作年会邀请函主题内容效果的方法。

素材文件	素材\第8章\文字2.psd
效果文件	无
在线视频	第8章\8.3.2 设计年会邀请函主题效果.mp4

步骤 01 单击“文件”|“打开”命令，打开“标志.psd”素材图像，运用移动工具将素材图像拖曳至背景图像编辑窗口中，适当调整图像的位置，效果如图 8-51 所示。

图 8-51 拖曳图像

步骤 02 选取工具箱中的矩形工具，在工具属性栏中设置“填充”为无、“描边”为渐变，❶在“渐变”选项区的“预设”列表框中选择“橙，黄，橙渐变”选项；❷设置“旋转渐变”为 51，如图 8-52 所示。

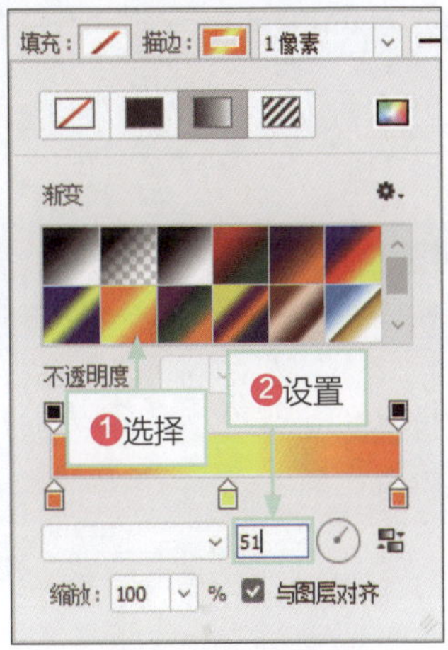

图 8-52 选择相应渐变色

步骤 03 在工具属性栏中设置“形状描边宽度”为 5 像素，在图像编辑窗口中绘制一个矩形，如图 8-53 所示。

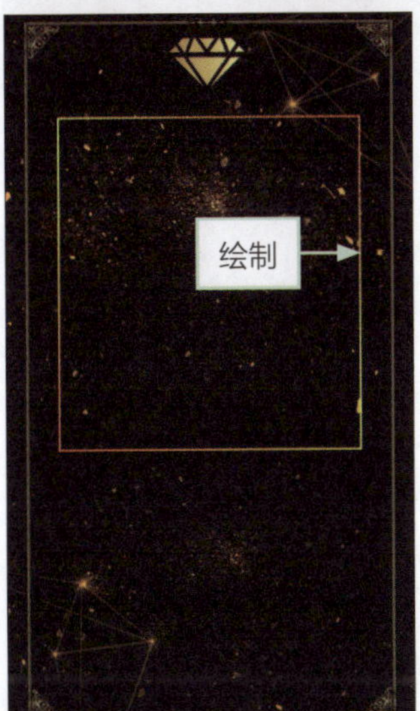

图 8-53 绘制矩形

步骤 04 复制“矩形 1”图层，得到“矩形 1 拷贝”图层，如图 8-54 所示。

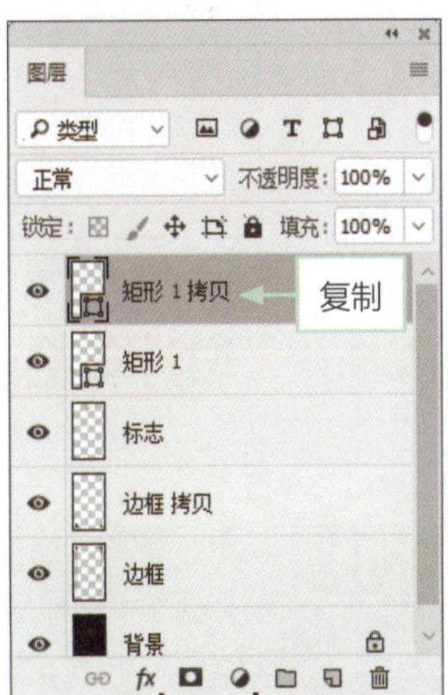

图 8-54 复制图层

步骤 05 按【Ctrl + T】组合键，调出变换控制框，在按住【Shift + Alt】组合键的同时，从中心缩小图像，并按【Enter】键确认变换，效果如图 8-55 所示。

步骤 06 按【Ctrl + O】组合键，打开“文字 2.psd”素材图像，运用移动工具将其拖曳至背景图像编辑窗口中，适当调整图像的大小及位置，效果如图 8-56 所示。

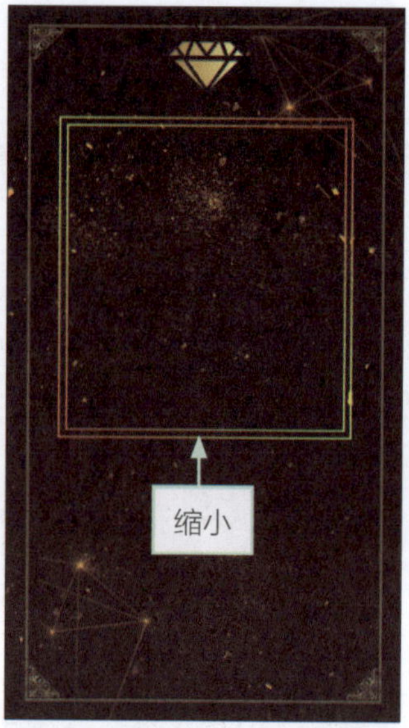

图 8-55 缩小图像

图 8-56 添加文字素材

专家指点

如果当前没有选择移动工具，按住【Ctrl】键，当图像编辑窗口中的鼠标指针呈形状时，单击鼠标左键并拖曳，即可移动图像。在按住【Alt】键的同时，将指针放在图像上，单击鼠标左键并拖曳，即可移动图像。

步骤 07 双击“文字”图层，弹出“图层样式”对话框，选中“渐变叠加”复选框；在“渐变”列表框中选择“橙，黄，橙渐变”选项，如图 8-57 所示。

步骤 08 单击“确定”按钮，应用“渐变叠加”图层样式，效果如图 8-58 所示。

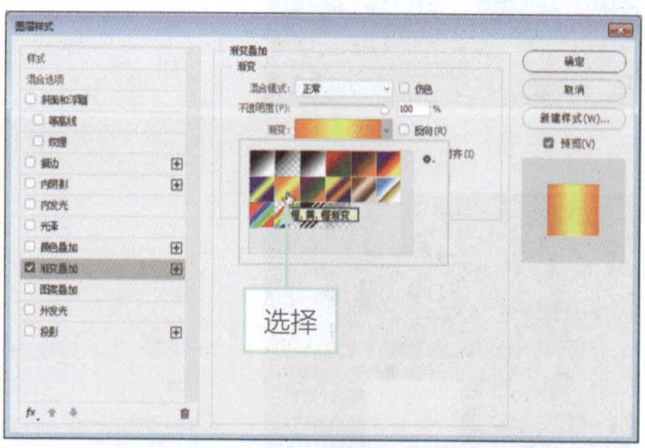

图 8-57 选择“橙，黄，橙渐变”选项

图 8-58 应用图层样式效果

8.3.3 设计年会邀请函整体效果

下面详细介绍制作年会邀请函整体效果的方法。

素材文件	素材\第8章\文字3.psd、周年庆.psd、星光.jpg
效果文件	效果\第8章\年会邀请函整体H5页面.psd、年会邀请函整体H5页面.jpg
在线视频	第8章\8.3.3 设计年会邀请函整体效果.mp4

步骤 01 按【Ctrl + O】组合键，打开“文字 3.psd”素材图像，运用移动工具将其拖曳至背景图像编辑窗口中的合适位置处，效果如图 8-59 所示。

步骤 02 在“图层”面板中，选择“文字”图层，单击鼠标右键，在弹出的快捷菜单中选择“拷贝图层样式”选项，如图 8-60 所示。

图 8-59 添加文字素材

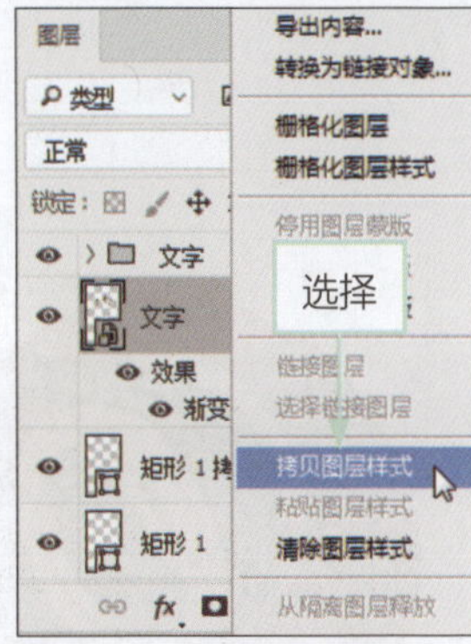

图 8-60 选择“拷贝图层样式”选项

步骤 03 选择“文字”图层组，单击鼠标右键，在弹出的快捷菜单中选择“粘贴图层样式”选项，如图 8-61 所示。

步骤 04 执行操作后，即可为“文字”图层组添加同样的图层样式，效果如图 8-62 所示。

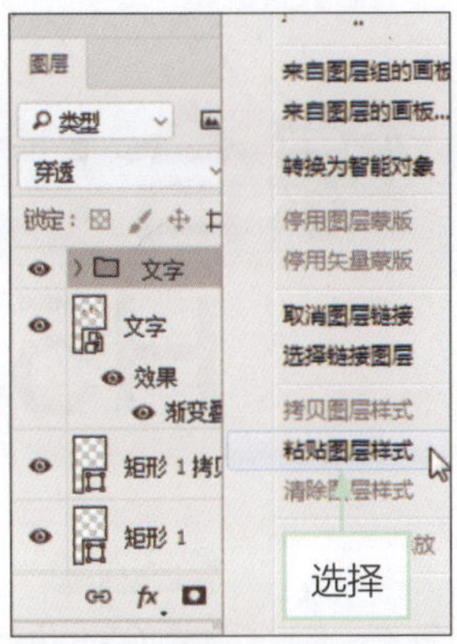

图 8-61 选择“粘贴图层样式”选项

图 8-62 添加图层样式效果

步骤 05 按【Ctrl + O】组合键，打开“周年庆 .psd”素材图像，运用移动工具将其拖曳至背景图像编辑窗口中的合适位置处，效果如图 8-63 所示。

步骤 06 按【Ctrl + O】组合键，打开“星光 .jpg”素材图像，运用移动工具将其拖曳至背景图像编辑窗口中，适当调整大小和位置，并设置图层混合模式为“滤色”，效果如图 8-64 所示。至此，完成年会邀请函 H5 页面设计。

图 8-63 添加素材效果

图 8-64 图像效果

第 9 章

综合：节日场景 H5 移动设计

学习提示

中国的文化历史悠久，有多种传统节日，如春节、元宵节、清明节、端午节、七夕、中秋节等；还有一些纪念性的节日，如教师节、国庆节、劳动节等。在节日到来时，用户或多或少都会产生一些消费需求，因此企业也需要把握好机会进行营销。企业可以通过 H5 广告来抓住营销活动的契机，活动策划者需要掌握节假日活动的策划要点，才能巧妙地借助节假日的气氛，顺势实现活动目的。本章主要介绍节假日 H5 营销活动策划的相关场景应用案例。

9.1 春节活动 H5 作品设计的前期准备

春节也就是农历新年，传统意义上的春节是从腊月的腊祭或腊月二十三（或二十四）的祭灶开始，一直到正月十九才算结束。春节是每一位商家都不会错过的营销时期，春节的销售热潮可以给商家带来足够的销量，建立良好的口碑。

9.1.1 整体的创意构思

春节期间，各大电商平台和线下店铺也将迎来一年当中的销售高峰期，此时用得最多的营销手段便是新年红包，这种营销方式的吸引力非常强，能够有效地引来顾客。本节将讲解制作一个新年红包营销活动的实例，最终效果如图 9-1 所示。

图 9-1 春节活动 H5 页面

该春节活动 H5 页面主要分为 3 个，具体内容如图 9-2 所示。

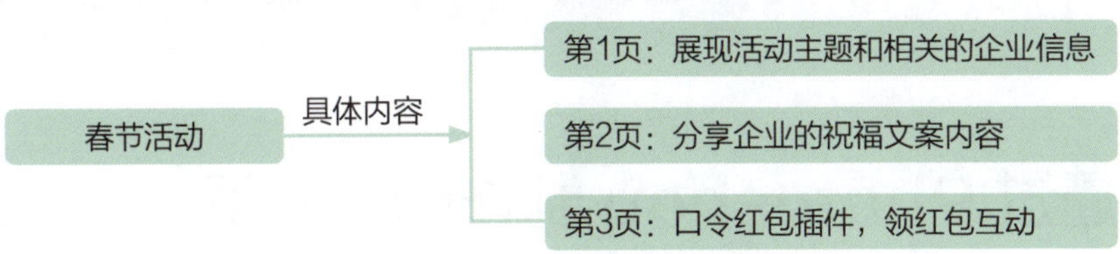

图 9-2 春节活动 H5 页面的具体内容

H5 互动的具体方式为口令红包，口令红包原本是手机 QQ 中的一种红包玩法，用户在给好友发送红包时，可以设置相应的口令，其他好友在领取红包时需要输入正确的口令，才能领到红包。企业可以通过口令红包活动，将口令隐藏在产品或品牌的宣传页面中，强制性地让用户去关注你的品牌或产品，获取红包口令。口令红包的主要营销优势如图 9-3 所示。

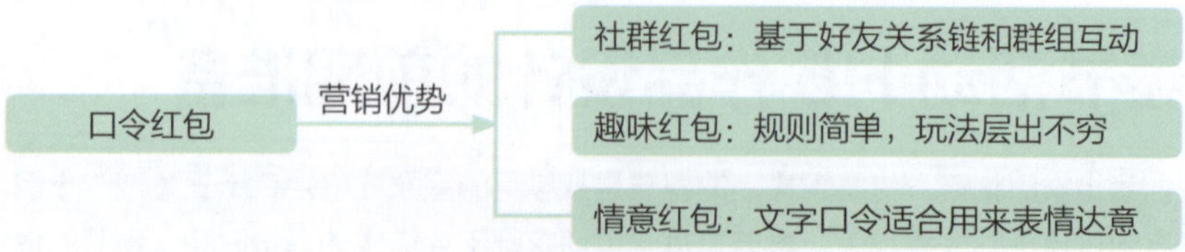

图 9-3 口令红包的主要营销优势

如今，企业也可以通过 H5 页面来给用户发送口令红包，特别适用于节日营销、开业酬宾、企业活动、员工福利、商品促销、产品宣传等场景。

9.1.2 素材图像的收集

春节活动 H5 页面第 1 页的标题素材可以使用 Photoshop 后期来制作个性化的文字效果；第 2 页的文案内容可以先用 Word 文件写好，后期制作时直接复制进去。接下来收集各种红包素材，在制作时可以直接套用口令红包的模板，如图 9-4 所示。

口令红包插件可以由 H5 页面制作平台直接生成，其他的装饰素材文件也可以在模板库中添加，当然还可以自己去设计一些个性化的素材。

图 9-4 口令红包的模板

专家指点

口令红包是一种基于好友关系链和群组互动的“社群红包”，又是一种规则简单、玩法层出不穷的“趣味红包”，非常适合春节活动场景。

9.2 通过 Photoshop 制作图像效果

本节主要介绍使用Photoshop制作节日主题文字效果和抠取新年装饰素材图案的具体方法。

9.2.1 制作节日主题文字效果

下面介绍制作节日主题文字效果的操作方法。

素材文件	无
效果文件	效果\第9章\节日主题文字.png
在线视频	第9章\9.2.1 制作节日主题文字效果.mp4

步骤 01 单击“文件”|“新建”命令，弹出“新建文档”对话框，设置“名称”为“节日主题文字”、“高度”和“宽度”均为 640 像素、“分辨率”为 72 像素 / 英寸、“颜色模式”为“RGB 颜色”、“背景内容”为“透明”，如图 9-5 所示。

步骤 02 单击“创建”按钮，即可新建一个空白图像文件，如图 9-6 所示。

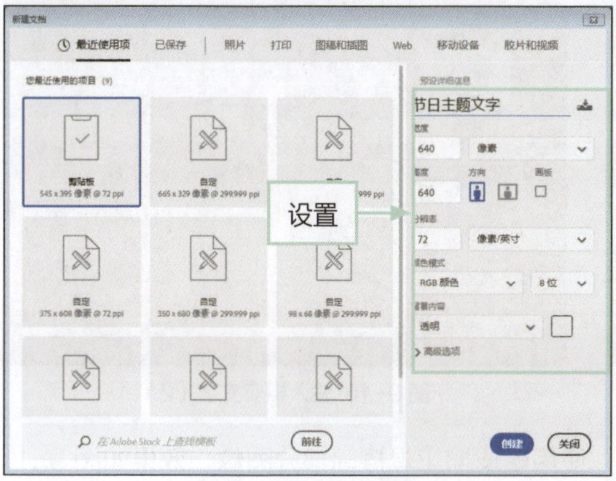

图 9-5 设置文档选项

图 9-6 新建一个空白图像文件

专家指点

除了运用命令创建图像外，还可以按【Ctrl + N】组合键来创建图像文件。
在“新建”对话框中，“分辨率”用于设置新建文件分辨率的大小。若创建的图像用于网页或屏幕浏览，分辨率一般设置为 72 像素 / 英寸；若将图像用于印刷，则分辨率值不能低于 300 像素 / 英寸。

步骤 03 为了便于预览文字效果，先创建一个“背景”图层，并填充为红色（RGB 参数值分别为 205、29、13），效果如图 9-7 所示。

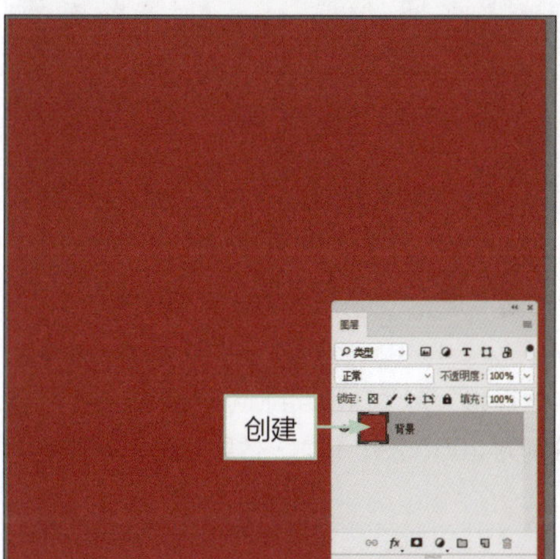

图 9-7 新建并填充背景图层

步骤 04 选取工具箱中的横排文字工具，展开“字符”面板，设置“字体系列”为“方正大黑简体”、“字体大小”为 72 点、“颜色”为白色，并激活仿斜体图标，如图 9-8 所示。

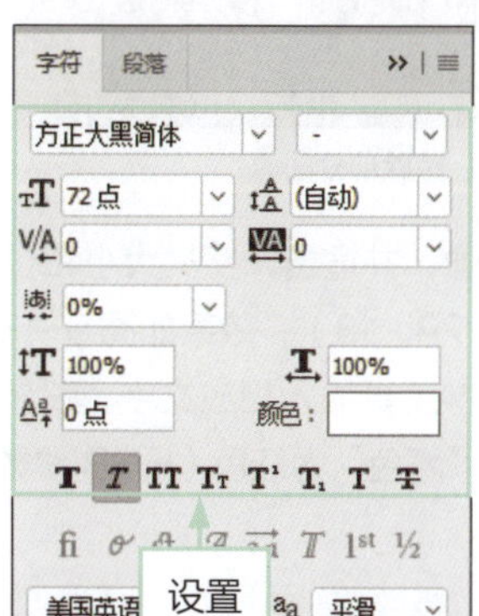

图 9-8 设置字符属性

步骤 05 运用横排文字工具输入相应文字，效果如图 9-9 所示。

步骤 06 用同样的方法输入文字“红包”，并设置“颜色”为黄色（RGB 参数值分别为 255、215、0），如图 9-10 所示。

图 9-9 输入相应文字（1）

图 9-10 输入相应文字（2）

步骤 07 将“红包”文字图层进行栅格化处理，使用橡皮擦工具擦除部分图像，效果如图 9-11 所示。

步骤 08 选取工具箱中的椭圆工具，选择工具模式为“形状”，设置“填充”为黄色（RGB 参数值分别为 255、215、0），绘制一个合适大小的圆形，效果如图 9-12 所示。

图 9-11 擦除部分图像

图 9-12 绘制圆形

步骤 09 复制圆形图像，并适当调整其大小和位置，设置“填充”为无、“描边”为红色（RGB 参数值分别为 205、29、13），效果如图 9-13 所示。

步骤 10 运用横排文字工具输入相应文字，设置“字体系列”为“Times New Roman”、“字体大小”为 20 点、“颜色”为红色（RGB 参数值分别为 205、29、13），效果如图 9-14 所示。

图 9-13 复制圆形

图 9-14 输入相应文字（3）

步骤 11 运用横排文字工具输入相应文字，设置“字体系列”为“方正大黑简体”、“字体大小”为 130 点、“设置所选字符的字距调整”为 -50、“颜色”为白色，效果如图 9-15 所示。

步骤 12 删除“背景”图层，合并所有的文字图层，并将其保存为 PNG 格式的图像，如图 9-16 所示。

图 9-15 输入相应文字（4）

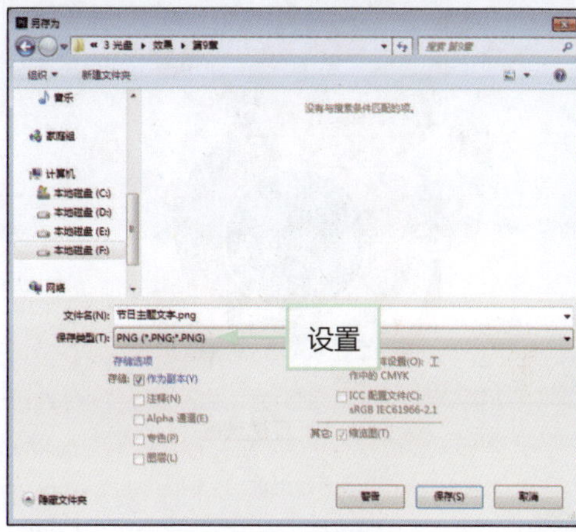

图 9-16 保存图像

9.2.2 抠取新年装饰素材图案

下面介绍抠取新年装饰素材图案的操作方法。

素材文件	素材\第9章\抢红包.png
效果文件	效果\第9章\抢红包.png
在线视频	第9章\9.2.2 抠取新年装饰素材图案.mp4

步骤 01 单击“文件”|“打开”命令，打开一幅素材图像，如图 9-17 所示。

步骤 02 选取工具箱中的魔棒工具，设置“容差”为 50，在白色的背景图像上多次单击创建选区，如图 9-18 所示。

图 9-17 打开素材图像

图 9-18 创建选区

步骤 03 单击“选择”|“反选”命令，反选选区，如图 9-19 所示。

步骤 04 按【Ctrl + J】组合键，复制选区内的图像，并删除“背景”图层，抠图效果如图 9-20 所示。将该图像保存为 PNG 格式。

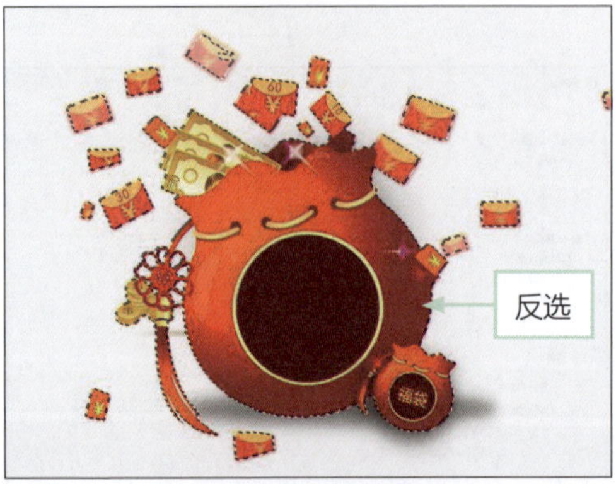

图 9-19 反选选区

图 9-20 抠图效果

9.3 通过工具网站生成 H5 作品

在以春节为营销主题的活动中，抢红包几乎成了一个新的“习俗”。以抢红包为互动的手段，商家和企业也可以将折扣优惠券和购物券等作为红包奖励，不仅能实现节日互动的目的，还能很好地进行营销活动。下面以人人秀为例，介绍通过工具网站生成春节活动 H5 作品的具体操作方法。

9.3.1 设计 H5 作品的第 1 页：活动标题

下面介绍 H5 作品的第 1 页活动标题的设计方法。

步骤 01 打开人人秀编辑器，新建一个空白页面。❶单击“背景”按钮展开其操作面板；❷单击“更换”按钮，如图 9-21 所示。

步骤 02 切换至“我的”选项卡，单击“上传图片”按钮，如图 9-22 所示。

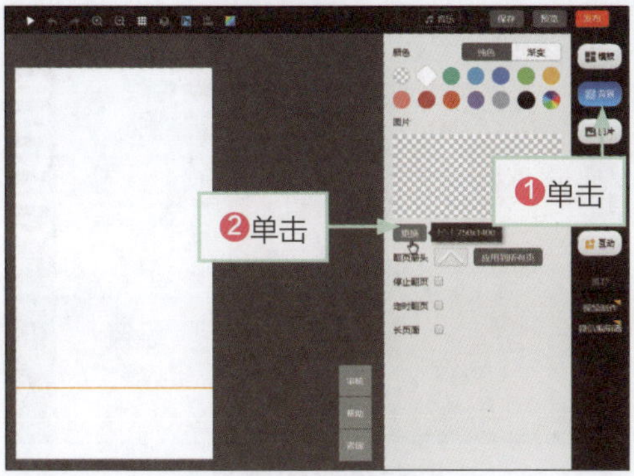

图 9-21 单击“更换”按钮

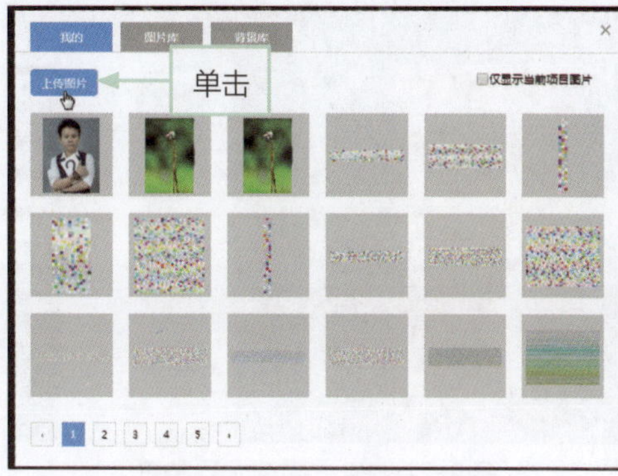

图 9-22 单击“上传图片”按钮

步骤 03 弹出“打开”对话框，❶选择背景图片；❷单击“打开”按钮，如图 9-23 所示。

步骤 04 在“我的”图片库中选择刚上传的图片，如图 9-24 所示。

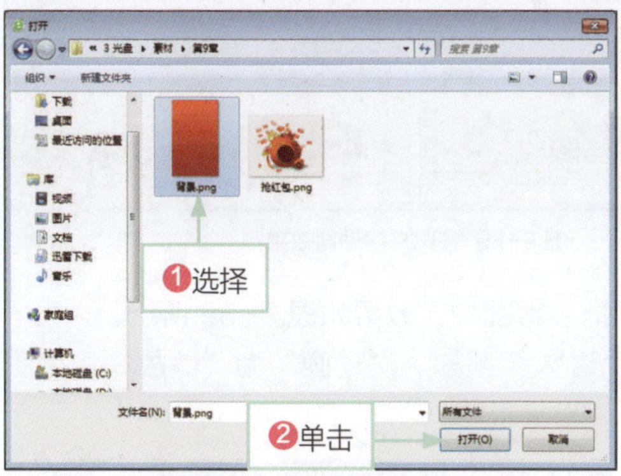

图 9-23 选择背景图片

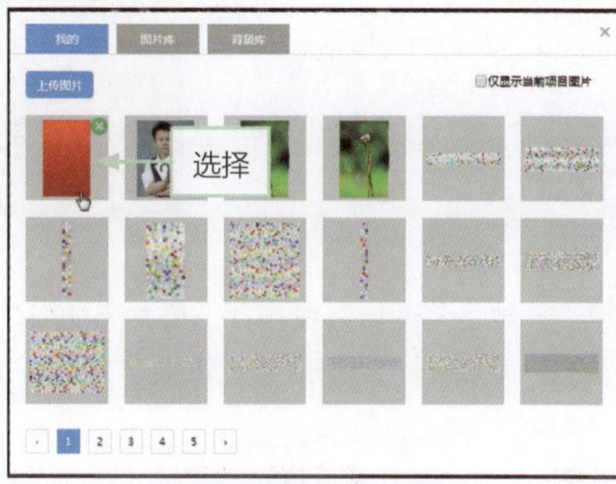

图 9-24 选择刚上传的图片

步骤 05 执行操作后，即可设置背景图像，效果如图 9-25 所示。

步骤 06 用同样的方法，上传并添加主题文字素材，效果如图 9-26 所示。

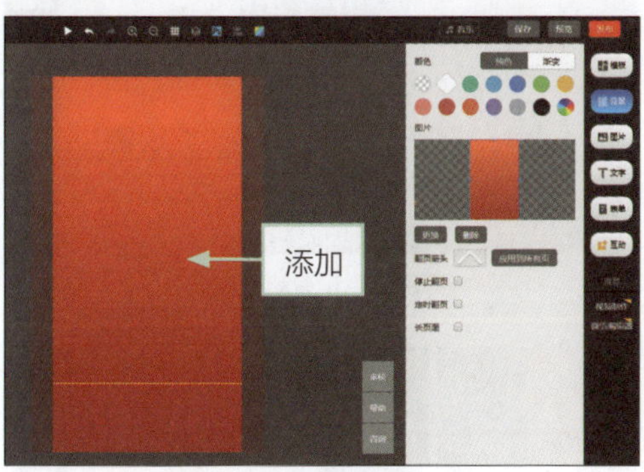

图 9-25 添加背景图片

图 9-26 添加文字素材

步骤 07 切换至“动画”选项卡，单击“添加动画”按钮，如图 9-27 所示。

步骤 08 设置“方式”为“进入页面”、“动画”为“渐入”，如图 9-28 所示。

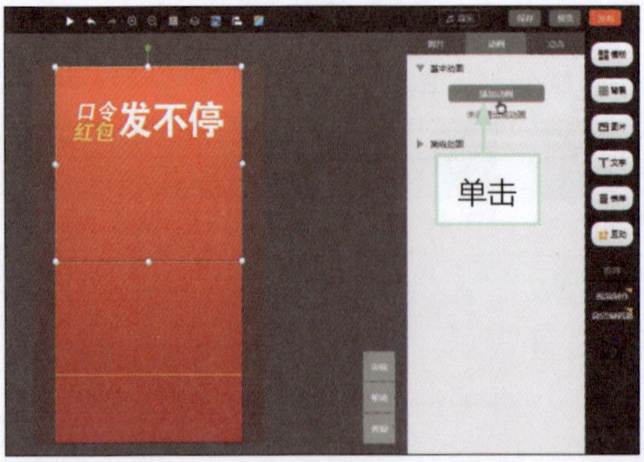

图 9-27 单击“添加动画”按钮

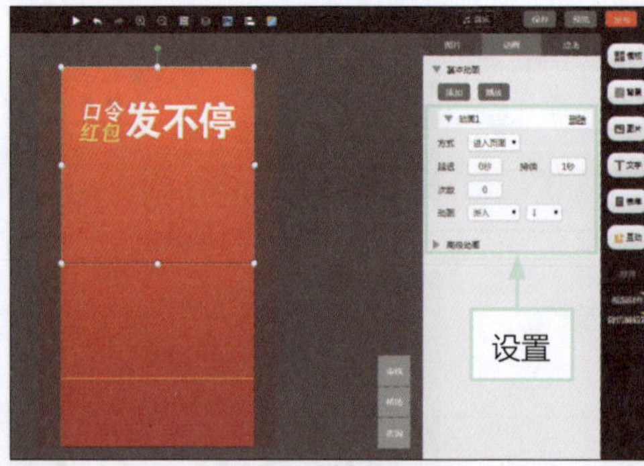

图 9-28 设置动画效果

步骤 09 单击“播放”按钮，预览文字动画效果，如图 9-29 所示。

图 9-29 预览文字动画效果

步骤 10 单击“图片”按钮，上传并添加新年装饰素材图像，效果如图 9-30 所示。

步骤 11 添加一个动画效果，设置“方式”为“进入页面”、“动画”为“缩放”，如图 9-31 所示。

图 9-30 添加素材图片

图 9-31 设置动画效果

步骤 12 单击“播放”按钮，预览图片动画效果，如图 9-32 所示。

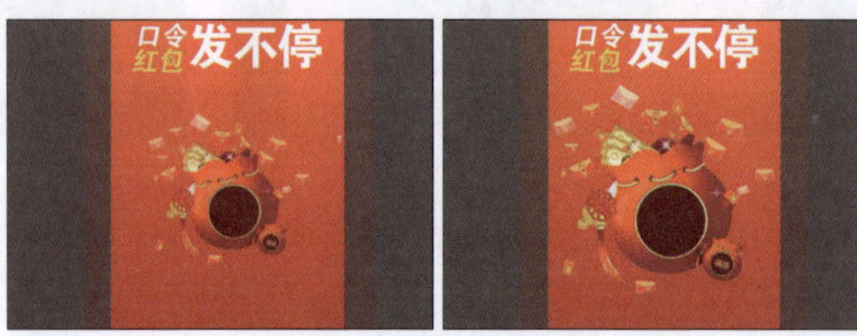

图 9-32 预览动画效果

步骤 13 ❶单击“文字”按钮；❷添加一个文本框输入相应文字，如图 9-33 所示。

步骤 14 设置文字的“颜色”为白色、“对齐方式”为“居中对齐”，效果如图 9-34 所示。

图 9-33 输入相应文字

图 9-34 设置文字效果

步骤 15 添加一个动画效果，设置“方式”为“进入页面”、“动画”为“风吹”，如图 9-35 所示。

步骤 16 单击“播放”按钮，预览文字动画效果，如图 9-36 所示。

图 9-35 设置动画效果

图 9-36 预览文字动画效果

步骤 17 在图片库中添加一个按钮素材图像，效果如图 9-37 所示。

步骤 18 在按钮上添加并输入相应文字，如图 9-38 所示。

图 9-37 添加按钮素材图像

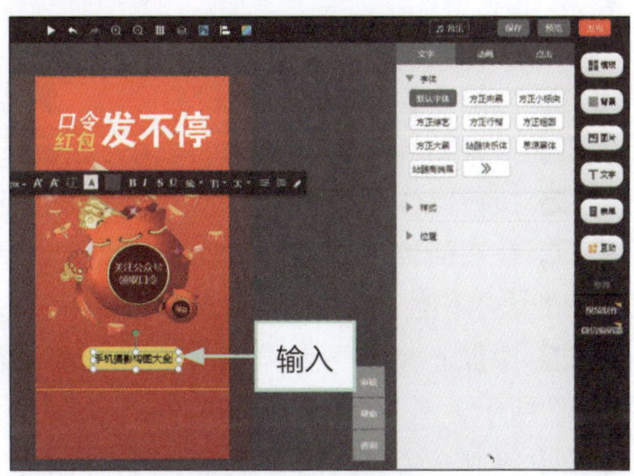

图 9-38 输入相应文字

步骤 19 设置“字号”为 28px、“颜色”为深红色（#d53901），效果如图 9-39 所示。

步骤 20 添加一个动画效果，设置“方式”为“进入页面”、“次数”为 -1（无限循环）、“动画”为“闪烁”，如图 9-40 所示。

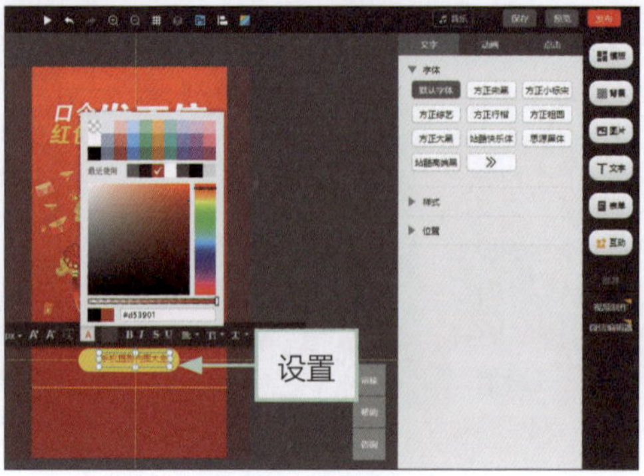

图 9-39 设置文字属性

图 9-40 设置文字动画效果

9.3.2 设计 H5 作品的第 2 页：祝福文案

下面介绍 H5 作品的第 2 页祝福文案的设计方法。

步骤 01 在编辑器的左下角，单击“添加页面”按钮，如图 9-41 所示。

步骤 02 执行操作后，即可添加一个新的空白页面，如图 9-42 所示。

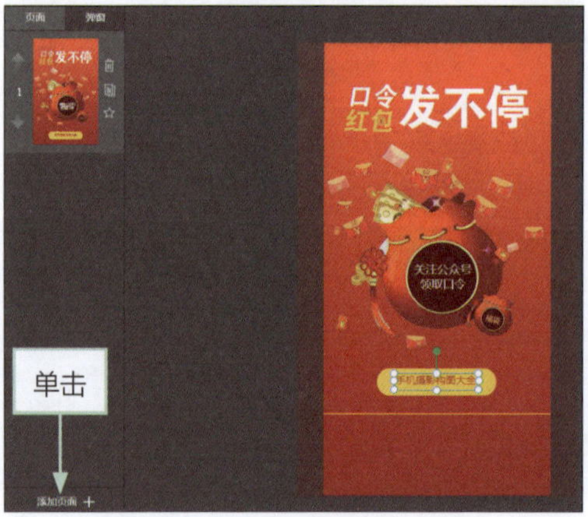

图 9-41 单击“添加页面”按钮

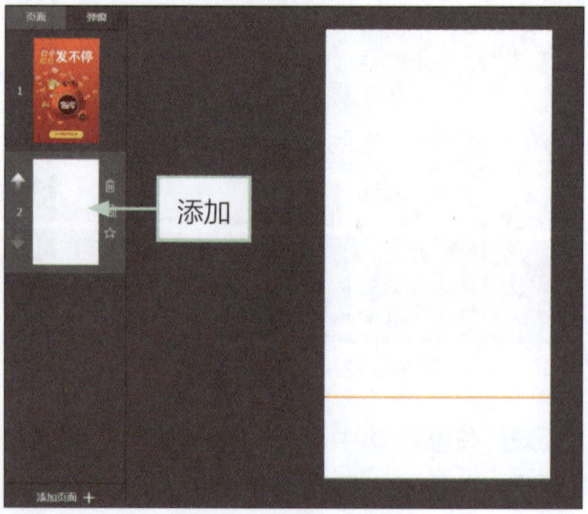

图 9-42 添加新页面

步骤 03 为第 2 页设置相同的背景图片，保持 H5 页面的风格统一，效果如图 9-43 所示。

步骤 04 打开图片库，切换至“常用”选项卡，选择椭圆形矢量图素材，如图 9-44 所示。

步骤 05 执行操作后，即可添加一个椭圆形矢量图素材，效果如图 9-45 所示。

步骤 06 在右侧的“图形”选项卡中，❶设置“颜色”为浅黄色（#fffdd6）；❷适当调整图像的大小和位置，效果如图 9-46 所示。

步骤 07 添加一个动画效果，设置“方式”为“进入页面”、“动画”为“弹入”，如图 9-47 所示。

步骤 08 复制一个椭圆形矢量图素材，并适当调整其位置，效果如图 9-48 所示。

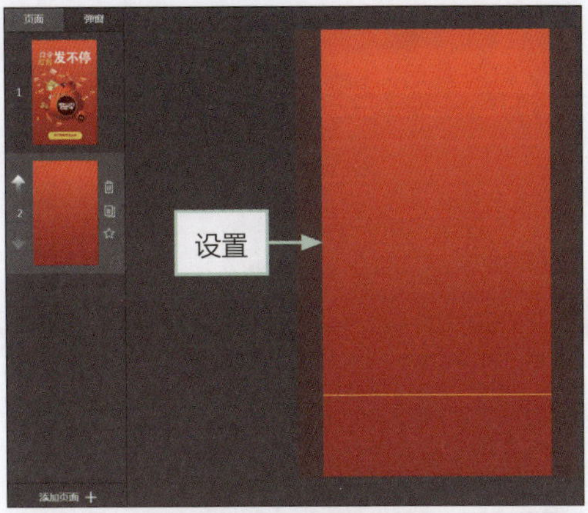

图 9-43 设置背景图片

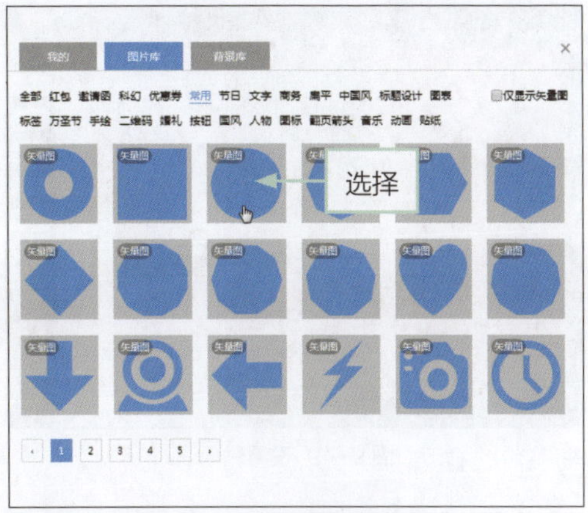

图 9-44 选择椭圆形

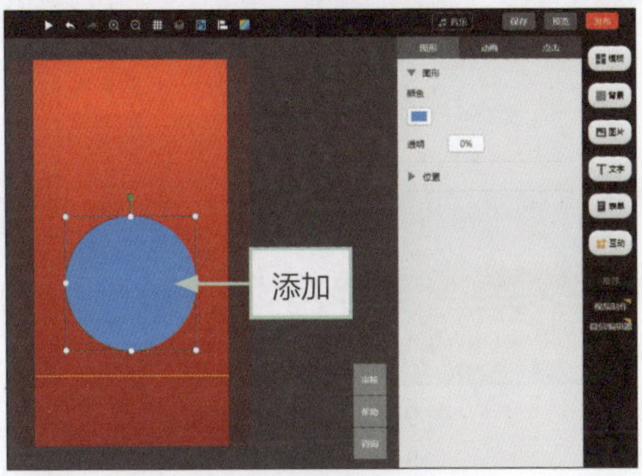

图 9-45 添加椭圆形矢量图素材

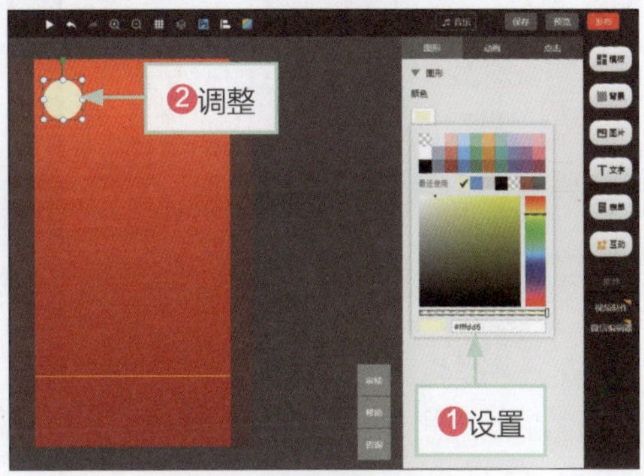

图 9-46 调整图像的大小和位置

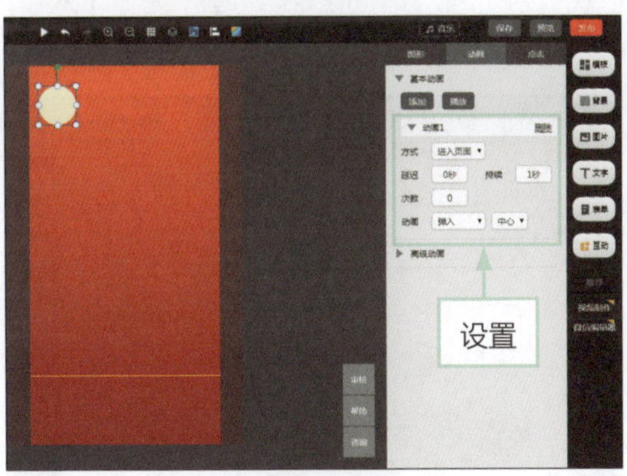

图 9-47 设置动画效果

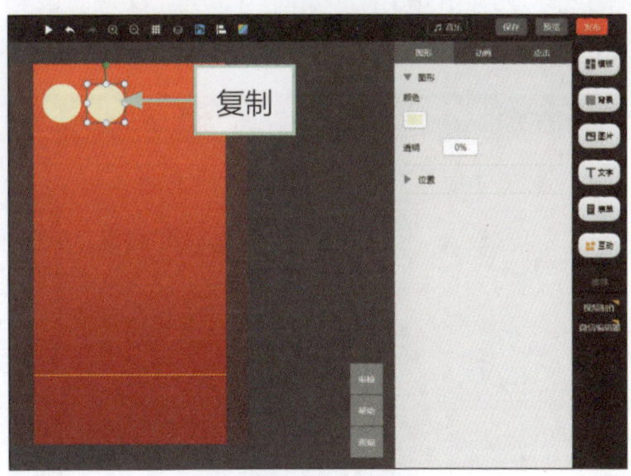

图 9-48 复制图形

步骤 09 设置复制的椭圆形矢量图素材的“颜色”为深红色（#e43c2c），如图 9-49 所示。

步骤 10 按住【Ctrl】键单击椭圆形图像，同时选择两个椭圆形图像，如图 9-50 所示。

步骤 11 按【Ctrl + C】组合键复制图像，按【Ctrl + V】组合键粘贴图像，并适当调整其位置，效果如图 9-51 所示。

步骤 12 在图片库中添加一个矩形图像，如图 9-52 所示。

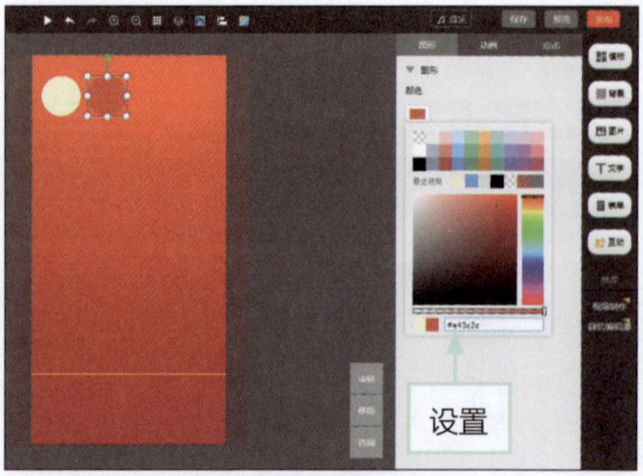

图 9-49 设置颜色

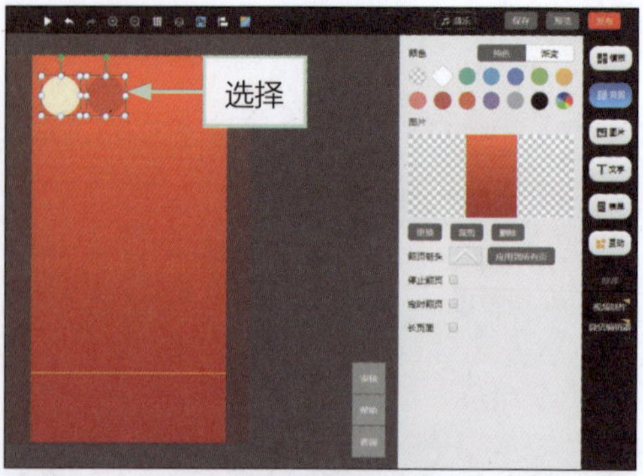

图 9-50 选择图形

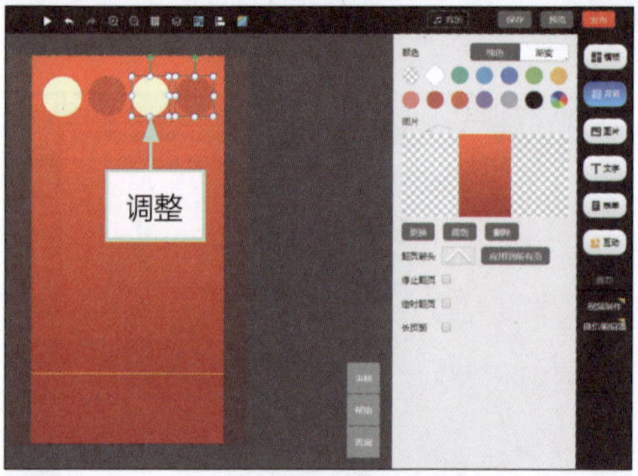

图 9-51 复制并调整图像

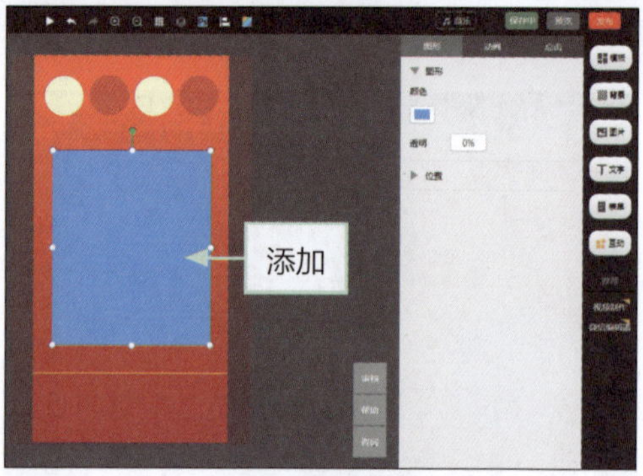

图 9-52 添加矩形图像

步骤 13 设置矩形矢量图素材的“颜色”为深红色（#e75333），效果如图 9-53 所示。

步骤 14 为矩形图像添加一个动画效果，设置“方式”为“进入页面”、“动画”为“飞入”，如图 9-54 所示。

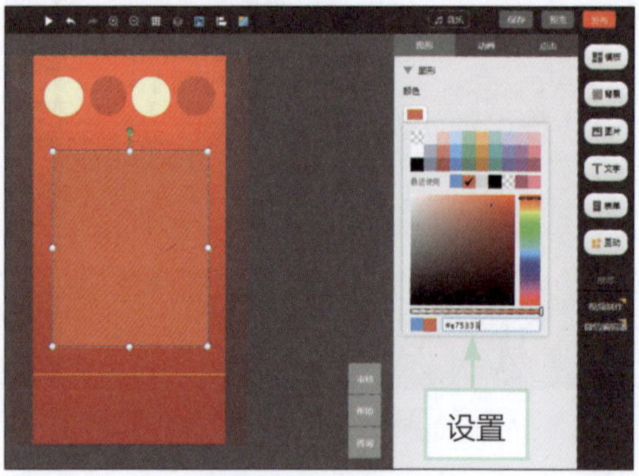

图 9-53 设置颜色

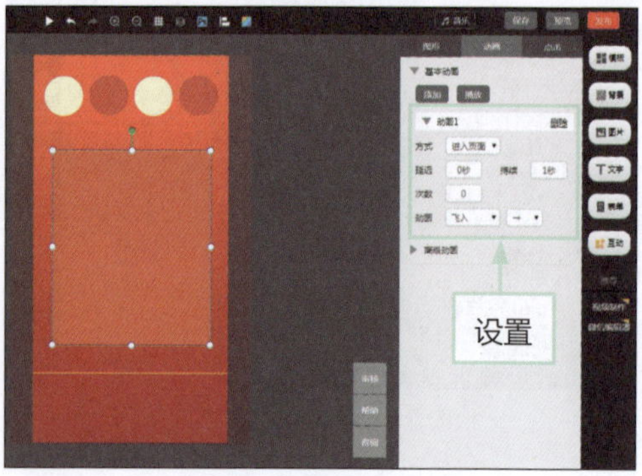

图 9-54 添加动画效果

步骤 15 在椭圆形图像上添加并输入相应文字，如图 9-55 所示。

步骤 16 设置文字的“字号”为 80px、“颜色”为红色（#e43c2c），并单击“加粗”按钮B，效果如图 9-56 所示。

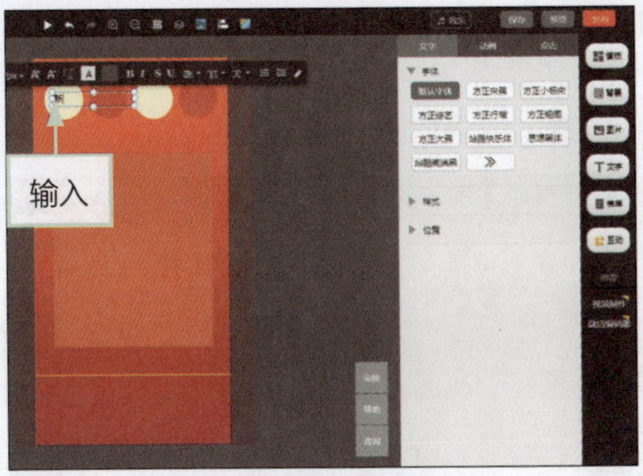

图 9-55 输入相应文字

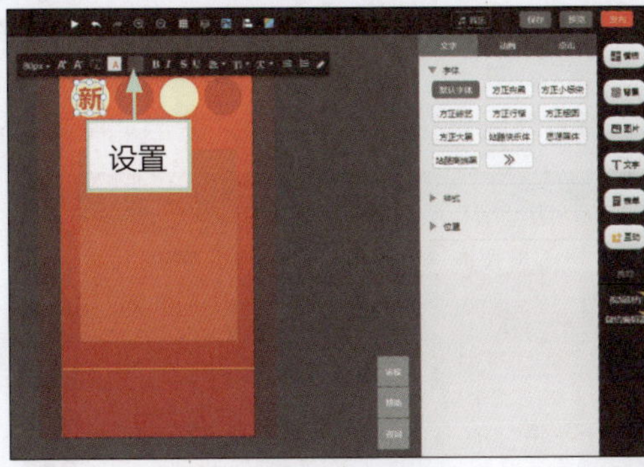

图 9-56 设置文字属性

步骤 17 复制文字，并修改文字内容，适当调整其位置，效果如图 9-57 所示。

步骤 18 复制文字两次，并修改文字内容，适当调整其位置和颜色（#fffdd6），效果如图 9-58 所示。

图 9-57 修改文字内容

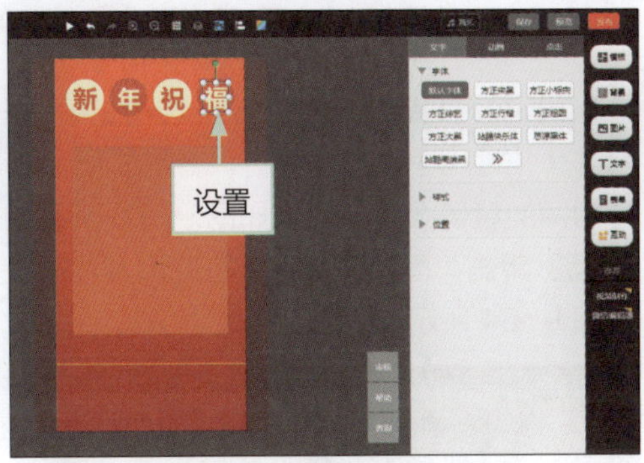

图 9-58 复制并修改文字

步骤 19 在矩形图像上添加并输入相应文字，设置文字的“字号”为 32px、“颜色”为白色，效果如图 9-59 所示。

步骤 20 在矩形图像下方添加并输入相应文字，设置文字的“字号”为 28px、“颜色”为白色，效果如图 9-60 所示。

图 9-59 输入相应文字

图 9-60 输入相应文字

步骤 21 ❶添加一个雪花图形，并添加相应的动画效果；❷设置“方式”为“进入页面”、“次数”为 -1、“动画”为“强调 - 旋转”，效果如图 9-61 所示。

步骤 22 复制雪花图形多次，并适当调整其大小和位置，效果如图 9-62 所示。

图 9-61 添加雪花图形

图 9-62 复制雪花图形

9.3.3 设计 H5 作品的第 3 页：红包活动

下面介绍 H5 作品第 3 页红包活动的设计方法。

步骤 01 在编辑器的左下角，❶单击“添加页面”按钮，添加一个新的空白页面；❷并设置相同的背景图片，效果如图 9-63 所示。

步骤 02 单击“图片”按钮，打开图片库，在“红包”选项卡中选择相应的红包图案样式，如图 9-64 所示。

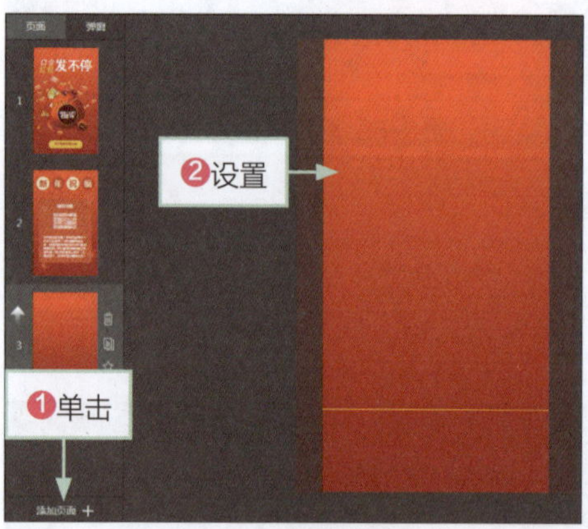

图 9-63 添加第 3 页

图 9-64 选择相应的红包图案

步骤 03 执行操作后，即可添加一个红包图案，效果如图 9-65 所示。

步骤 04 适当调整红包图案的大小和位置，效果如图 9-66 所示。

步骤 05 添加企业 Logo 图像，适当调整其大小和位置，效果如图 9-67 所示。

步骤 06 单击右侧的“互动”按钮，在插件列表中选择“口令红包”选项，如图 9-68 所示。

步骤 07 执行操作后，即可添加一个口令红包插件，如图 9-69 所示。

步骤 08 适当调整口令红包插件的大小和位置，效果如图 9-70 所示。

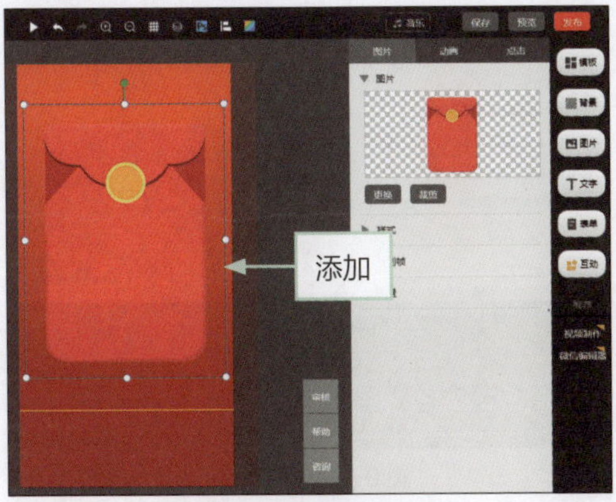

图 9-65 添加红包图案

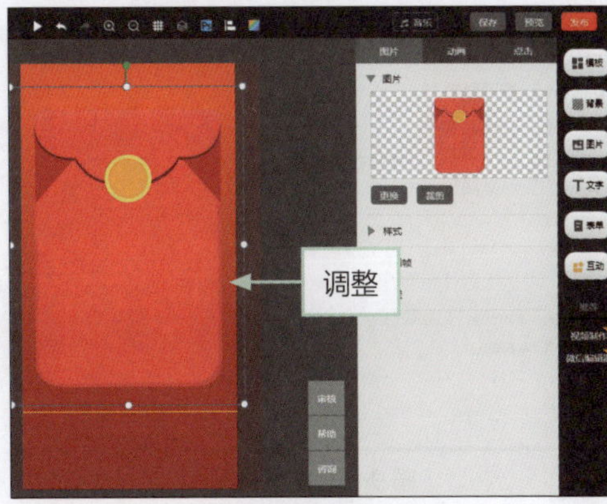

图 9-66 调整红包图案

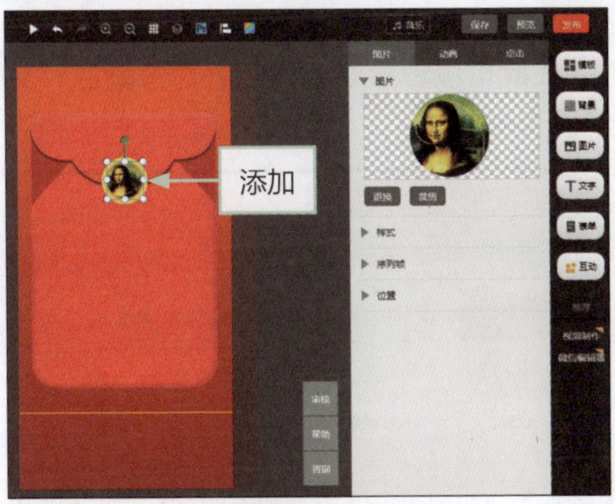

图 9-67 添加企业 Logo 图像

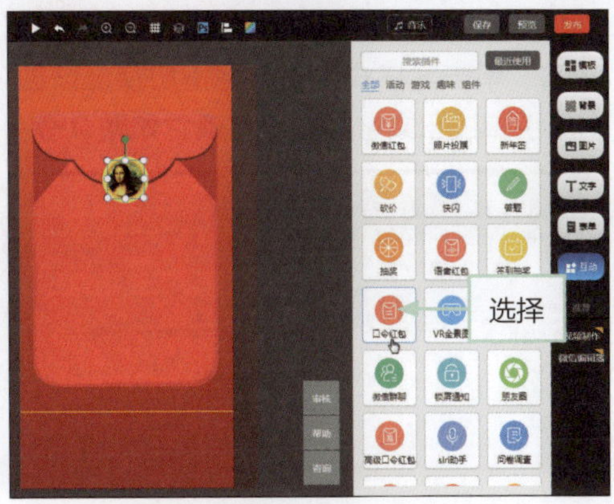

图 9-68 选择“口令红包”选项

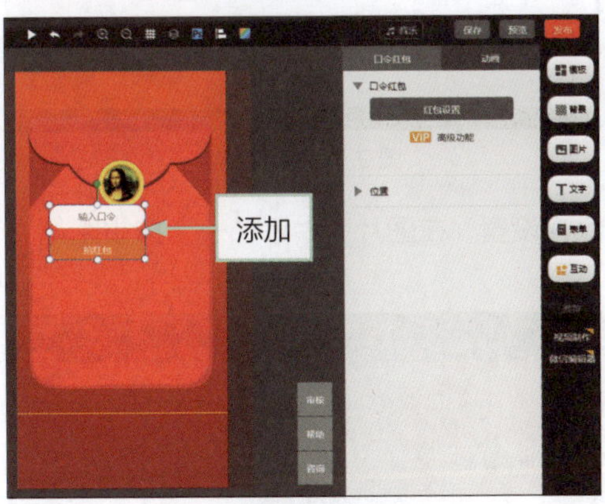

图 9-69 添加口令红包插件

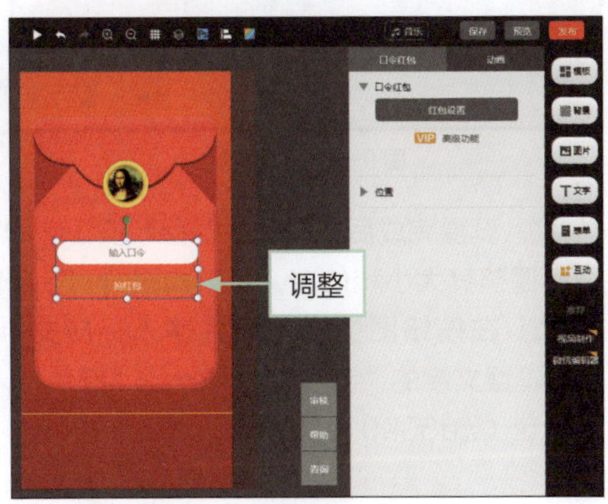

图 9-70 调整口令红包插件

步骤 09 单击“红包设置”按钮，弹出“基本设置”对话框，在此可以设置红包的活动时间、活动总金额、红包金额、中奖率、是否允许重复抢红包等基本属性，如图 9-71 所示。

步骤 10 单击“高级设置”标签切换至该选项卡，可以设置红包活动的位置限制、分享后获得一次额外抽奖机会、时段红包、红包弹幕（提高抽奖气氛）以及公众号关注后领红包等选项，如图 9-72 所示。

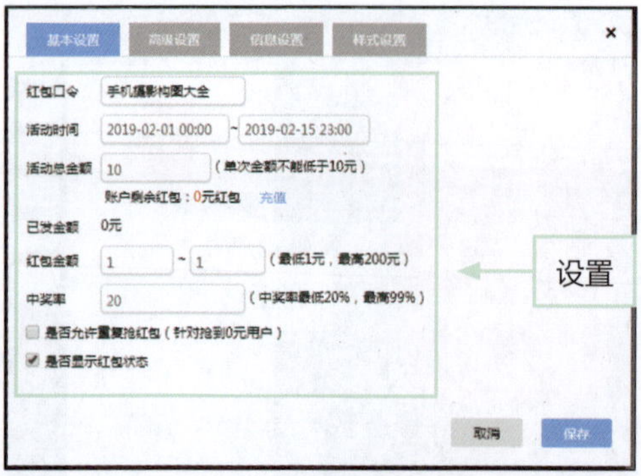

图 9-71 基本设置

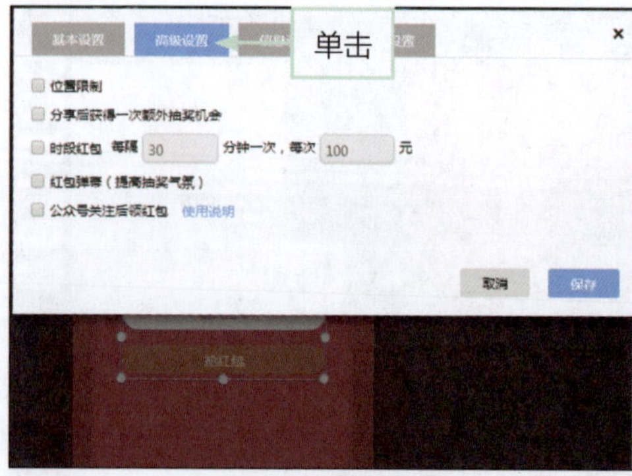

图 9-72 高级设置

步骤 11 单击“信息设置”标签切换至该选项卡，在此可以设置红包活动的活动名称、公司名称、活动祝福、活动备注等选项，如图 9-73 所示。

步骤 12 单击“样式设置”标签切换至该选项卡，在此可以设置红包按钮的背景颜色、文字颜色和按钮文字内容等选项，如图 9-74 所示。

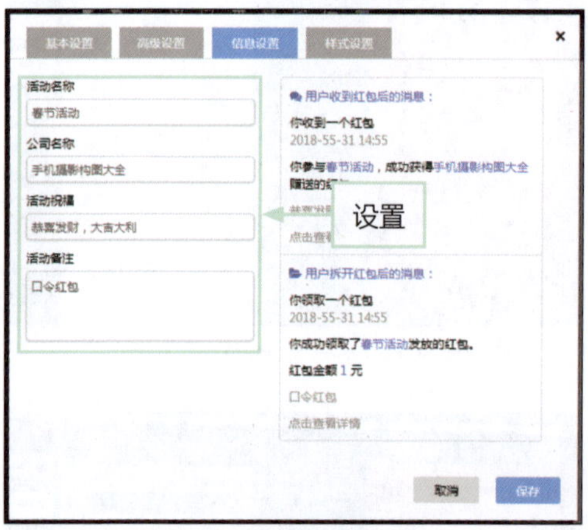

图 9-73 信息设置

图 9-74 样式设置

步骤 13 设置完成后，单击“保存”按钮，即可保存设置，在图片库中添加一个按钮图像，适当调整其大小和位置，效果如图 9-75 所示。

步骤 14 在按钮图像上添加并输入相应文字，设置文字的“字号”为 28px、“颜色”为红色（#d53901），效果如图 9-76 所示。

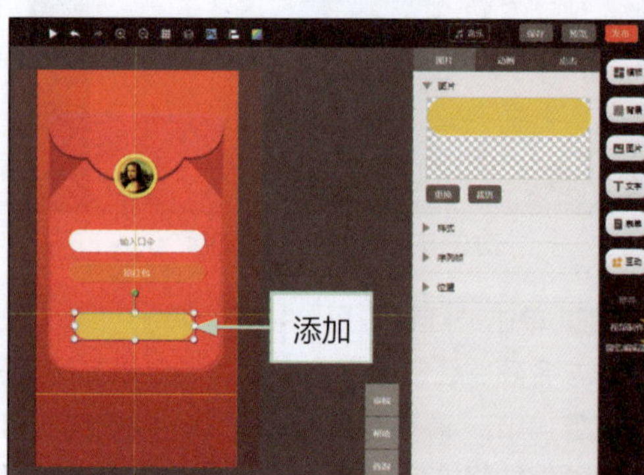

图 9-75 添加按钮图像

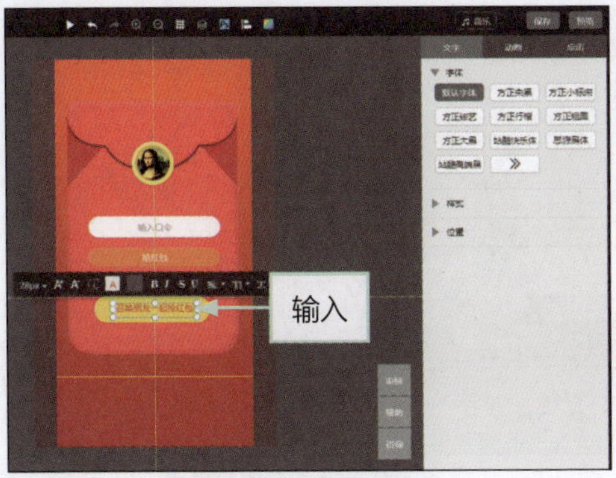

图 9-76 输入相应文字

> **专家指点**
>
> 当企业的活动规模比较大时，也可以使用“自己公众号发红包”功能，来宣传品牌，实现更好地“引流”和宣传的效果。使用人人秀企业高级版及以上版本的企业可以通过绑定自身微信公众号的服务，由自己的公众号来推送红包消息，让用户直接通过微信来领红包，无须再经过 H5 页面。

步骤 15 选择按钮图像，单击右侧面板上方的“点击”标签，切换至“点击”选项卡，如图 9-77 所示。

步骤 16 在列表框中选择“显示分享页”选项，设置点击事件，如图 9-78 所示。

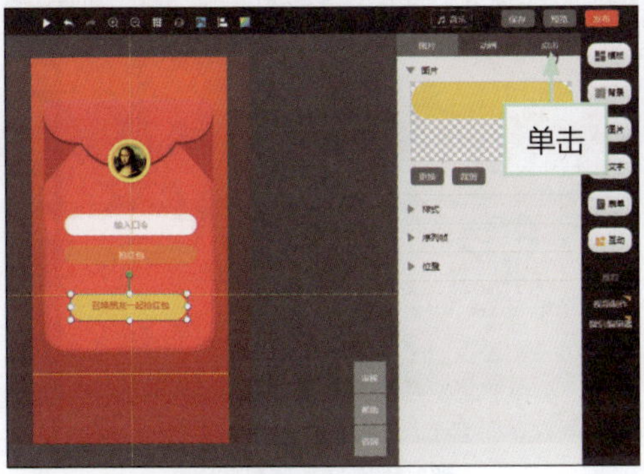

图 9-77 单击“点击”标签

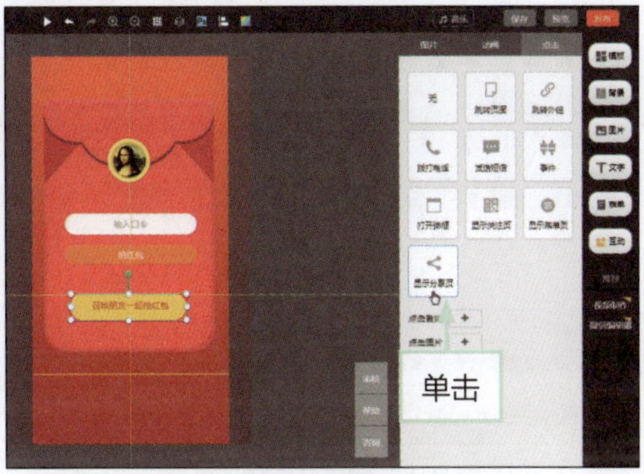

图 9-78 选择“显示分享页”选项

> **专家指点**
>
> 人人秀平台上的微信红包有很多类型，如口令红包、语音红包、分时发放、裂变红包、流量红包、一人一码和 VR 红包等多种样式，可以满足企业在不同场景的不同需求，帮助企业达到快速宣传、促销的目的。
>
> 需要注意的是，在给红包进行充值时，人人秀和微信平台会根据企业的充值金额抽取少量的服务费和渠道费用。

9.3.4 为 H5 作品添加背景音效

下面介绍为 H5 作品添加背景音效的设计方法。

步骤 01 在编辑器的右上角，单击“音乐”按钮，如图 9-79 所示。

步骤 02 打开“音乐”设置面板，❶选中“自动播放”复选框；❷单击“更换”按钮，如图 9-80 所示。

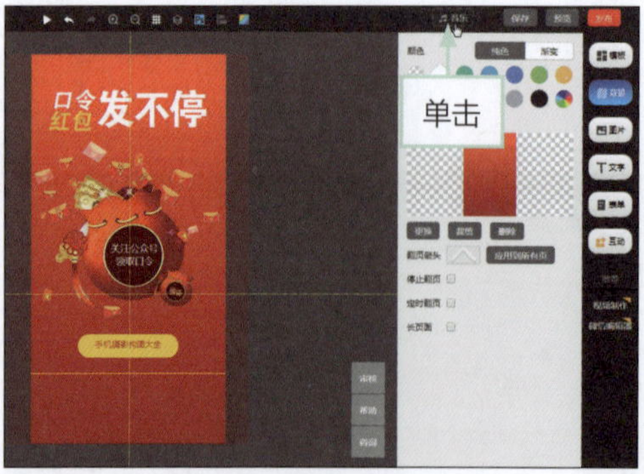

图 9-79 单击“音乐”按钮

图 9-80 “音乐”设置面板

步骤 03 打开音乐库，切换至“节日”选项卡，选择一曲合适的背景音乐，单击“选择”链接，如图 9-81 所示。

步骤 04 执行操作后，即可添加背景音乐，效果如图 9-82 所示。

图 9-81 单击“选择”链接

图 9-82 添加背景音乐

9.4 移动 H5 作品的发布和分享

微信团队推出红包功能后，红包就一直是人们关注的重点，尤其是在新年期间，微信群几乎被红包“引爆”，朋友圈也被红包活动“刷屏”。红包如今已经成为企业在线上线下“吸粉引流”的高效工具，红包非常容易引起人们的注意，营销者应在推广内容中多多添加“红包”关键词。本节将介绍春节红包活动的最后一步，那就是发布和分享。

9.4.1 发布与上线 H5 作品

下面介绍发布与上线 H5 作品的操作方法。

步骤 01 单击编辑器右上角的“发布”按钮，如图 9-83 所示。

步骤 02 打开“基本设置”窗口，设置相应的分享标题和分享描述，如图 9-84 所示。

图 9-83 单击“发布”按钮

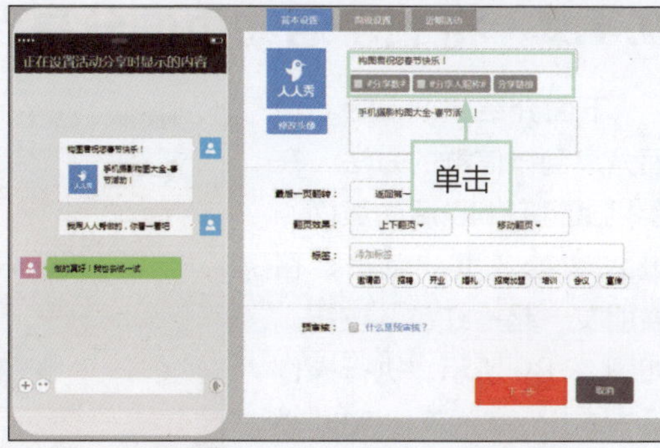

图 9-84 设置分享标题和分享描述

步骤 03 单击“修改头像”按钮，打开图片库，切换至“红包”选项卡，选择相应的红包图像作为头像，如图 9-85 所示。

步骤 04 执行操作后，即可修改活动头像，效果如图 9-86 所示。

图 9-85 选择相应的红包图像

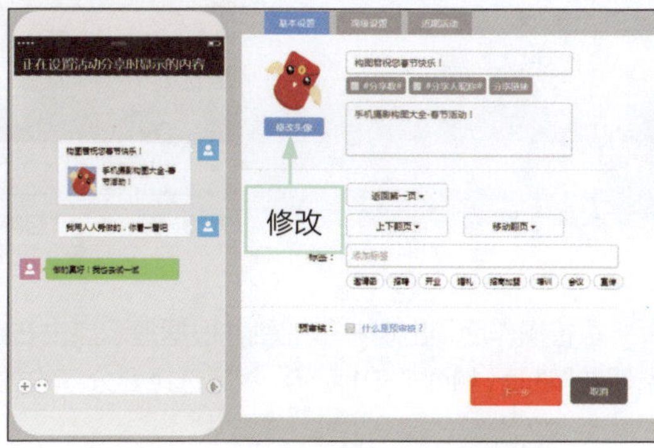

图 9-86 修改活动头像

步骤 05 依次单击“下一步”按钮，完成发布流程的相关设置，单击“发布”按钮，即可发布活动，如图 9-87 所示。

执行操作后，即可生成活动的相应二维码和小程序推广链接，如图 9-88 所示。

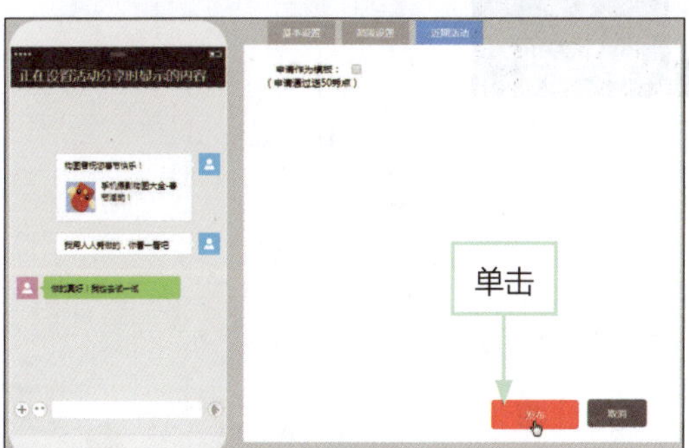

图 9-87 单击“发布”按钮

图 9-88 发布活动

9.4.2 将 H5 活动页面分享到微信群

下面介绍将 H5 活动页面分享到微信群的方法，在手机上打开 H5 活动页面，进入到第 3 页，点击“召唤朋友一起抢红包”按钮，如图 9-89 所示。执行操作后，弹出分享菜单，点击“微信”按钮，如图 9-90 所示。

图 9-89 点击“召唤朋友一起抢红包”按钮

图 9-90 点击“微信”按钮

执行操作后，出现分享指引，根据提示点击右上角的 ••• 按钮，在弹出的菜单中选择“发送给朋友”选项，如图 9-91 所示。然后选择要分享的微信群，即可将 H5 活动页面分享到该微信群中，如图 9-92 所示。

图 9-91 选择“发送给朋友”选项

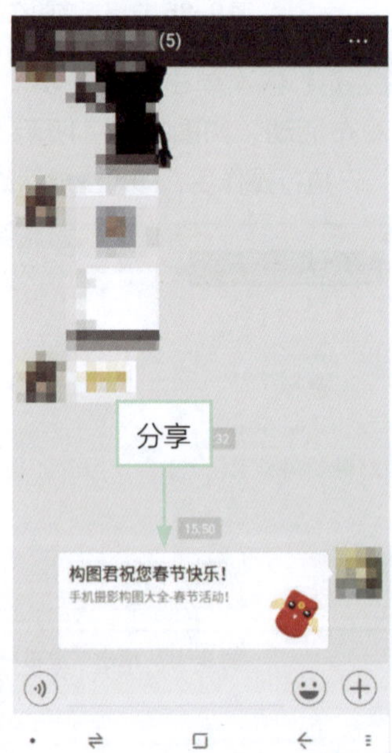

图 9-92 分享到微信群

专家指点

为了更好地促进用户分享和推广 H5 营销活动，企业可以在 H5 页面中添加裂变红包插件，这样用户每在 H5 页面中抽得一次红包奖励的同时，还可以收获相应的裂变红包。裂变红包对企业的 H5 营销活动有很好的推动作用，能够激发用户的分享欲望，极大地提升了 H5 页面的分享率，使其传播范围更广。

第 10 章 综合：产品推广 H5 移动设计

学习提示

H5 有利于产品推广，它可以让企业的产品在传播中深入人心。产品推广 H5 页面的主要目的是要引起顾客对产品和店铺产生兴趣，从而将产品顺利地卖出去，这也是常规的营销方式。在制作产品推广 H5 页面时，通常可以结合各种促销手段来增加活动吸引力，来快速获取优质用户。本章主要介绍一个女装产品推广 H5 页面的设计方法。

10.1 产品推广 H5 作品设计的前期准备

本章以比较流行的女装产品推广为例，介绍产品推广 H5 页面的设计方法，首先来看看要做哪些前期准备工作。

10.1.1 整体的创意构思

产品推广 H5 页面的主要功能就是用于推广产品，因此一定要交代清楚推广的是哪些产品，以及如何吸引用户预订或直接下单，这些元素都是必不可少的，最终效果如图 10-1 所示。

图 10-1 产品推广 H5 页面

该产品推广 H5 页面主要分为 5 个，具体内容如图 10-2 所示。

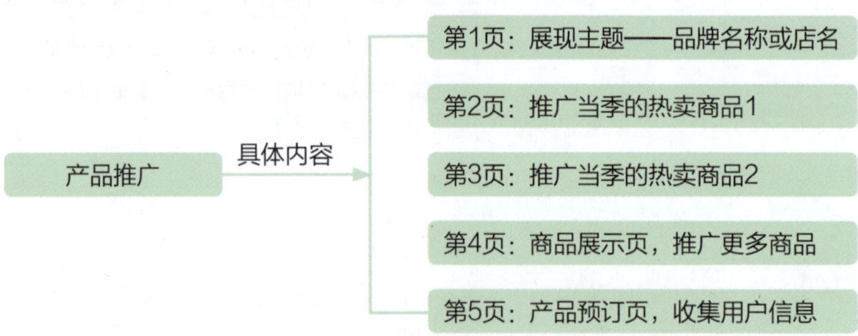

图 10-2 产品推广 H5 页面的具体内容

10.1.2 素材图像的拍摄与收集

在产品推广 H5 页面中，消费者可以通过图文、视频和音频等信息来了解产品详情。因此，在设计产品推广 H5 页面前，首先要拍一些好看的产品或模特照片，照片要漂亮，更要真实，必须能够引起消费者的兴趣，如图 10-3 所示。

服装类产品大都是吸光体，比较明显的特点就是它们的表面粗糙不光滑，颜色非常稳定和统一，视觉层次感比较强。因此，在拍摄这类商品时，通常采用侧光或斜侧光的布光形式，光源最好为较硬的直射光，这样能更好地体现出商品原本的色彩和层次感。

图 10-3 产品和模特的拍摄

专家指点

拍摄商品时，需要对画面中的主体进行恰当的摆放，使画面看上去更有冲击力和美感，这就是构图。构图起初是绘画中的专有术语，后来广泛应用于摄影和平面设计等视觉艺术领域。一个成功的摄影作品，大多拥有严谨的构图，构图能够使作品重点突出，有条有理，富有美感，赏心悦目。

因此，在拍摄商品或模特时，也需要对摄影主体进行适当构图，遵循构图原则，这样才能让拍摄的图片更加富有艺术感和美感，更加吸引消费者的注意。例如，上面两张图均采用了对角斜线的构图方式，可以让人物身材显得更加修长，从而更好地衬托产品特色。想要学习更多构图技巧，可以关注公众号：手机摄影构图大全。

10.2 通过 Photoshop 制作图像效果

在 H5 页面的内容设计中，图文内容是一个重要的传递信息途径，也是网络销售和微信营销中需要重点的一个元素。H5 页面中的商品图像不但可以修饰画面，而且它比文字的表现力更直接、更快捷、更形象、更有效，可以让商品的信息传递更简洁。本节主要介绍通过 Photoshop 制作图像效果的技巧。

10.2.1 主题文字的设计

下面介绍制作产品推广 H5 页面中的主题文字效果的操作方法。

素材文件	无
效果文件	效果\第10章\主题文字.png
在线视频	第10章\10.2.1 主题文字的设计.mp4

步骤 01 单击“文件”|“新建”命令，弹出“新建文档”对话框，设置“名称”为“主题文字”、“高度”和“宽度”均为 235 像素、“分辨率”为 72 像素 / 英寸、“颜色模式”

为“RGB 颜色”、“背景内容”为“透明”，如图 10-4 所示。

步骤 02 单击“创建”按钮，即可新建一个空白图像文件，如图 10-5 所示。

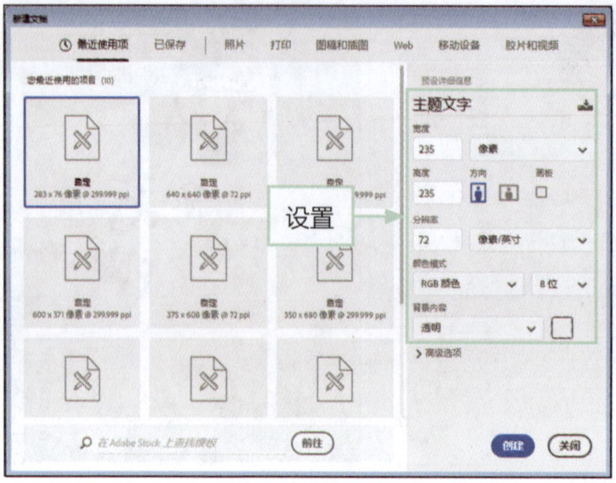

图 10-4 设置文档选项

图 10-5 新建一个空白图像文件

步骤 03 在“图层”面板中，新建一个“背景”图层，如图 10-6 所示。

步骤 04 选取渐变工具，打开“渐变编辑器”对话框，设置渐变色为深蓝色（RGB 参数值分别为 39、116、159）到浅蓝色（RGB 参数值分别为 66、186、203），如图 10-7 所示。

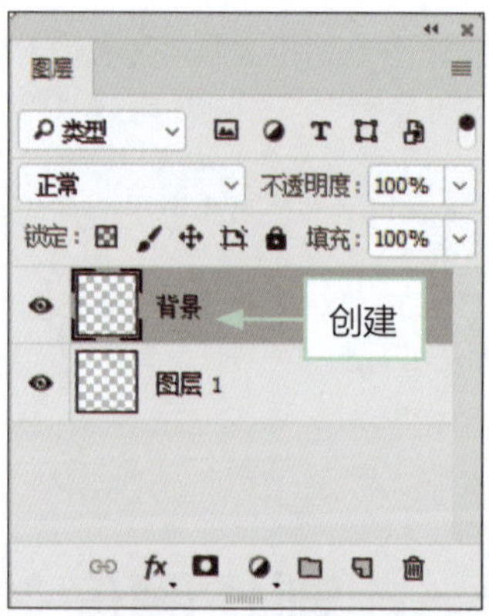

图 10-6 新建图层

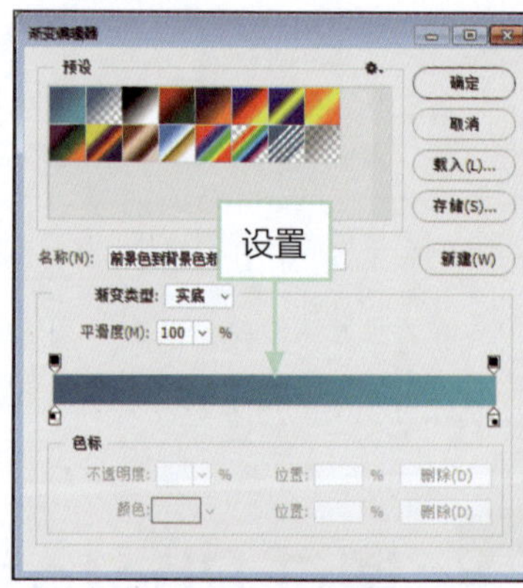

图 10-7 设置渐变色

步骤 05 运用渐变工具在图像上方至下方进行拖曳，填充线性渐变色，效果如图 10-8 所示。

步骤 06 选取工具箱中的横排文字工具，展开“字符”面板，设置“字体系列”为“幼圆”、“字体大小”为 58 点、“颜色”为白色，如图 10-9 所示。

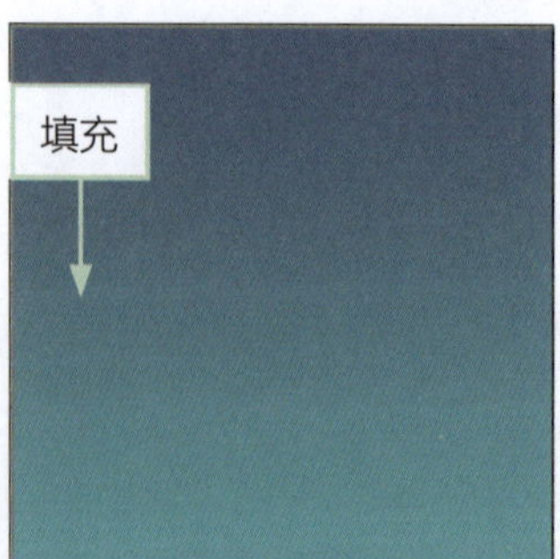

图 10-8 填充线性渐变色

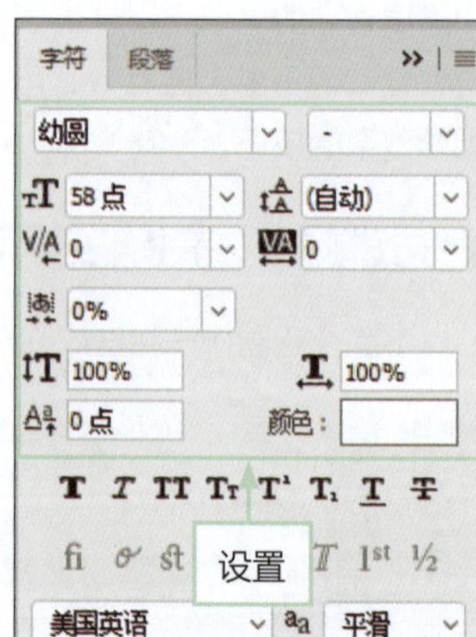

图 10-9 设置字符属性

专家指点

在进行店铺文案设计时，使用 Photoshop 的横排文字工具或者直排文字工具可以快速为编辑的画面添加所需的文字信息，并可以通过“字符”面板对文字的字体、字号、字间距和文字颜色等进行设置。需要注意的是，产品推广 H5 页面的标题字体应选择简单易辨识的字体，让用户一眼便能看懂，从而有利于记住你的品牌关键字。

步骤 07 运用横排文字工具输入相应文字，效果如图 10-10 所示。

步骤 08 展开“字符”面板，设置“字体系列”为 Constantia、“字体大小”为 25 点、“设置所选字符的字距调整”为 -50、“颜色”为白色，如图 10-11 所示。

图 10-10 输入相应文字

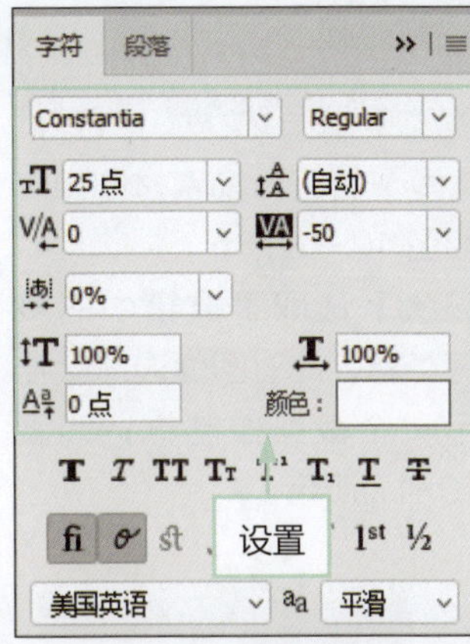

图 10-11 设置字符属性

步骤 09 运用横排文字工具输入相应文字，效果如图 10-12 所示。

步骤 10 选区工具箱中的直线工具，在工具属性栏中设置“填充”为白色、“描边”为无、“粗细”为 2 像素，绘制一条直线形状，效果如图 10-13 所示。

图 10-12 输入相应文字

图 10-13 绘制直线形状

步骤 11 复制直线形状，并适当调整其位置，效果如图 10-14 所示。

步骤 12 在“图层”面板中合并所有图层为“主题文字”图层，如图 10-15 所示，并将其保持为 PNG 格式的图像。

图 10-14 复制直线形状

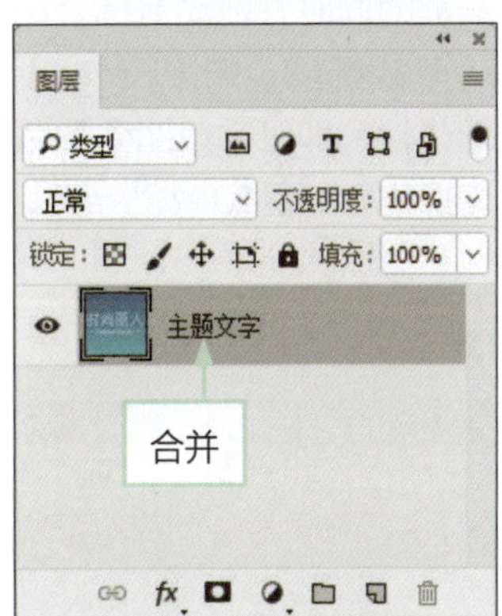

图 10-15 合并图层

10.2.2 产品图片的调色处理

下面介绍产品推广 H5 页面中的产品图片调色处理的操作方法。

▮素材文件	素材\第10章\产品1.jpg
▮效果文件	效果\第10章\产品1.jpg
▮在线视频	第10章\10.2.2 产品图片的调色处理.mp4

步骤 01 单击“文件”|“打开”命令，打开一幅素材图像，如图 10-16 所示。

步骤 02 选取工具箱中的裁剪工具，此时图像边缘会显示一个裁剪控制框，如图 10-17 所示。

图 10-16 打开素材图像

图 10-17 显示裁剪控制框

步骤 03 在裁剪工具的工具属性栏中，设置裁剪比例为 640:1008，即可调整裁剪区域大小，如图 10-18 所示。

步骤 04 将鼠标指针移动至裁剪控制框内，在单击鼠标左键的同时并拖动鼠标，确认剪裁区域，按【Enter】键确认，即可完成图像的裁剪操作，如图 10-19 所示。

图 10-18 调整裁剪区域大小

图 10-19 完成图像的裁剪操作

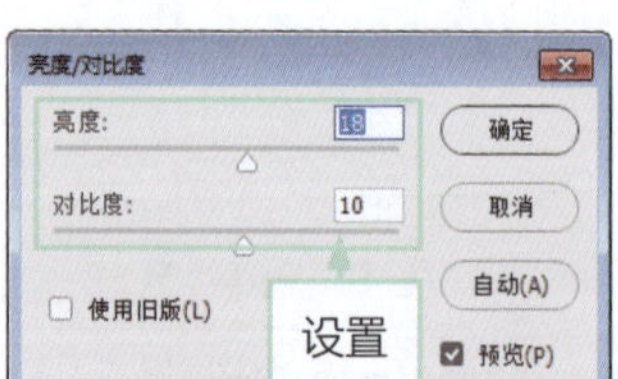

图 10-20 设置亮度 / 对比度参数

步骤 05 在菜单栏中单击“图像”|“调整”|“亮度 / 对比度”命令，弹出“亮度 / 对比度”对话框，设置“亮度”为 18、“对比度”为 10，如图 10-20 所示。

步骤 06 单击“确定”按钮，即可增强照片的亮度和层次感，效果如图 10-21 所示。

步骤 07 在菜单栏中单击“图像”|“调整”|“自然饱和度”命令，弹出“自然饱和度”对话框，设置“自然饱和度”为 20、“饱和度”为 5，如图 10-22 所示。

步骤 08 单击“确定”按钮，即可调整图像的色彩饱和度，效果如图 10-23 所示。

图 10-21 调整亮度 / 对比度效果

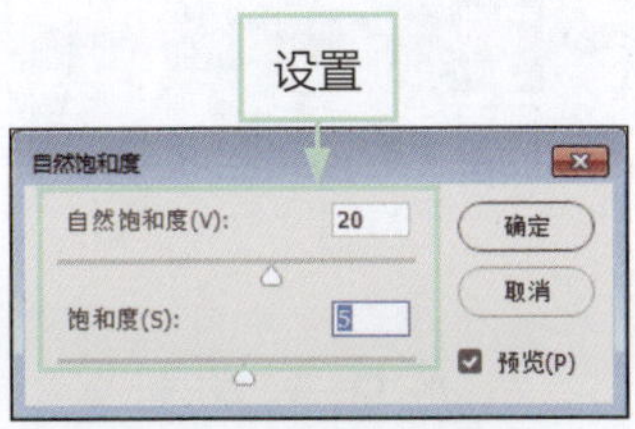

图 10-22 设置饱和度参数

图 10-23 调整图像的色彩饱和度

10.2.3 产品图片的详情展示

下面介绍产品推广 H5 页面中的产品详情展示的制作方法。

素材文件	素材\第10章\产品3.jpg
效果文件	效果\第10章\详情展示.png
在线视频	第10章\10.2.3 产品图片的详情展示.mp4

步骤 01 单击“文件”|“新建”命令，弹出“新建文档”对话框，❶设置“名称”为“详情展示”、“高度”和“宽度”均为 200 像素、“分辨率”为 72 像素 / 英寸、“颜色模式”为“RGB 颜色”、“背景内容”为“透明”，如图 10-24 所示；❷单击“创建”按钮，新建一个空白图像文件。

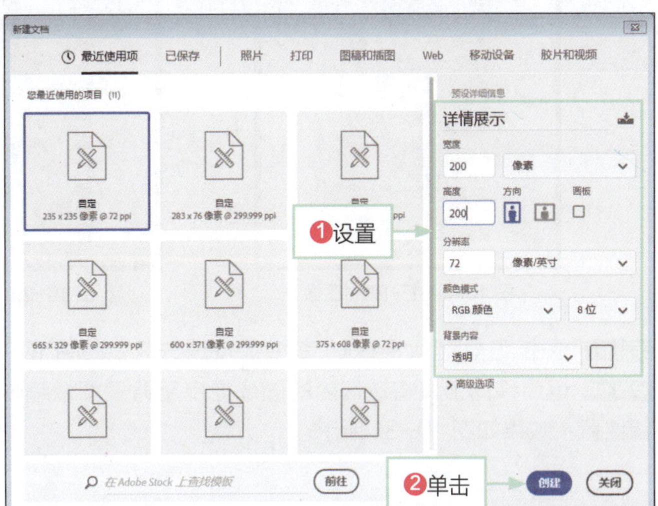

图 10-24 设置文档属性

步骤 02 选取工具箱中的椭圆工具，在工具属性栏中选择工具模式为“形状”，设置“填充”为淡黄色（RGB 参数值分别为 242、232、204）、“描边”为无，绘制一个圆形，效果如图 10-25 所示。

步骤 03 在“图层”面板中，复制“椭圆 1”图层，得到“椭圆 1 拷贝”图层，如图 10-26 所示。

步骤 04 在图像编辑窗口中，适当调整“椭圆 1 拷贝”图层中的图像大小，并设置“填充”为白色，效果如图 10-27 所示。

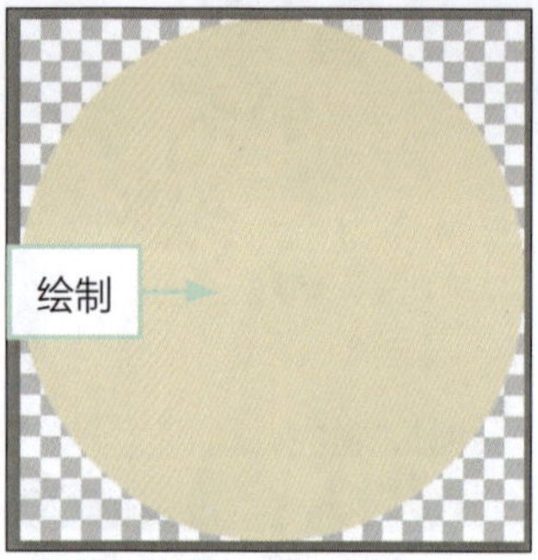

图 10-25 绘制圆形

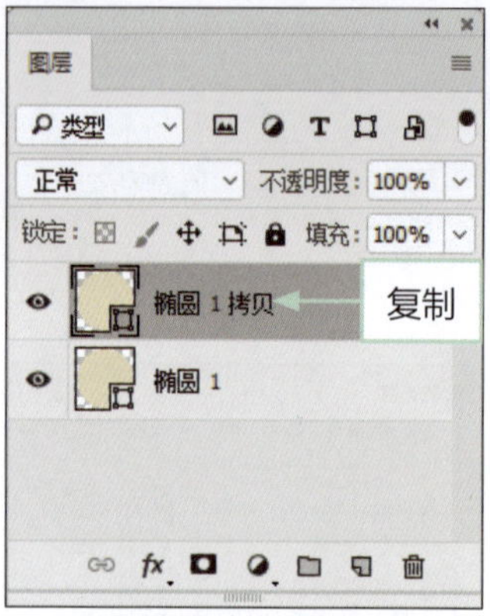

图 10-26 设置文档属性

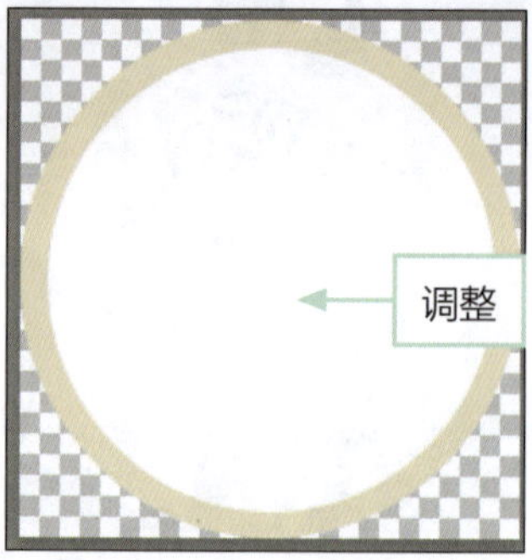

图 10-27 绘制圆形

步骤 05 单击“文件”|“打开”命令，打开一幅素材图像，如图 10-28 所示。

步骤 06 选取工具箱中的魔棒工具，在工具属性栏中设置“容差”为 5，在白色背景上单击创建选区，如图 10-29 所示。

图 10-28 打开素材图像

图 10-29 创建选区

步骤 07 单击“选择”|“反选”命令，反选选区，如图 10-30 所示。

步骤 08 运用移动工具将选区内的图像拖曳至背景图像编辑窗口中，适当调整图像的大小和位置，效果如图 10-31 所示。

图 10-30 反选选区

图 10-31 拖曳图像

参照步骤 05 ~ 步骤 08 的操作方法，制作其他产品的展示效果，如图 10-32 所示。

图 10-32 制作其他产品的展示效果

10.3 通过工具网站生成 H5 作品

品牌商家在做产品推广活动时，都希望品牌和产品能够得到最大限度的推广，这就需要对很多绝佳的广告位置进行精心设计，包括广告页、首页、游戏页、摇奖页、中奖页和没有中奖页等。接下来介绍通过工具网站生成产品推广 H5 作品的操作方法。

10.3.1 设计 H5 作品的第 1 页：首页设计

下面介绍设计产品推广 H5 作品的首页设计方法。

素材文件	无
效果文件	效果\第10章\主题文字.png
在线视频	第10章\10.3.1 设计H5作品的第1页：首页设计

步骤 01 打开人人秀编辑器，新建一个空白页面，在图片库中选择合适的背景图片，效果如图 10-33 所示。

步骤 02 在编辑器右侧，单击“图片”按钮，如图 10-34 所示。

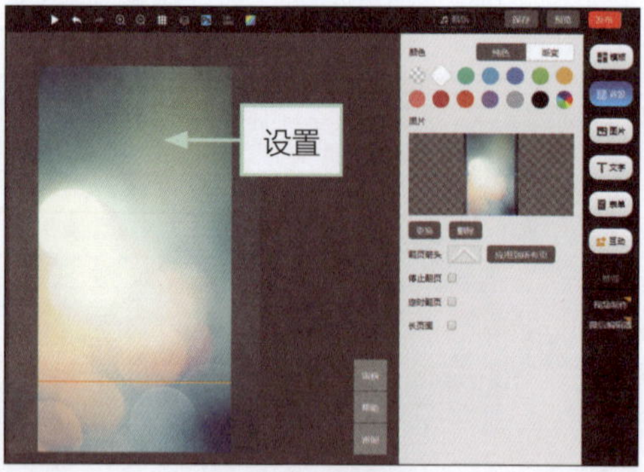

图 10-33 设置背景图片

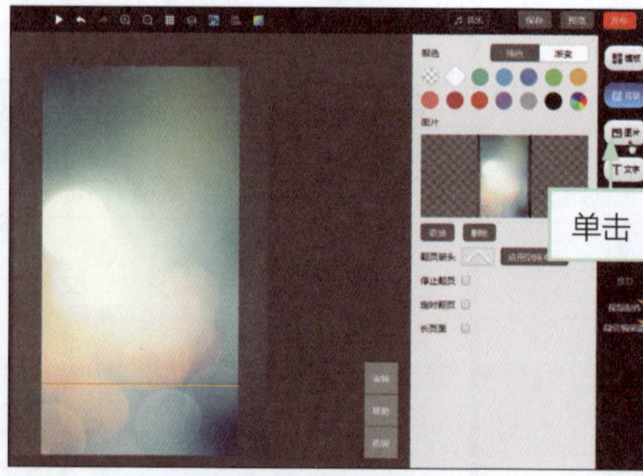

图 10-34 单击“图片”按钮

步骤 03 打开“我的”图片库，单击“上传图片”按钮，如图 10-35 所示。

步骤 04 弹出“打开”对话框，❶选择“主题文字”图片素材；❷单击“打开”按钮，如图 10-36 所示。

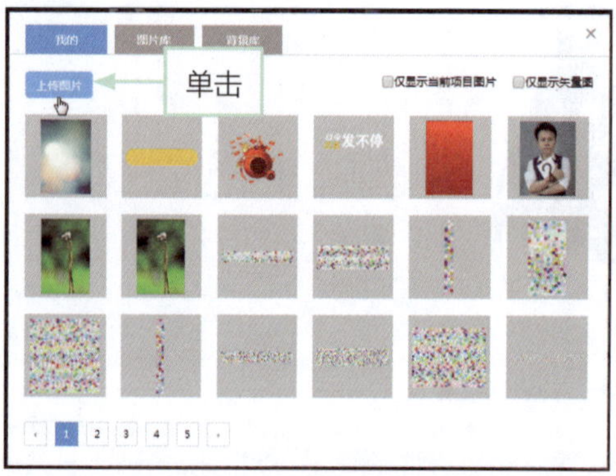

图 10-35 单击“上传图片”按钮

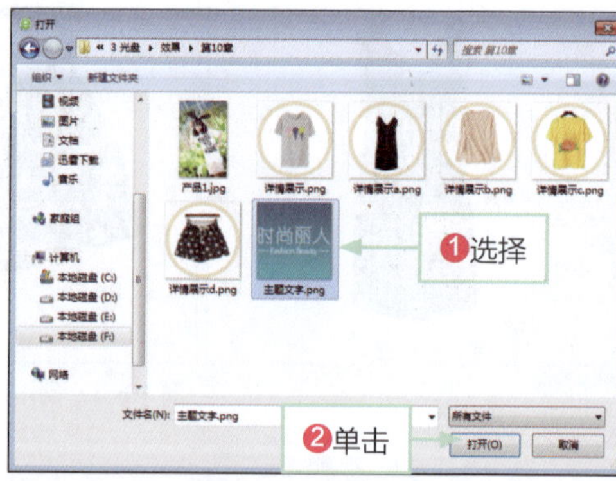

图 10-36 选择图片素材

步骤 05 执行操作后，即可上传图片，单击选择该图片，如图 10-37 所示。

步骤 06 执行操作后，插入图片，效果如图 10-38 所示。

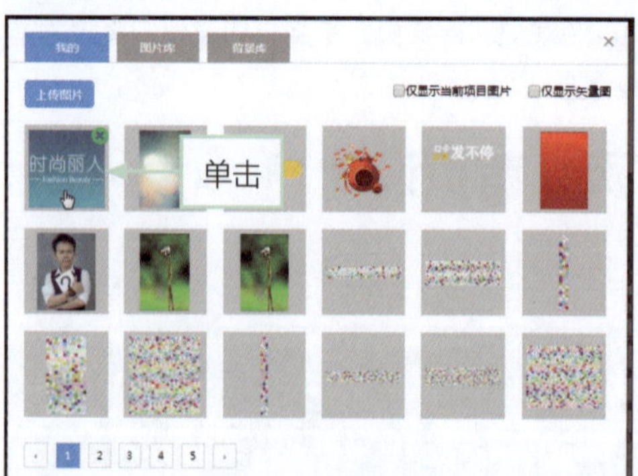

图 10-37 选择图片

图 10-38 插入图片

步骤 07 适当调整主题文字图片的大小和位置，效果如图 10-39 所示。

步骤 08 添加一个动画效果，设置“方式”为“进入页面”、“持续”为 2 秒、“动画”为“转轴”，如图 10-40 所示。

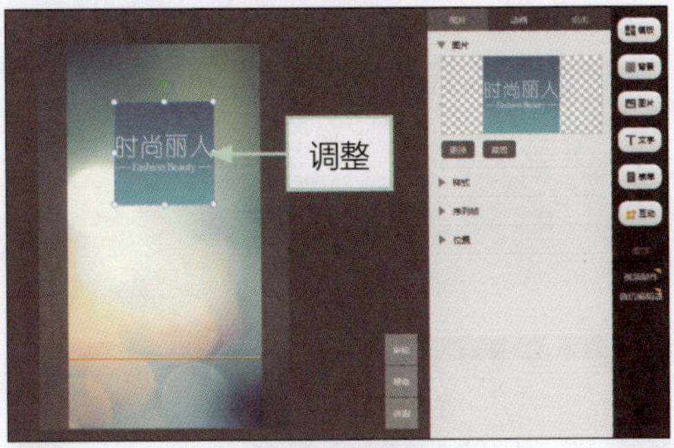

图 10-39 调整图片

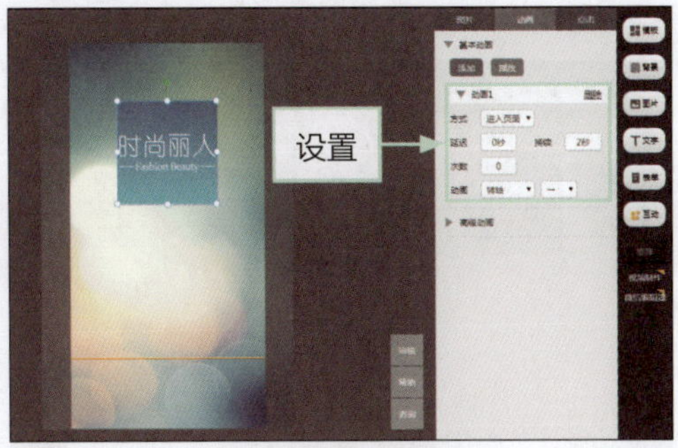

图 10-40 添加动画效果

步骤 09 单击“播放”按钮，预览动画效果，如图 10-41 所示。

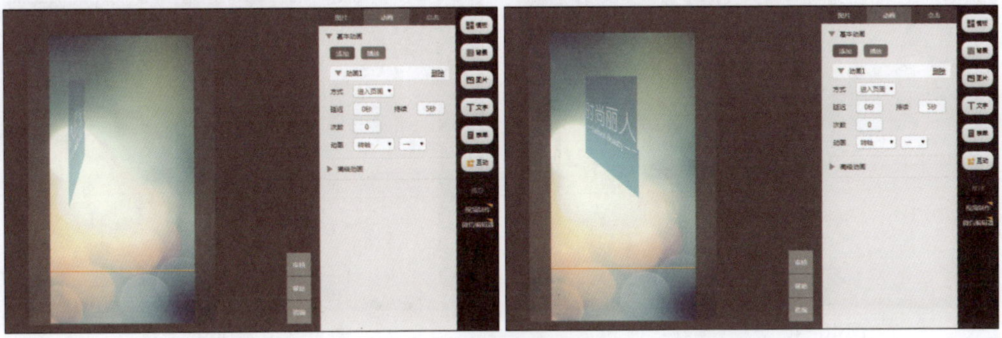

图 10-41 预览动画效果

步骤 10 添加矩形矢量图，绘制一个白色的矩形图像，效果如图 10-42 所示。

步骤 11 鼠标右键单击矩形图像，在弹出菜单中，单击“下移一层”按钮，如图 10-43 所示。

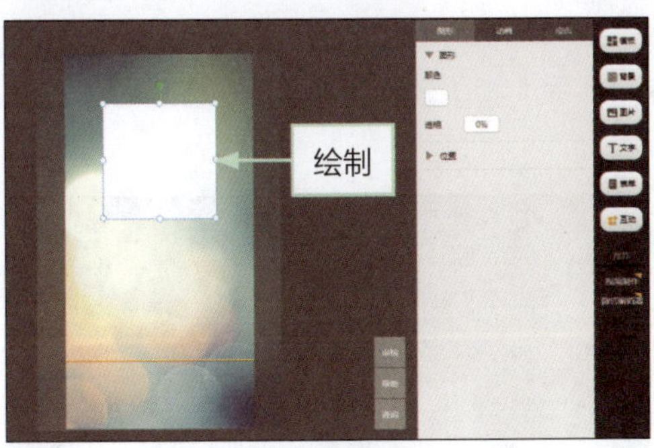

图 10-42 绘制矩形图像

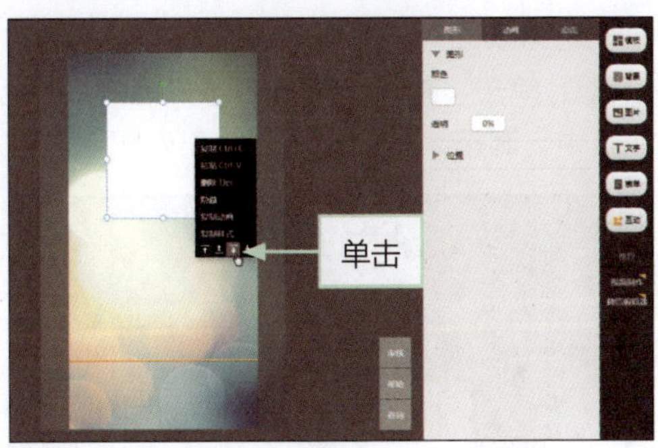

图 10-43 单击“下移一层”按钮

步骤 12 执行操作后，调整图像的摆放顺序，效果如图 10-44 所示。

步骤 13 添加一个文本框，输入相应文字内容，设置文字的“字号”为 28px、“颜色”为蓝色（#2196ed），效果如图 10-45 所示。

步骤 14 为文字添加一个动画效果，设置“方式”为“进入页面”、“动画”为“晃动”，如图 10-46 所示。

步骤 15 打开图片库，在首页下方添加一个矩形矢量图，适当调整形状，设置颜色为蓝色（#2196ed），效果如图 10-47 所示。

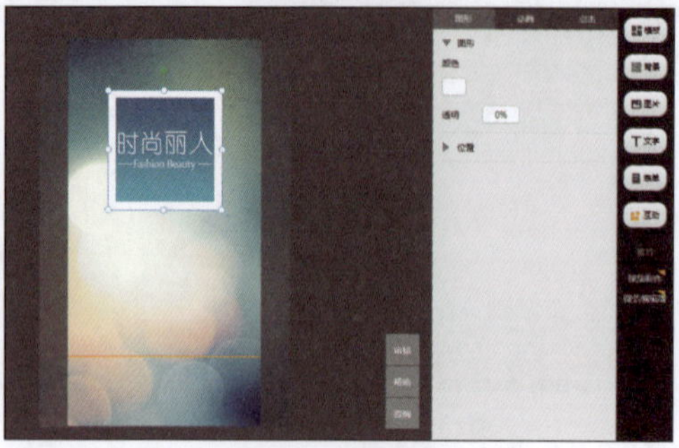

图 10-44 调整图像的摆放顺序

图 10-45 输入相应文字

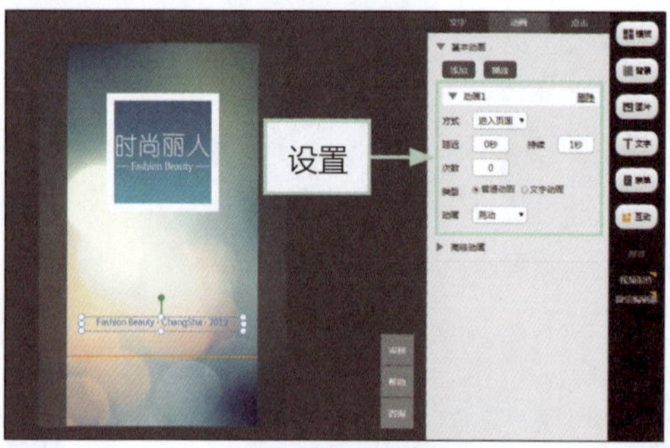

图 10-46 设置动画效果

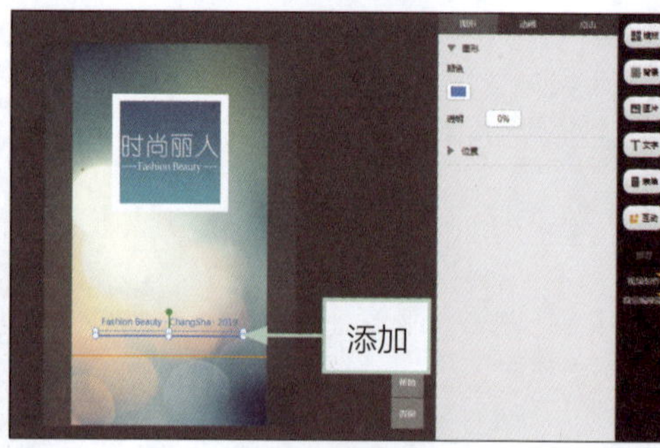

图 10-47 添加矩形形状

10.3.2 设计 H5 作品的第 2 页：推荐产品 1

下面介绍产品推广 H5 作品的第 2 页推荐产品 1 页面的设计方法。

步骤 01 在编辑器的左下角，❶单击“添加页面”按钮，添加一个新的空白页面；❷设置相同的背景图片，效果如图 10-48 所示。

步骤 02 单击“图片”按钮，打开图片库，上传“产品 1.jpg”素材图片，并将其添加到第 2 页中，调整大小和位置，效果如图 10-49 所示。

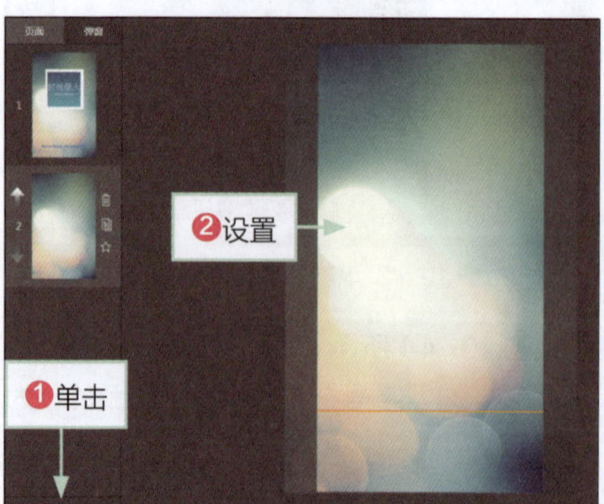

图 10-48 添加第 2 页

图 10-49 添加产品图片

步骤 03 为产品图片添加一个动画效果，设置“方式”为“进入页面”、“动画”为“翻滚”，如图 10-50 所示。

步骤 04 单击“图片”按钮，打开图片库，切换至“优惠券”选项卡，选择“新品首发”图片，如图 10-51 所示。

图 10-50 添加动画效果

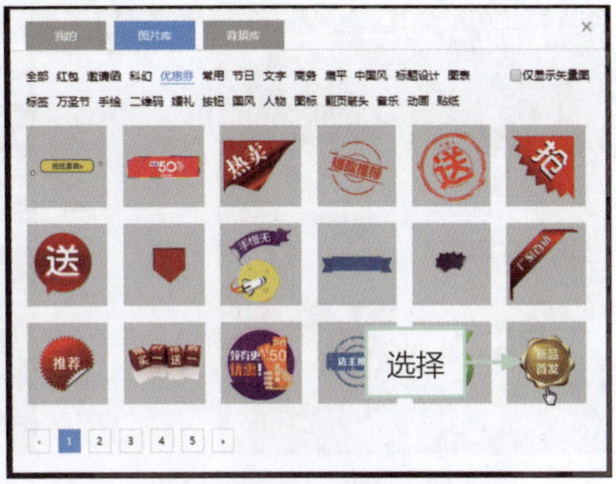

图 10-51 选择“新品首发”图片

步骤 05 执行操作后，即可添加优惠券图片，调整大小和位置，效果如图 10-52 所示。

步骤 06 为优惠券图片添加一个动画效果，设置“方式”为“进入页面”、“次数”为 -1、“动画”为“弹跳”，如图 10-53 所示。

图 10-52 添加优惠券图片

图 10-53 添加动画效果

步骤 07 添加一个文本框，输入相应文字内容，设置文字的“字号”为 32px，效果如图 10-54 所示。

步骤 08 在右侧的“字体”选项区中，选择“方正宋黑”字体，效果如图 10-55 所示。

图 10-54 输入文字内容

图 10-55 选择字体

步骤 09 ❶设置文字的“颜色”为红色（#ff3333）；在右侧的“样式”选项区中，❷选中“字阴影”复选框，效果如图 10-56 所示。

步骤 10 为文字添加一个动画效果，设置“方式”为“进入页面”、“动画”为“落下抖动”，如图 10-57 所示。

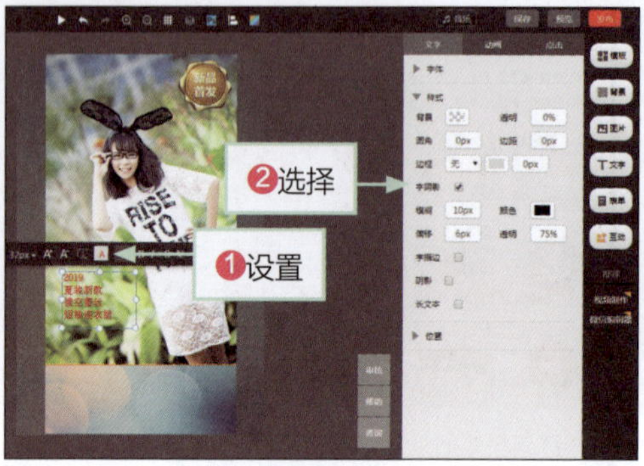

图 10-56 设置字阴影效果

图 10-57 添加动画效果

10.3.3 设计 H5 作品的第 3 页：推荐产品 2

下面介绍产品推广 H5 作品的第 3 页推荐产品 2 页面的设计方法。

步骤 01 在编辑器的左下角，❶单击“添加页面”按钮，添加一个新的空白页面；❷设置相同的背景图片，效果如图 10-58 所示。

步骤 02 单击“图片”按钮，打开图片库，上传“产品 2.jpg”素材图片，并将其添加到第 3 页中，调整大小和位置，效果如图 10-59 所示。

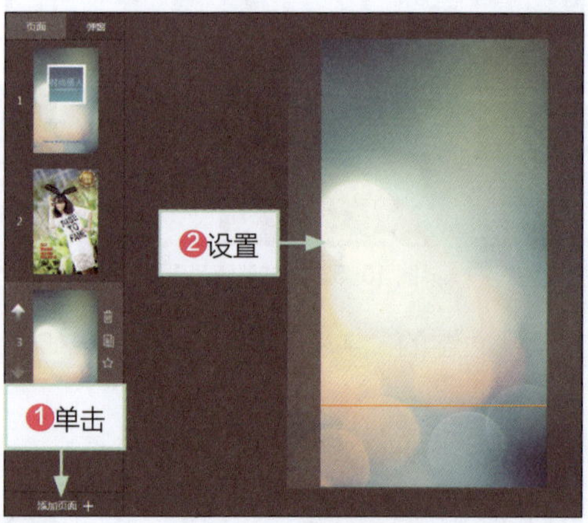

图 10-58 添加第 3 页

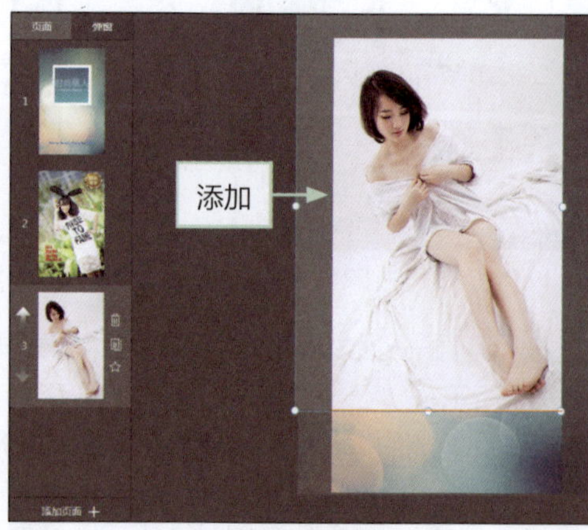

图 10-59 添加产品图片

步骤 03 单击“图片”按钮，打开图片库，切换至“优惠券”选项卡，选择“抢爆款”图片，如图 10-60 所示。

步骤 04 执行操作后，即可添加优惠券图片，调整大小和位置，效果如图 10-61 所示。

步骤 05 在页面左下角输入相应文字，设置文字的“字号”为 26px，如图 10-62 所示。

步骤 06 选择价格后面的数字，设置“字号”为 44px、“颜色”为红色（#ff0000），并单击“加粗”按钮**B**，效果如图 10-63 所示。

图 10-60 选择“抢爆款”图片

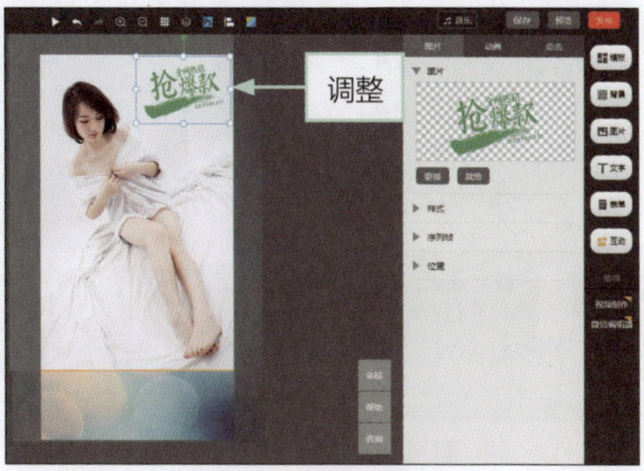

图 10-61 添加优惠券图片

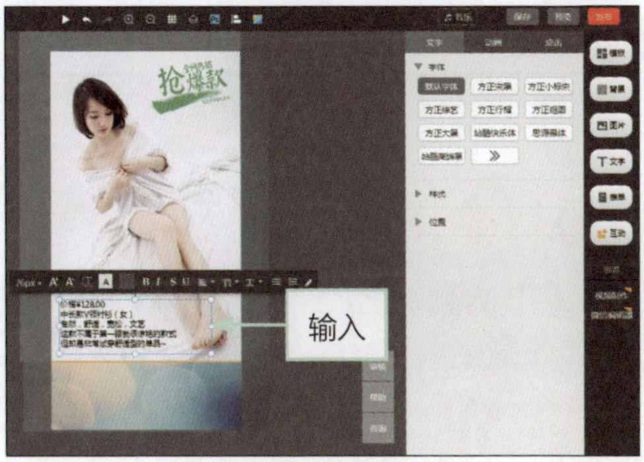

图 10-62 输入相应文字

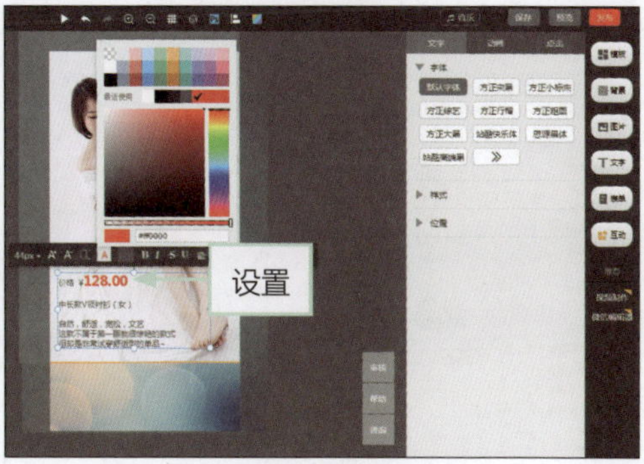

图 10-63 设置数字效果

步骤 07 选择产品名称文字，设置“字号”为 32px、“颜色”为蓝色（#2196ed），效果如图 10-64 所示。

步骤 08 在“样式”选项区中选中“字阴影”复选框，添加阴影效果，如图 10-65 所示。

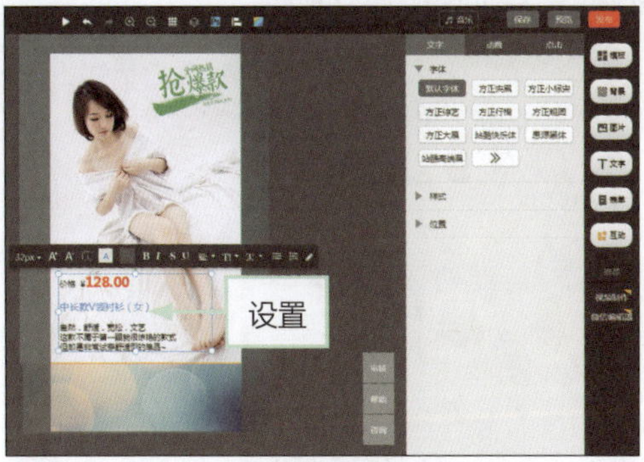

图 10-64 设置产品名称文字效果

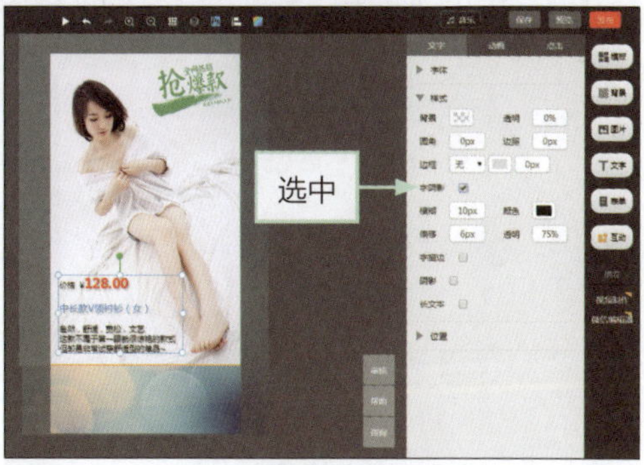

图 10-65 添加阴影效果

10.3.4 设计 H5 作品的第 4 页：产品展示

下面介绍产品推广 H5 作品的第 4 页产品展示页的设计方法。

步骤 01 单击“添加页面”按钮，添加一个新的空白页面，效果如图 10-66 所示。

步骤 02 单击“背景”按钮，设置页面背景为纯色，效果如图 10-67 所示。

图 10-66 添加第 4 页

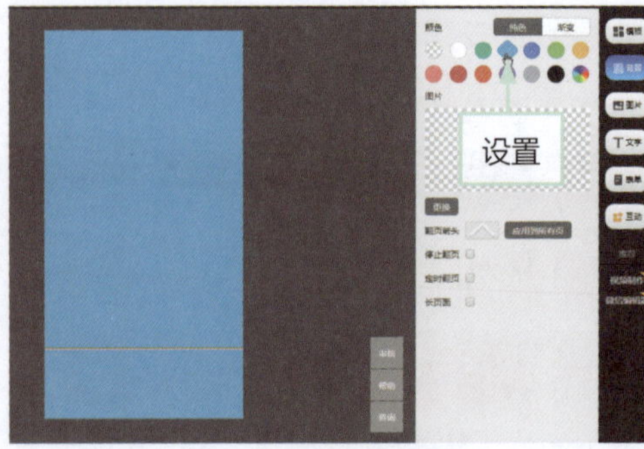

图 10-67 设置页面背景

步骤 03 单击“图片”按钮，上传之前设计的所有详情展示图片，如图 10-68 所示。

步骤 04 上传后，单击选择需要添加的图片，如图 10-69 所示。

图 10-68 上传图片

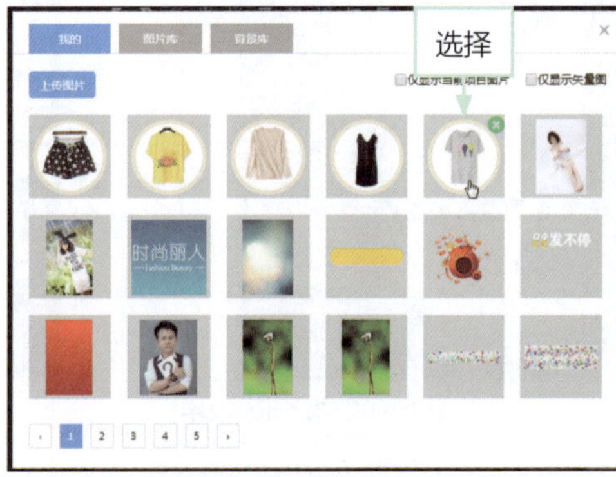

图 10-69 选择图片

步骤 05 执行操作后，即可将图片添加到 H5 页面中，调整大小和位置，效果如图 10-70 所示。

步骤 06 添加其他图片，并调整各图片的大小和位置，效果如图 10-71 所示。

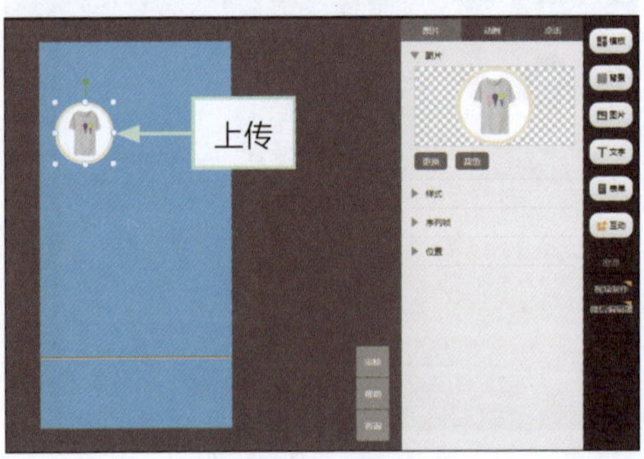

图 10-70 上传图片

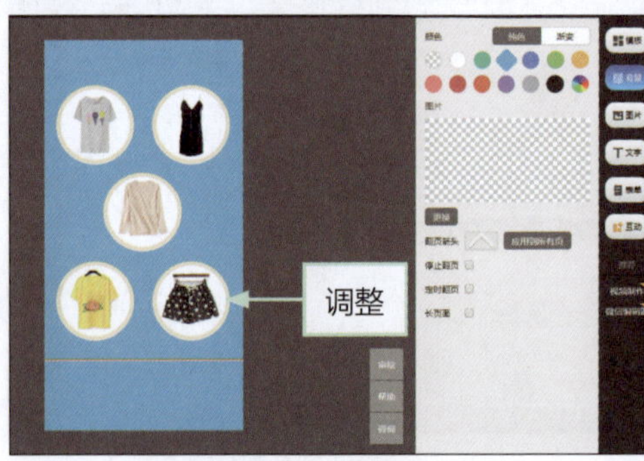

图 10-71 选择图片

10.3.5 设计 H5 作品的第 5 页：产品预订

下面介绍产品推广 H5 作品的第 5 页产品预订页的设计方法。

步骤 01 添加一个新的空白页面，设置页面背景为纯色，效果如图 10-72 所示。

步骤 02 在编辑器右侧单击“表单”按钮，如图 10-73 所示。

图 10-72 添加第 5 页

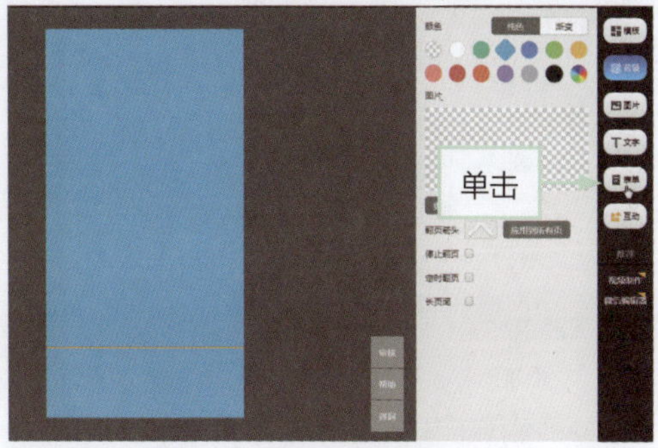

图 10-73 单击“表单”按钮

步骤 03 展开表单菜单，选择“输入框”选项，如图 10-74 所示。

步骤 04 执行操作后，❶添加输入框插件；❷设置“标题”为“姓名”，如图 10-75 所示。

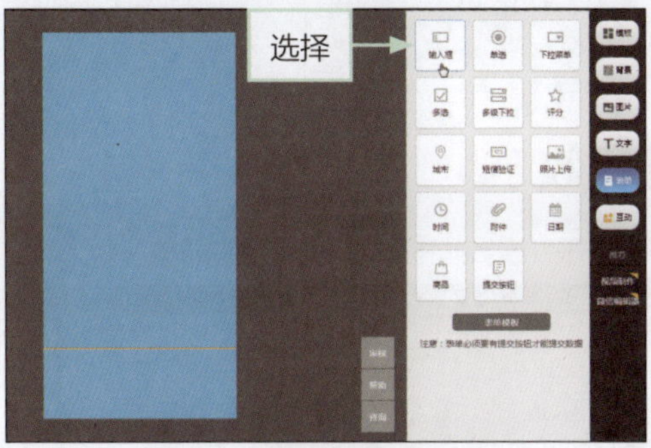

图 10-74 选择“输入框”选项

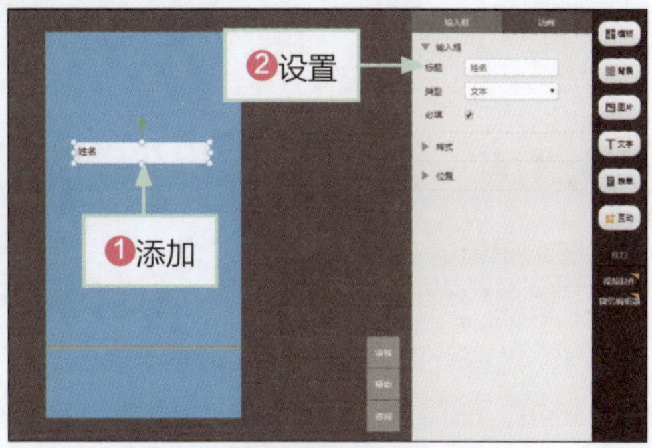

图 10-75 添加“姓名”输入框插件

步骤 05 复制并粘贴输入框，❶调整位置；❷修改“标题”为“地址”，如图 10-76 所示。

步骤 06 在表单菜单中选择“短信验证”选项，添加一个“短信验证”插件，效果如图 10-77 所示。

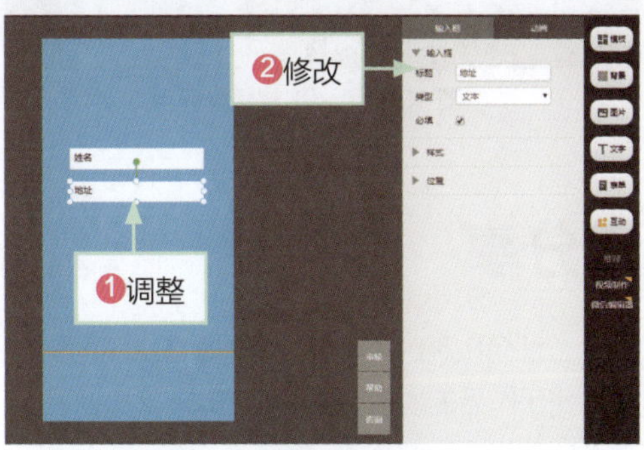

图 10-76 复制并粘贴输入框

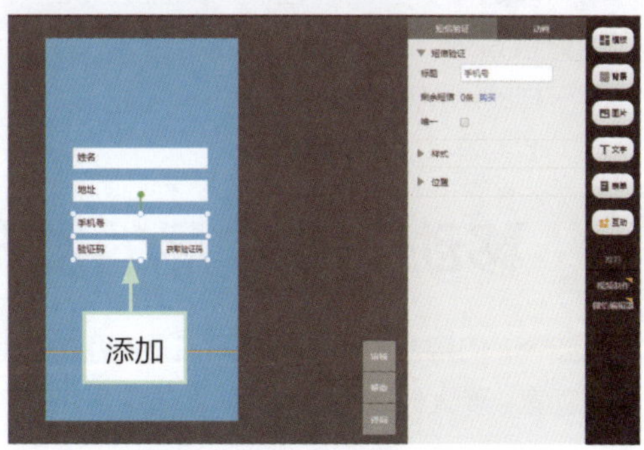

图 10-77 添加“短信验证”插件

步骤 07 添加一个“按钮”插件，设置相应的样式效果，如图 10-78 所示。

步骤 08 在页面上方添加并输入相应文字，设置文字的“字号”为 44px、“颜色”为白色，效果如图 10-79 所示。

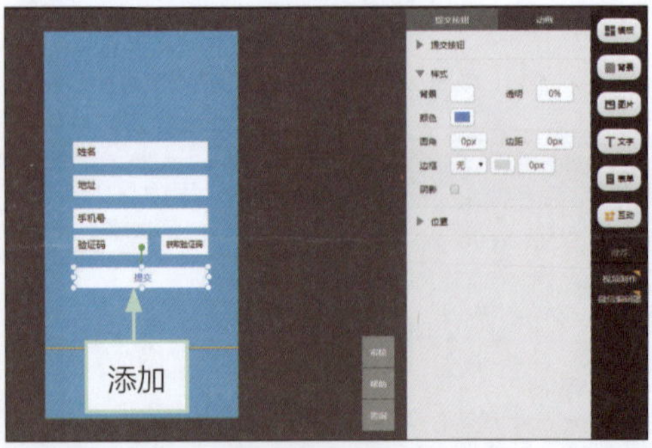

图 10-78 添加“按钮”插件

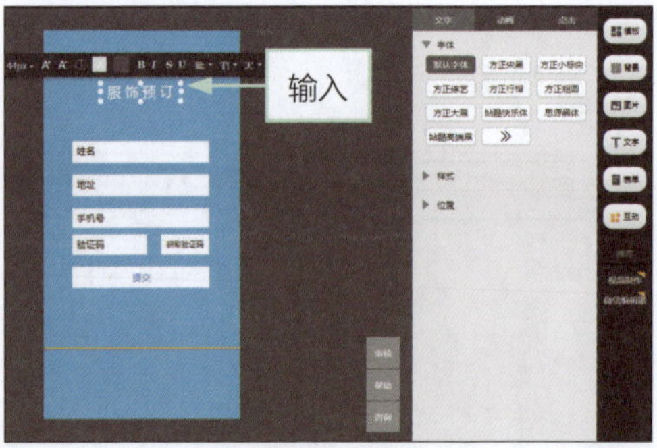

图 10-79 输入相应文字

专家指点

在 H5 页面中，在线表单插件主要用来收集各种数据，如用户的姓名、联系方式等，常见的在线表单包括预购表、报名表、履历表、反馈表等，可以帮助企业更快地获取产品潜在用户的联系方式和反馈意见。

10.3.6 为 H5 作品添加背景音效

在编辑器的右上角，单击“音乐”按钮，打开“音乐”设置面板，选中“自动播放”复选框，单击“更换”按钮打开音乐库，切换至“节日”选项卡，选择一曲合适的背景音乐，单击“选择”链接，即可添加背景音乐，如图 10-80 所示。

H5 作品的背景音乐需要设计者根据内容主旨、整体节奏来选择，没有固定的公式和标准答案。对于产品推广类 H5 作品来说，通常可以选择一些比较轻快、舒适的纯音乐作为背景音效，图片和音乐的结合，让用户有不一样的浏览体验。

图 10-80 添加背景音乐

10.4 移动 H5 作品的发布和分享

如今，内容营销是一种非常流行实用的营销方式，企业可以在 H5 作品中添加与众不同的内容或创意，使人们能乐于传播。本节主要介绍产品推广 H5 作品的发布和分享技巧。

10.4.1 发布与上线 H5 作品

下面介绍发布与上线 H5 作品的操作方法。

步骤 01 在编辑器的右上角，单击“发布”按钮，如图 10-81 所示。

步骤 02 打开“基本设置”窗口，设置相应的分享标题和分享描述，如图 10-82 所示。

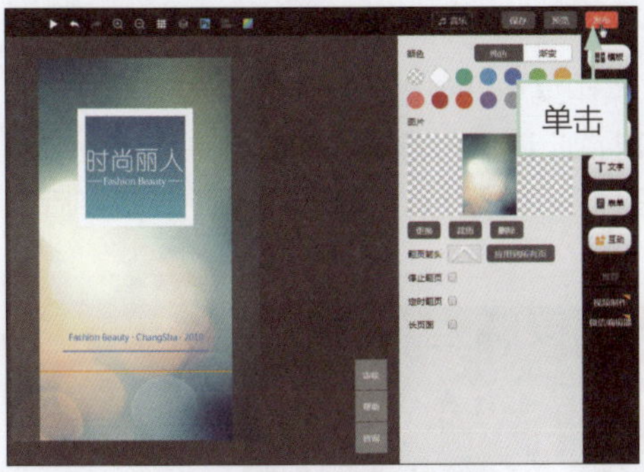

图 10-81 单击“发布”按钮

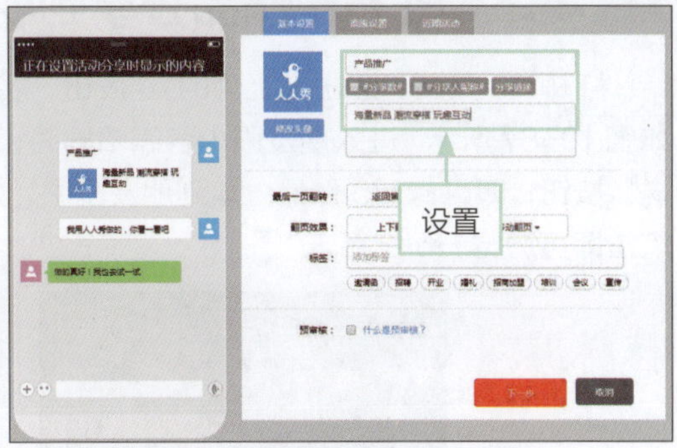

图 10-82 设置分享标题和分享描述

步骤 03 单击“修改头像”按钮，打开图片库，选择相应图像作为头像，如图 10-83 所示。

步骤 04 执行操作后，即可修改活动头像，效果如图 10-84 所示。

图 10-83 选择相应的红包图像

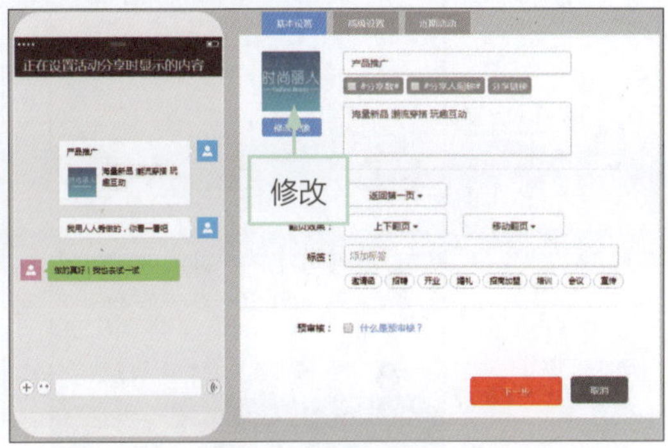

图 10-84 修改活动头像

步骤 05 依次单击“下一步”按钮，完成发布流程的相关设置，单击“发布”按钮，即可发布活动，如图 10-85 所示。

执行操作后，生成活动的相应二维码和小程序推广链接，如图 10-86 所示。

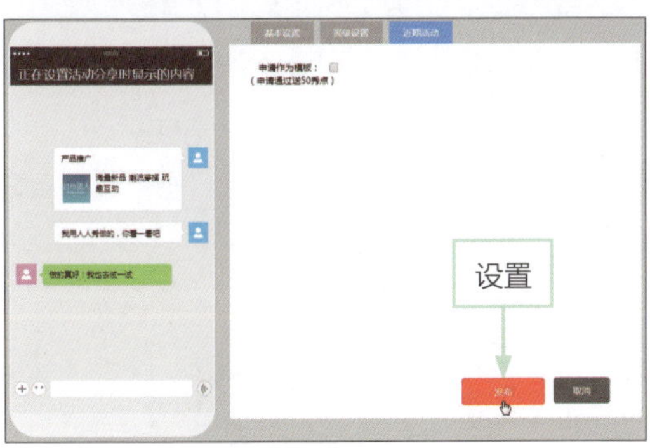

图 10-85 单击“发布”按钮

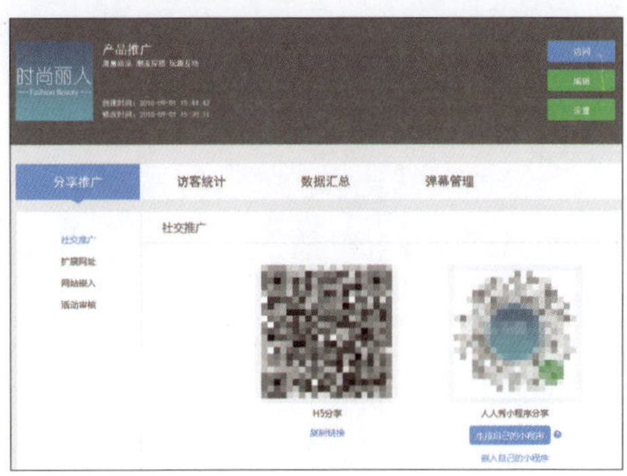

图 10-86 发布活动

10.4.2 将 H5 作品分享到朋友圈

打开 H5 页面，点击右上角的 ··· 按钮，展开操作菜单，点击“分享到朋友圈”按钮，如图 10-87 所示。进入朋友圈内容编辑界面，可以在此设置内容、位置和权限等，点击“发送”按钮，即可将 H5 作品分享到朋友圈中，如图 10-88 所示。当好友看到 H5 链接后，点击即可浏览 H5 作品。

图 10-87 点击相应按钮

图 10-88 将 H5 作品分享到朋友圈中

朋友圈的力量非常大，企业可以利用朋友圈的强大社交性为自己的产品推广 H5 营销活动“吸粉引流”。而想要激起用户转发分享，就必须有能够激发他们的动力，这些动力来源于很多方面，可以是活动优惠、集赞送礼，也可以是能够打动用户的内容，不管怎么样，只有给用户提供他们所需的内容，才会引起用户的注意并获得关注。

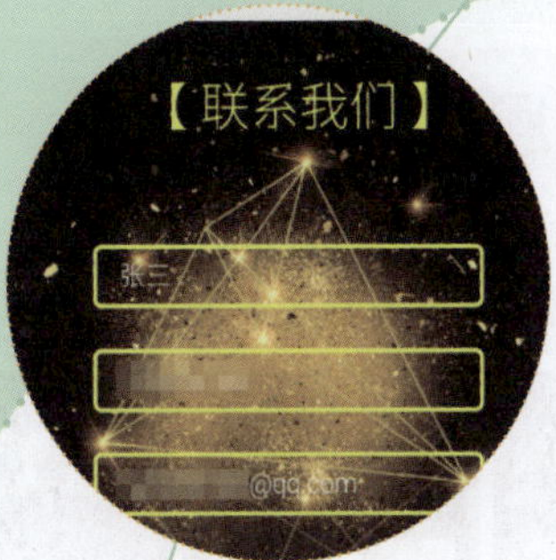

第 11 章

综合：企业招聘 H5 移动设计

学习提示

很多企业都经常为人才招聘犯难，其实，一个小小的 H5 招聘广告就可以帮助企业更好地展现各种招聘信息，效果甚至不亚于专业的 HR。H5 招聘广告可以深度对接微信、QQ 和微网站等移动平台，帮助企业轻松打造自有招聘平台，让企业 HR 告别混乱低效的招聘管理。

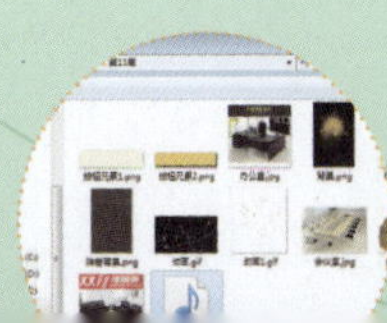

11.1 企业 H5 招聘广告制作的前期准备

在制作企业 H5 招聘广告时，我们先要准备基本的素材和招聘的资料，明确招聘的职位、待遇和相关的福利等。本节将介绍设计企业 H5 招聘广告要做的具体准备工作。

11.1.1 H5 招聘广告的整体创意构思

制作一个企业 H5 招聘广告，不仅可以为企业招聘提前造势以吸引人才注意，还能帮助企业更大范围地传播品牌价值。图 11-1 所示为本实例企业 H5 招聘广告的最终效果。

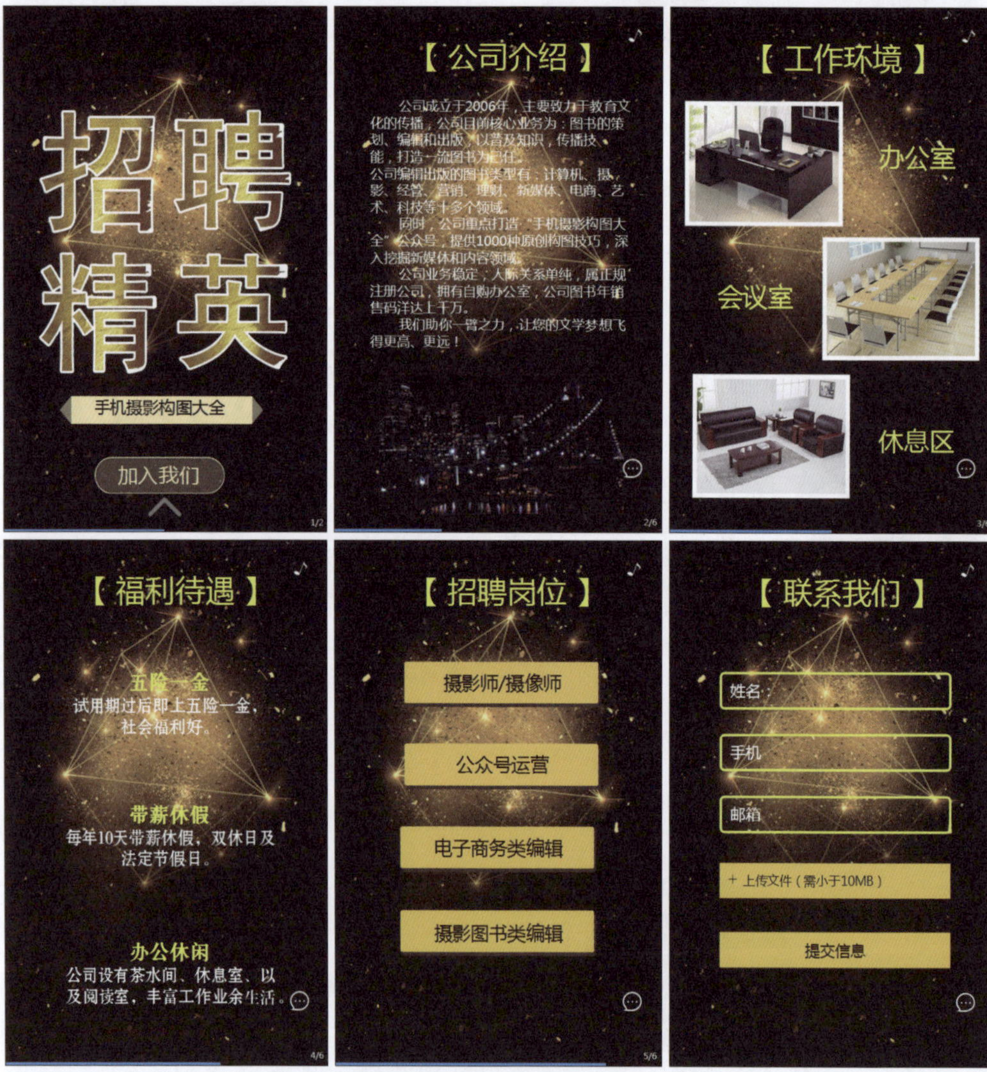

图 11-1 企业 H5 招聘广告页面

该企业 H5 招聘广告主要分为 6 个页面，具体内容如图 11-2 所示。

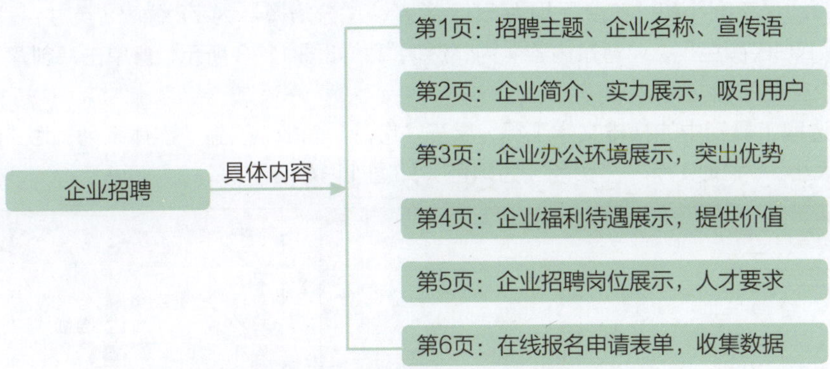

图 11-2 企业 H5 招聘广告的具体内容

11.1.2 整理相关的招聘内容

企业 H5 招聘广告页面的具体内容通常包括以下几个部分。

（1）标题广告：展现出企业的招聘需求、品牌优势，也可以使用一些直击应聘者痛点的文案，通常用一两句话概括即可。

（2）企业介绍：简单介绍企业的历史、优势或者相关成绩，展现企业的风格特色及强势之处，吸引应聘者关注。

（3）福利待遇：将企业本身具有的一些福利待遇信息简单展示出来，注意一定要真实。

（4）招聘岗位：列出企业的招聘岗位及主要职责。

（5）联系方式：给出企业的联系方式等信息，如二维码、电话号码、网址、地址、地图标识或者一键拨号等，让有意向的求职者可以及时联系企业。

（6）在线报名：当然，企业也可以在 H5 招聘广告页面的末尾处添加一个在线表单页面，内容主要包括姓名、手机号码、应聘岗位、邮箱、简历等，用来快速收集求职者的信息，然后再由人事部去筛选简历，找到合适的人才并通知他们进行面试。

11.2 通过 Photoshop 制作图像效果

本节主要介绍通过 Photoshop 制作企业 H5 招聘广告的图像效果的操作方法，包括主题文字设计和企业相关图片的后期处理。

11.2.1 使用 Photoshop 制作招聘主题图片

下面介绍制作企业 H5 招聘广告中的主题图片效果的操作方法。

素材文件	素材\第11章\金色笔刷.jpg
效果文件	效果\第11章\主题图片.png
在线视频	第11章\11.2.1 使用PS制作招聘主题图片.mp4

步骤 01 单击“文件”|“新建”命令，弹出“新建文档”对话框，❶设置“名称”为“主题图片”、“高度”和“宽度”均为 500 像素、“分辨率”为 72 像素 / 英寸、“颜色模式”为“RGB 颜色”、“背景内容”为“透明”，如图 11-3 所示；❷单击“创建”按钮，新建一个空白图像文件。

步骤 02 选取工具箱中的横排文字工具，展开“字符”面板，设置“字体系列”为“黑体”、“字体大小”为 500 点、“颜色”为黑色，如图 11-4 所示。

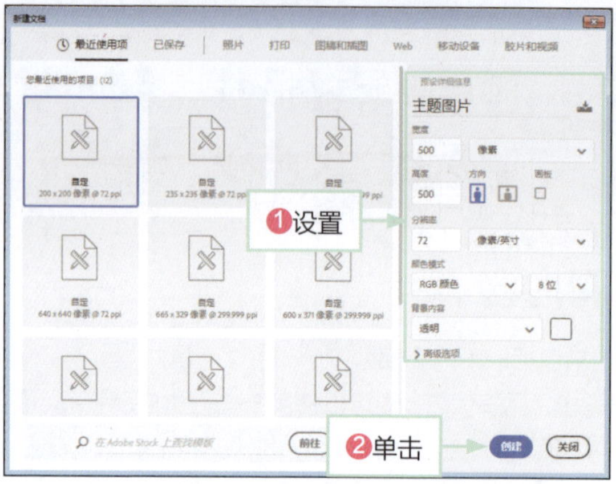

图 11-3 新建一个空白图像文件

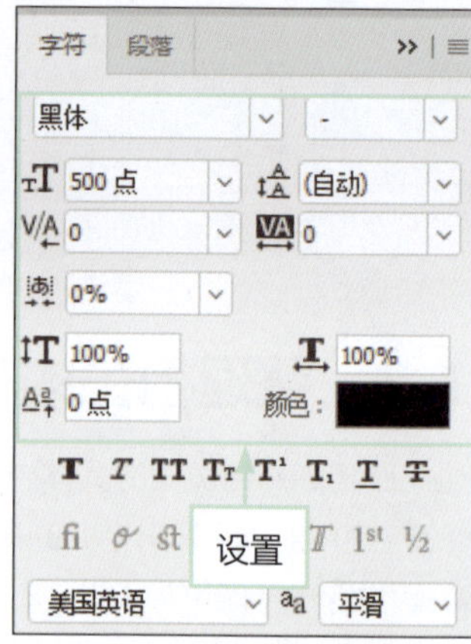

图 11-4 设置文档选项

步骤 03 运用横排文字工具输入相应文字，效果如图 11-5 所示。

步骤 04 按【Ctrl + O】组合键，打开“金色笔刷.jpg”素材图像，如图 11-6 所示。

图 11-5 输入相应文字

图 11-6 打开素材图像

步骤 05 运用移动工具将笔刷素材图像拖曳至背景图像编辑窗口中，适当调整图像的大小和位置，效果如图 11-7 所示。

步骤 06 选中“图层 1”图层，单击鼠标右键，在弹出的快捷菜单中选择“创建剪切蒙版”选项，即可创建一个剪切蒙版，并添加一个“大小”为 10 像素的白色描边效果，此时图像编辑窗口中的效果图随之改变，如图 11-8 所示。

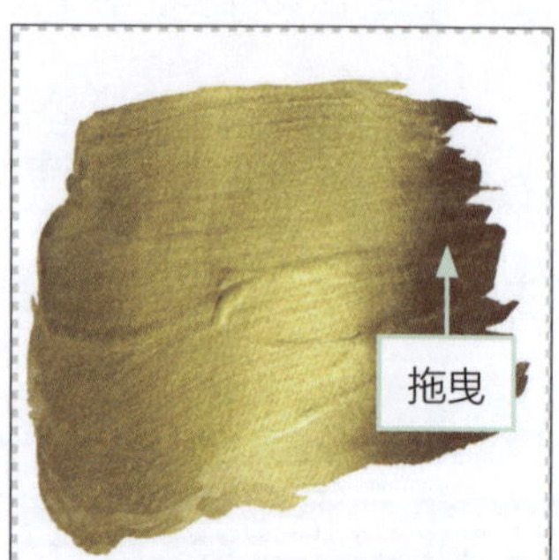

图 11-7 拖入素材

图 11-8 图像效果

运用同样的方法，制作其他的主题文字效果，如图 11-9 所示。

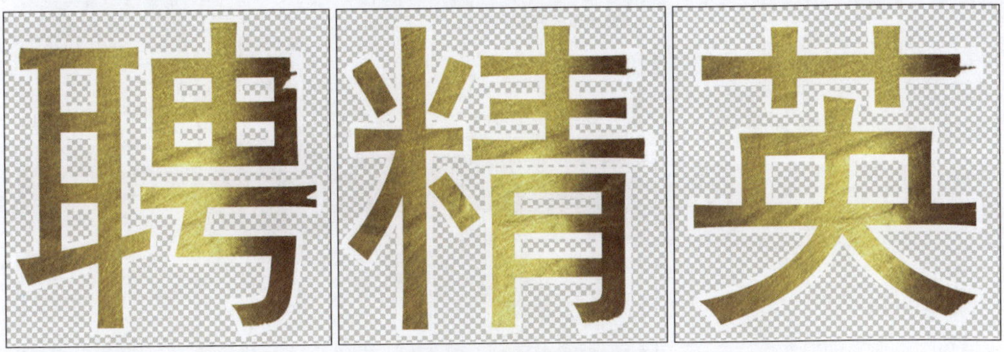

图 11-9 制作其他的主题文字效果

专家指点

企业 H5 招聘广告的主题文字可以选择一些有创意的字体设计，并通过 H5 页面的展示技术把感情放大，这样才能做出打动用户的作品。

11.2.2 使用 Photoshop 调整企业相关图片

下面介绍使用 Photoshop 调整企业相关图片的操作方法。

素材文件	素材\第11章\休息区.jpg
效果文件	效果\第11章\休息区.jpg
在线视频	第11章\11.2.2 使用PS调整企业相关图片.mp4

步骤 01 单击“文件”|“打开”命令，打开一幅素材图像，如图 11-10 所示。

步骤 02 选取工具箱中的裁剪工具，将鼠标指针移动至裁剪控制框内，在单击鼠标左键的同时，拖动鼠标，按【Enter】键确认剪裁区域，即可完成图像的裁剪操作，如图 11-11 所示。

图 11-10 打开素材图像

图 11-11 裁剪图像

步骤 03 单击“滤镜”|“Camera Raw滤镜”命令，弹出“Camera Raw”对话框，如图 11-12 所示。

步骤 04 在“基本”选项区中设置“清晰度”为 15、“自然饱和度”为 58、“饱和度”为 6，以获得更清晰的画面，效果如图 11-13 所示。

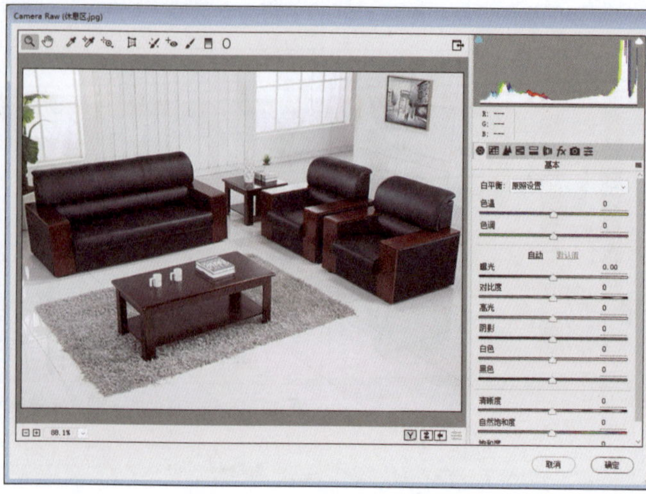

图 11-12 “Camera Raw”对话框

图 11-13 设置参数

步骤 05 单击“确定”按钮，应用 Camera Raw 滤镜效果，如图 11-14 所示。

图 11-14 应用 Camera Raw 滤镜效果

步骤 06 单击“图像” | “画布大小”命令，弹出“画布大小”对话框，如图 11-15 所示。

步骤 07 设置“宽度”为 850 像素、“高度”为 650 像素、“画布扩展颜色”为白色，如图 11-16 所示。

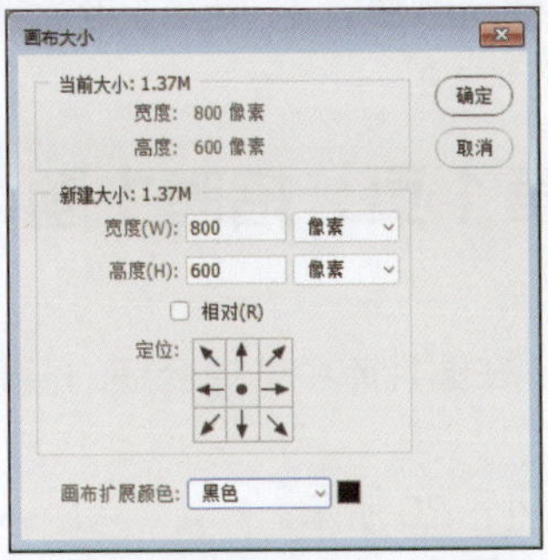

图 11-15 “画布大小”对话框

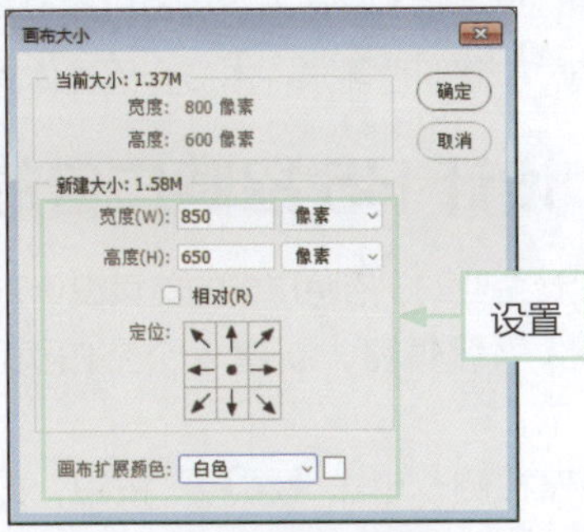

图 11-16 设置画布选项

步骤 08 单击“确定”按钮，生成一个白色的边框效果，如图 11-17 所示。

图 11-17 生成白色边框

运用同样的方法，制作其他的图片效果，如图 11-18 所示。

图 11-18 制作其他的图片效果

11.3 通过工具网站生成 H5 页面

在利用工具网站生成 H5 页面时，可以将各种招聘元素放进去，让求职者能够进一步感受公司的文化和环境，了解职位需求，本节介绍具体的设计方法。

11.3.1 设计 H5 招聘广告的第 1 页：招聘主题

下面介绍设计企业 H5 招聘广告的首页设计方法。

步骤 01 打开人人秀编辑器，新建一个空白页面，在图片库中选择合适的背景图片，效果如图 11-19 所示。

步骤 02 在编辑器右侧，单击“图片”按钮，如图 11-20 所示。

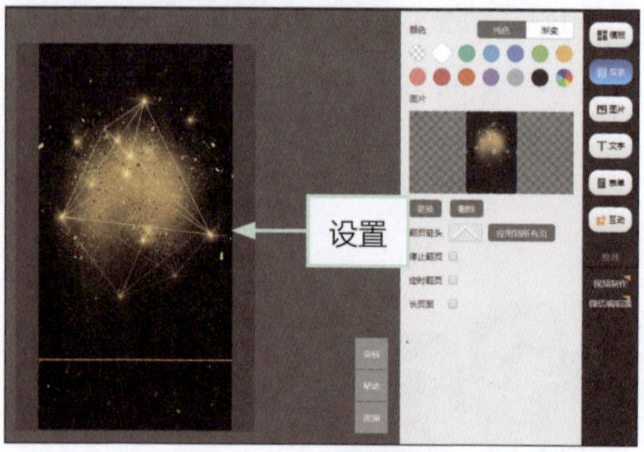

图 11-19 设置背景图片

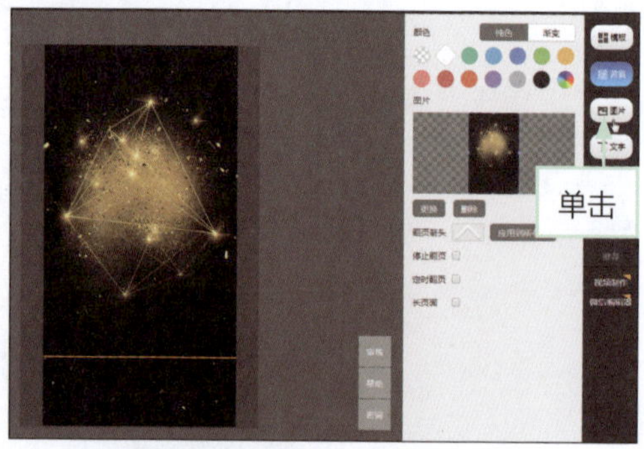

图 11-20 单击“图片”按钮

步骤 03 打开“我的”图片库，上传并选择文字主题图片，如图 11-21 所示。

步骤 04 执行操作后，即可插入图片，效果如图 11-22 所示。

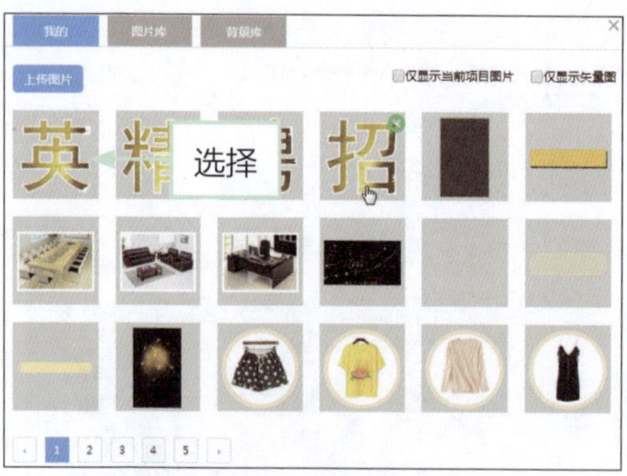

图 11-21 选择文字主题图片

图 11-22 插入图片

步骤 05 适当调整主题文字图片的大小和位置，效果如图 11-23 所示。

步骤 06 添加一个动画效果，设置“方式”为“进入页面”、“延迟”为 1 秒、“持续”为 1 秒、“动画”为“弹入”，如图 11-24 所示。

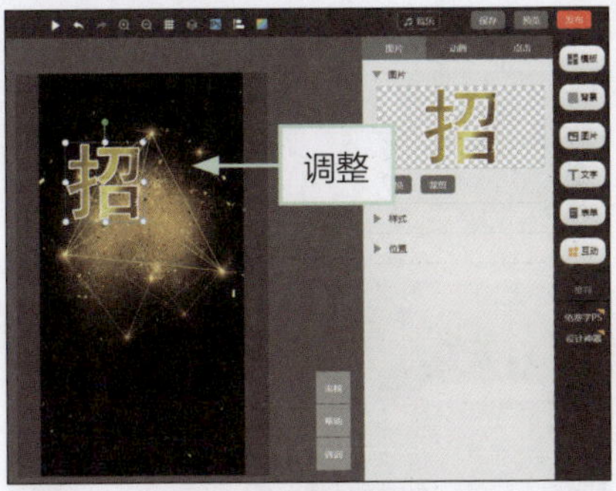

图 11-23 调整图片

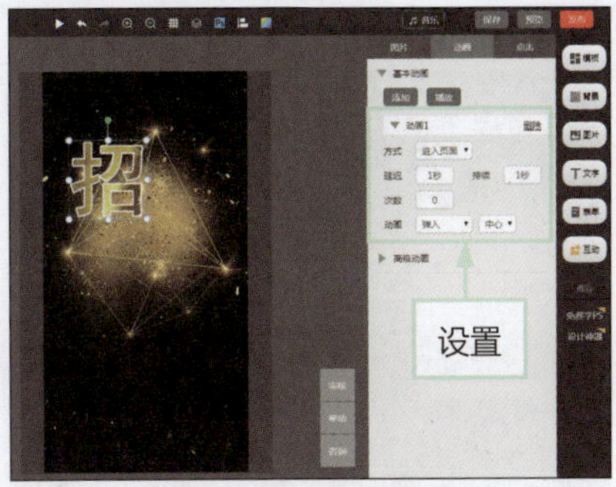

图 11-24 添加动画效果

步骤 07 单击“播放”按钮，预览动画效果，如图 11-25 所示。

图 11-25 预览动画效果

步骤 08 用同样的方法，插入其他图片，并添加动画效果，如图 11-26 所示。

步骤 09 上传并插入一张“标题背景 .png”素材图片，效果如图 11-27 所示。

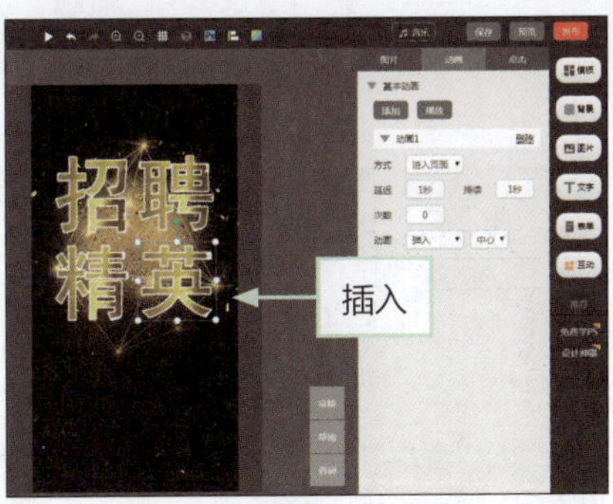

图 11-26 插入其他主题图片

图 11-27 插入素材图片

步骤 10 添加一个动画效果，设置“方式”为“进入页面”、“延迟”为 2 秒、“持续”为 1 秒、“动画”为“缩放”，如图 11-28 所示。

步骤 11 上传并插入一张“按钮元素 1.png”素材图片，效果如图 11-29 所示。

步骤 12 添加一个动画效果，设置“方式”为“进入页面”、“延迟”为 2.2 秒、“持续”为 1 秒、“动画”为“缩放”，如图 11-30 所示。

步骤 13 添加一个文本框，输入相应文字内容，设置文字的“字号”为 32px，效果如图

11-31 所示。

图 11-28 设置动画效果

图 11-29 插入素材图片

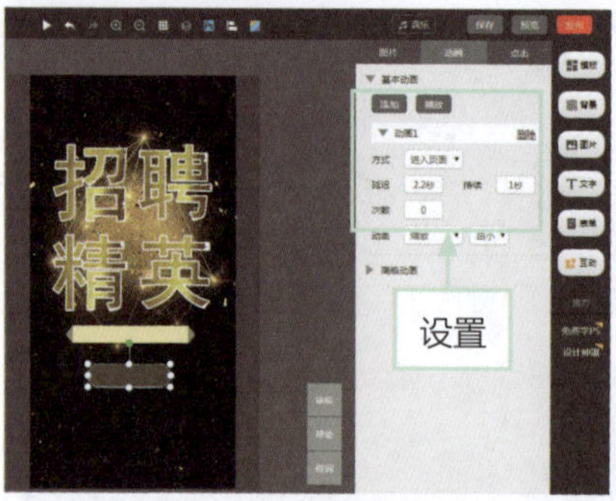

图 11-30 设置动画效果

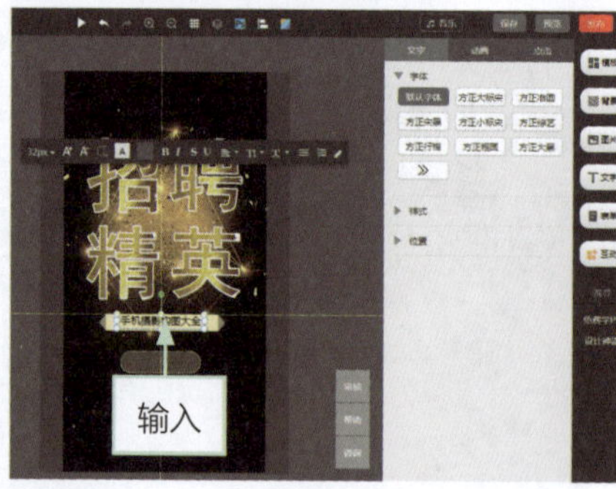

图 11-31 输入文字内容

步骤 14 添加一个动画效果，设置“方式”为“进入页面”、“延迟”为 1.8 秒、“持续”为 1 秒、“动画”为“缩放”，如图 11-32 所示。

步骤 15 ❶用同样的方法输入相应文字，设置文字的“字号”为 40 px、“颜色”为浅黄色（#feedb3）；❷添加动画效果，设置“方式”为“进入页面”、“延迟”为 2.2 秒、“持续”为 1 秒、“动画”为“缩放”，如图 11-33 所示。

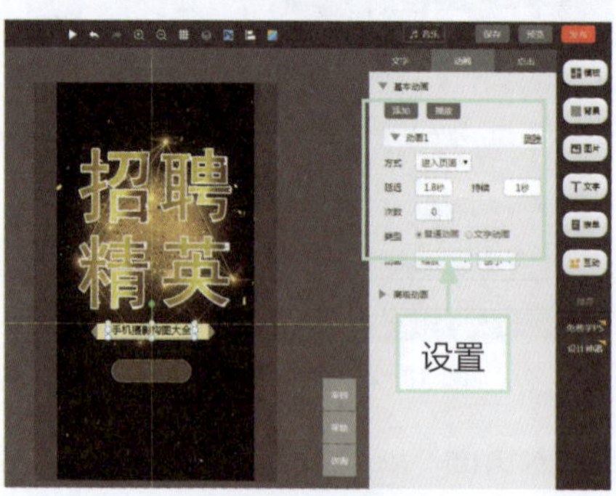

图 11-32 设置动画效果

图 11-33 添加文字并设置动画效果

专家指点

在企业 H5 招聘广告中，可以添加一些简单有趣的小游戏，这也是一种吸引人才和扩大宣传的好方法，可以让求职者在玩游戏的同时了解工作详情。若游戏的可玩性高，还能让他们自愿转发分享到朋友圈。

11.3.2 设计 H5 招聘广告的第 2 页：公司实力展示

下面介绍企业 H5 招聘广告的第 2 页公司实力展示页的设计方法。

步骤 01 在编辑器的左下角，❶单击“添加页面”按钮，添加一个新的空白页面；❷设置相同的背景图片，效果如图 11-34 所示。

步骤 02 添加一个文本框，输入相应文字内容，效果如图 11-35 所示。

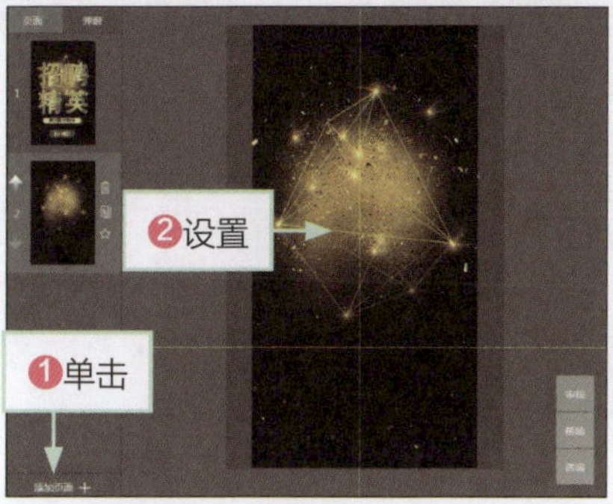

图 11-34 添加第 2 页

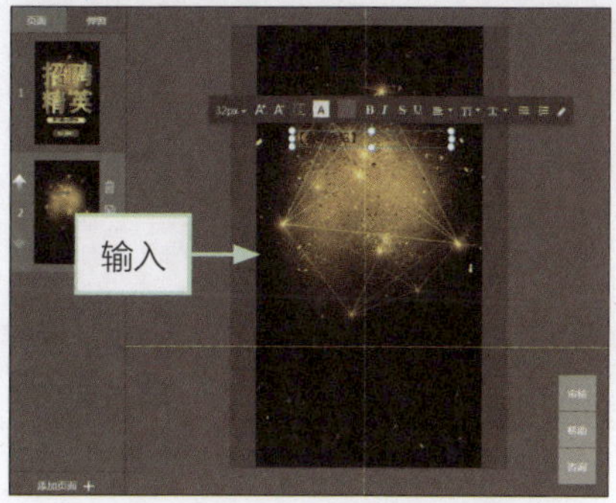

图 11-35 输入相应文字内容

步骤 03 设置文字的“字号”为 58px、“颜色”为黄色（#fffc00），如图 11-36 所示。

步骤 04 上传并添加一个 GIF 动画素材，适当调整大小和位置，效果如图 11-37 所示。

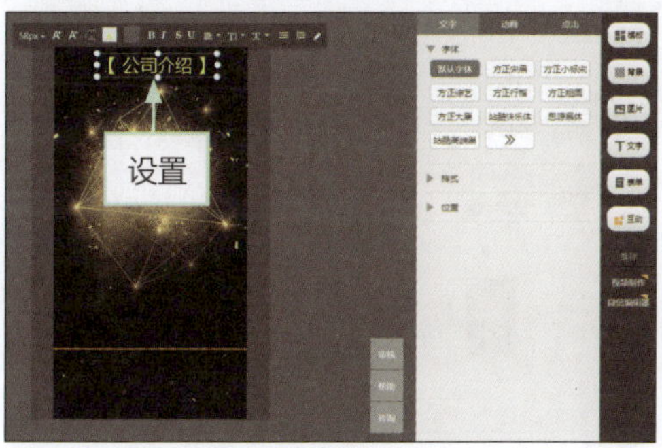

图 11-36 设置文字效果

图 11-37 添加动画素材

步骤 05 添加一个文本框，输入相应文字内容，设置文字的“字号”为 26px、“颜色”为白色，如图 11-38 所示。

步骤 06 上传并添加一个 GIF 动画素材，适当调整大小和位置，效果如图 11-39 所示。

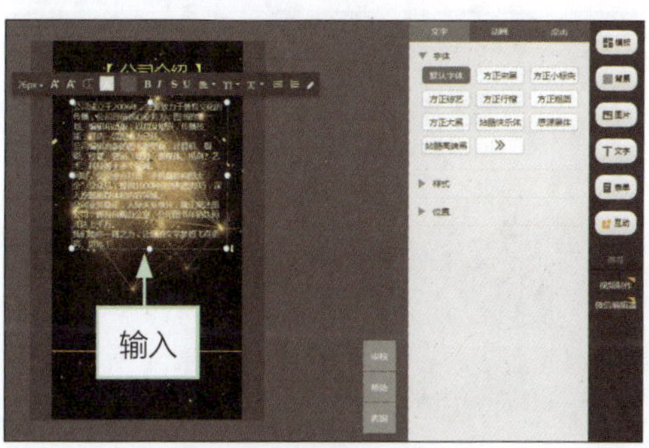

图 11-38 设置文字效果

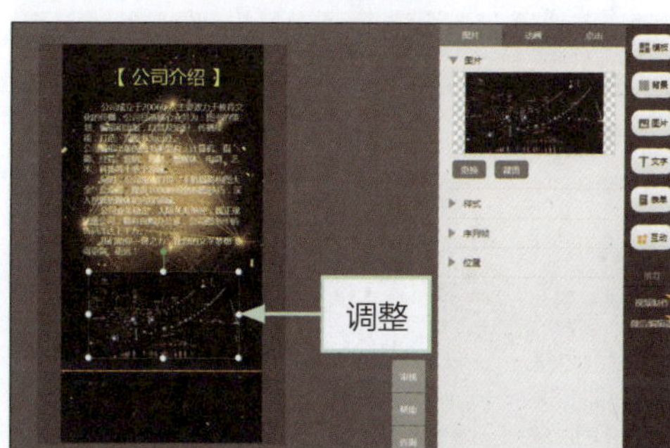

图 11-39 添加动画素材

11.3.3 设计 H5 招聘广告的第 3 页：工作环境展示

下面介绍企业 H5 招聘广告的第 3 页工作环境展示页的设计方法。

步骤 01 添加一个新的空白页面，并设置相同的背景图片，效果如图 11-40 所示。

步骤 02 复制第 2 页的标题和动画素材，粘贴至第 3 页，如图 11-41 所示。

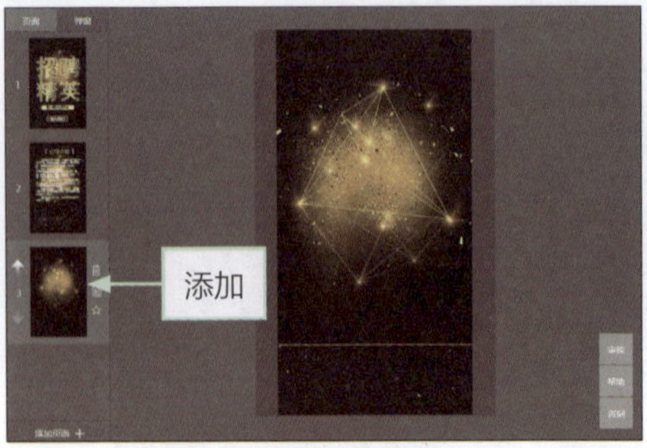

图 11-40 添加第 3 页

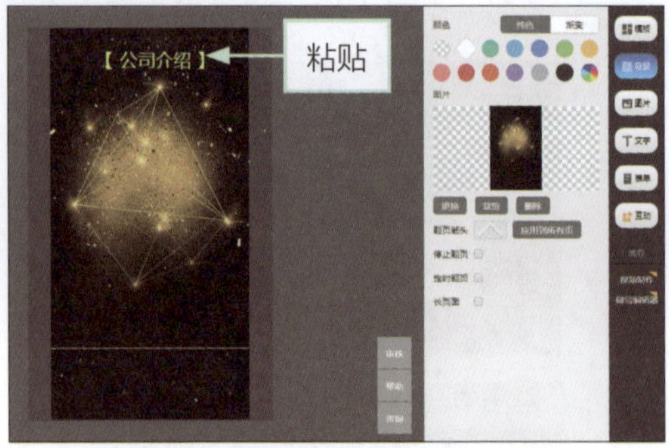

图 11-41 复制并粘贴标题和动画素材

步骤 03 修改标题内容，效果如图 11-42 所示。

步骤 04 打开“我的”图片库，上传并选择“办公室 .jpg”图片，如图 11-43 所示。

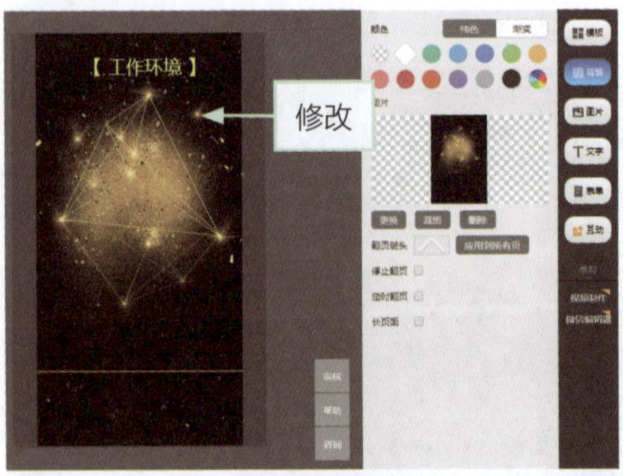

图 11-42 修改标题内容

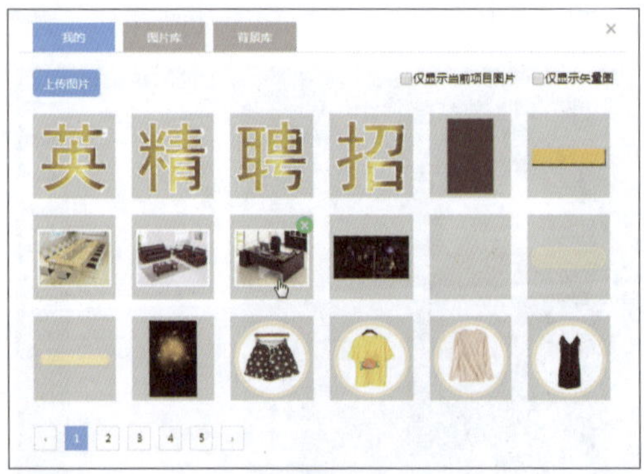

图 11-43 选择相应图片

步骤 05 执行操作后，即可插入图片，适当调整大小和位置，效果如图 11-44 所示。

步骤 06 为图片添加一个动画效果，设置“方式”为“进入页面”、“延迟”为 1 秒、“动画”为“展开”，如图 11-45 所示。

图 11-44 插入图片

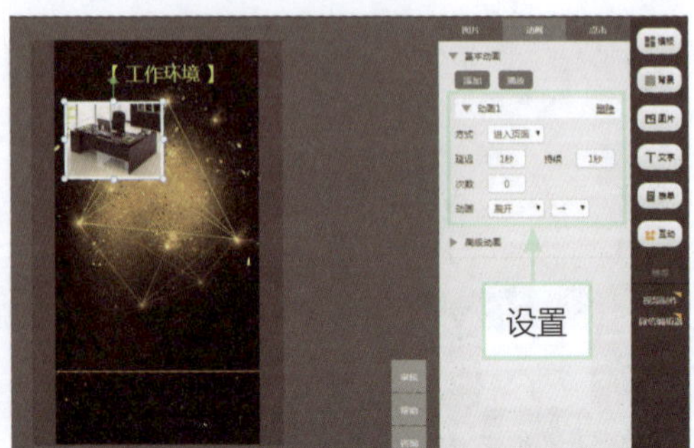

图 11-45 添加动画效果

步骤 07 单击“播放”按钮，预览动画效果，如图 11-46 所示。

图 11-46 预览动画效果

步骤 08 用同样的方法，插入其他图片，并添加相应的动画效果，效果如图 11-47 所示。

步骤 09 输入相应文字，设置“字号”为 50px、“颜色”为黄色（#fffc00），效果如图 11-48 所示。

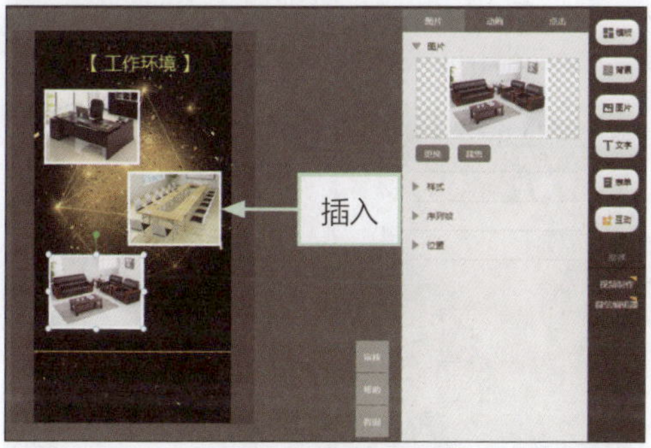

图 11-47 插入其他图片

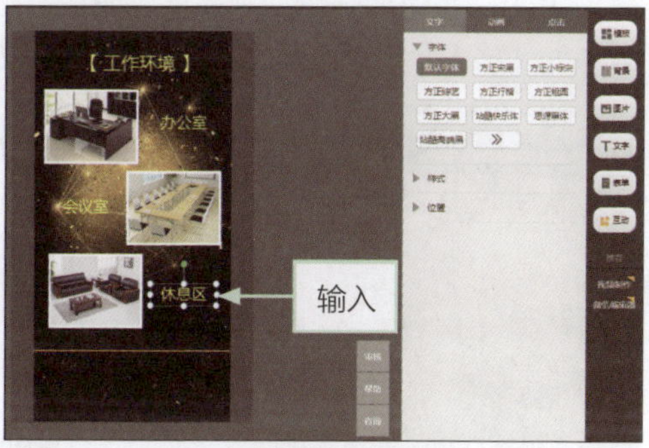

图 11-48 输入相应文字

11.3.4 设计 H5 招聘广告的第 4 页：企业福利展示

下面介绍企业 H5 招聘广告的第 4 页企业福利展示页的设计方法。

步骤 01 添加一个新的空白页面，并设置相同的背景图片，效果如图 11-49 所示。

步骤 02 复制并粘贴前一页的标题，修改标题内容，如图 11-50 所示。

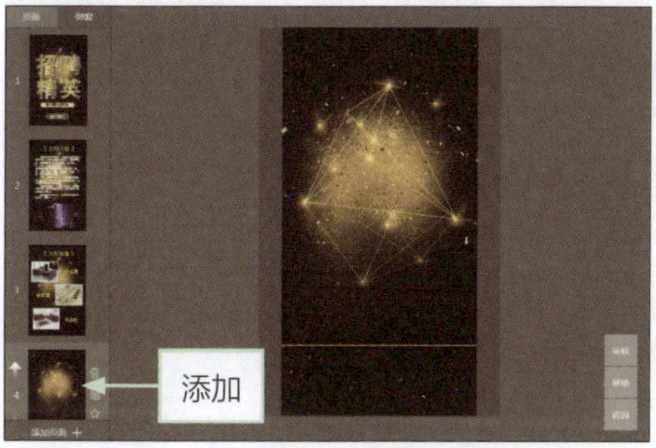

图 11-49 添加第 4 页

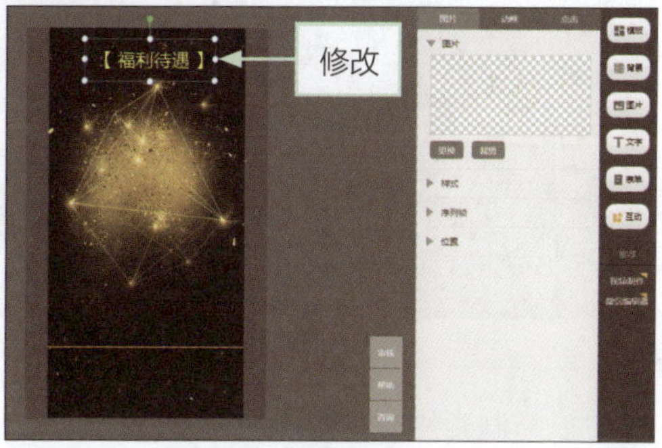

图 11-50 复制并修改标题

步骤 03 输入相应文字，设置“对齐方式”为“居中对齐”，如图 11-51 所示。

步骤 04 设置“字体”为“方正宋黑”、“颜色”为白色，如图 11-52 所示。

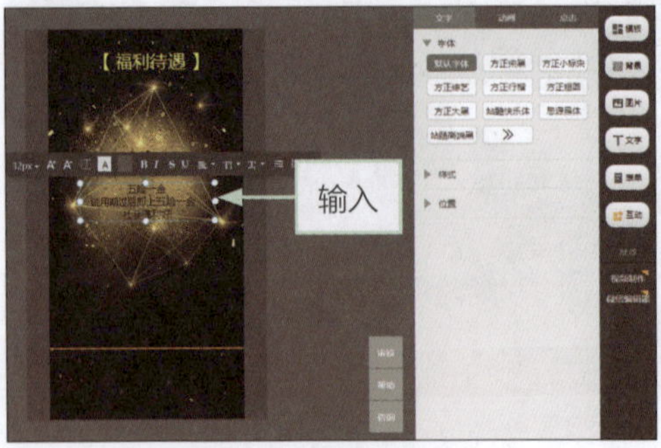

图 11-51 输入相应文字

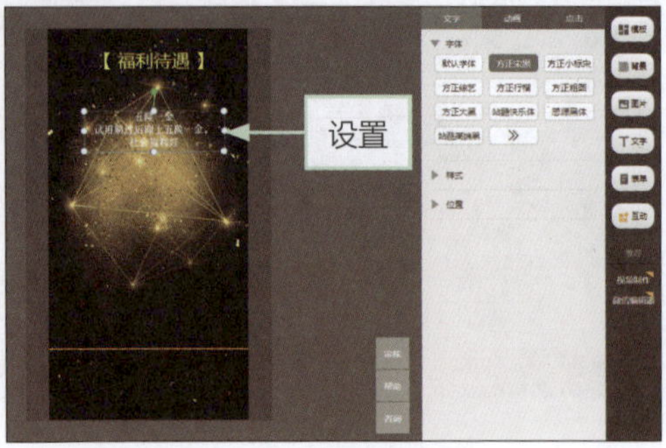

图 11-52 设置字体和颜色

步骤 05 选择相应文字，设置“字号”为 38px、“颜色”为黄色（#fffc00），单击“加粗”按钮**B**，效果如图 11-53 所示。

步骤 06 为文字添加一个动画效果，设置“方式”为“进入页面”、“延迟”为 1 秒、“动画”为“移入”、“动画方向”为→（从左至右），如图 11-54 所示。

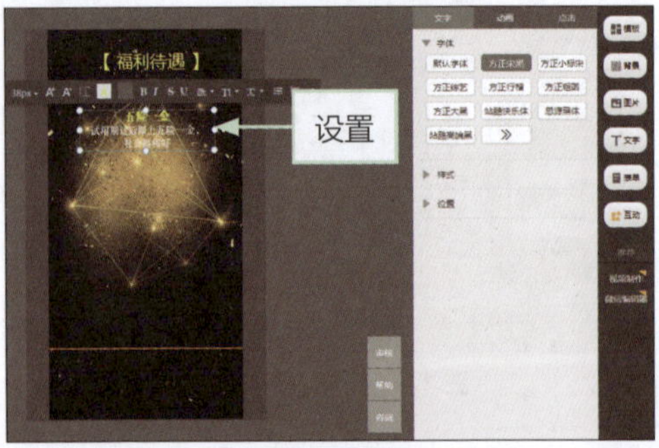

图 11-53 调整文字效果

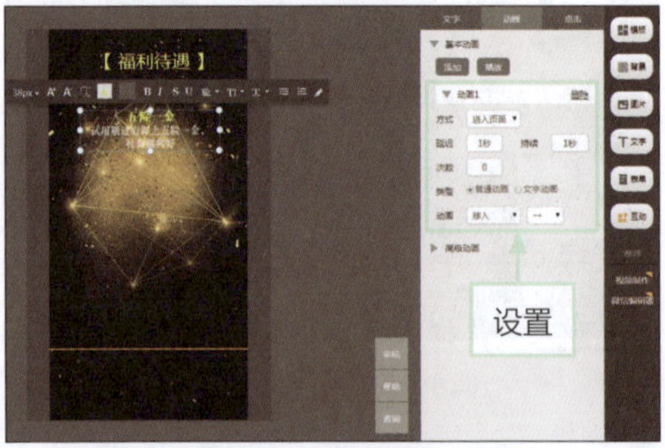

图 11-54 设置动画效果

步骤 07 单击“播放”按钮，预览文字动画效果，如图 11-55 所示。

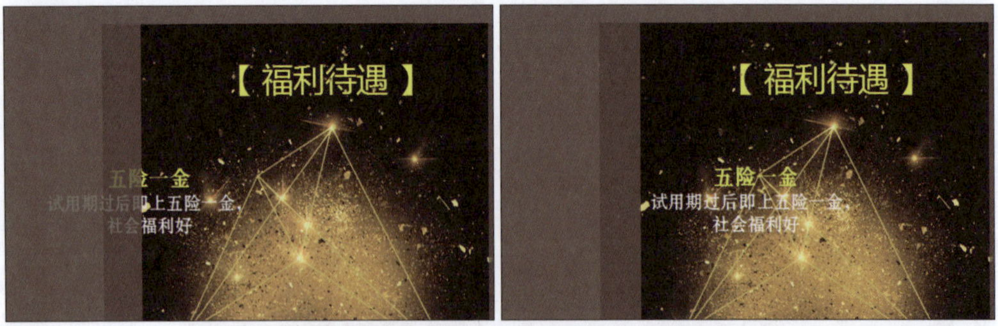

图 11-55 预览动画效果

步骤 08 复制并修改文字内容，设置合适的动画效果，如图 11-56 所示。

步骤 09 用同样的方法，制作其他的文字效果，如图 11-57 所示。

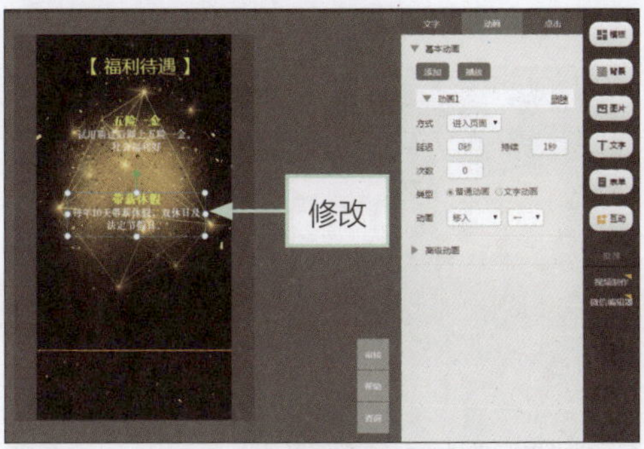

图 11-56 复制并修改文字

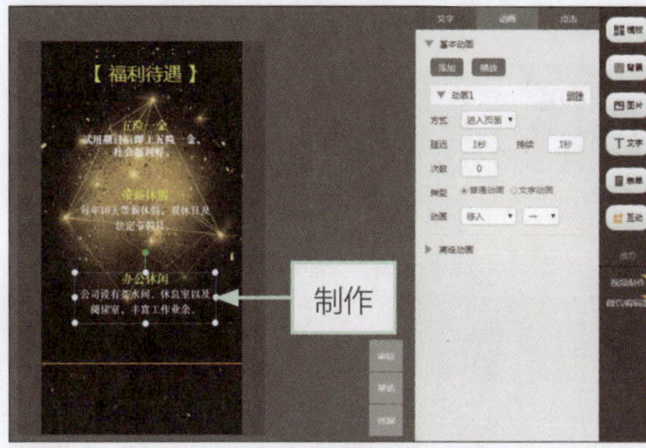

图 11-57 制作其他的文字效果

11.3.5 设计 H5 招聘广告的第 5 页：招聘岗位展示

下面介绍企业 H5 招聘广告的第 5 页招聘岗位展示的设计方法。

步骤 01 添加一个新的空白页面，并设置相同的背景图片，效果如图 11-58 所示。

步骤 02 复制并粘贴前一页的标题，修改标题内容，如图 11-59 所示。

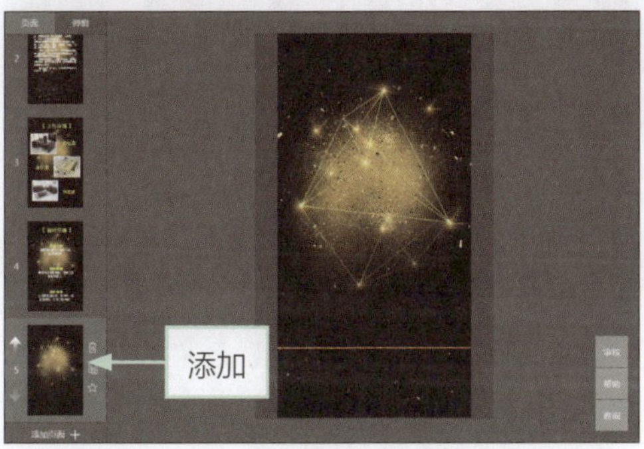

图 11-58 添加第 5 页

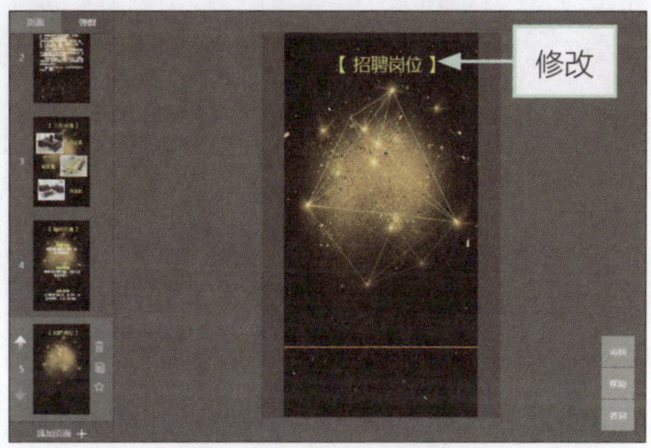

图 11-59 复制并修改标题

步骤 03 上传并插入一张“按钮元素 2.png”素材图片，效果如图 11-60 所示。

步骤 04 为图片添加一个动画效果，设置“方式”为“进入页面”、“延迟”为 1.2 秒、“动画”为“渐入”、“动画方向”为→（从左至右），如图 11-61 所示。

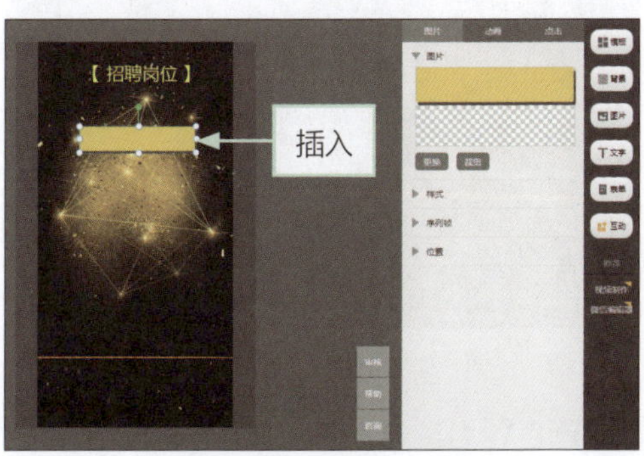

图 11-60 插入素材图片

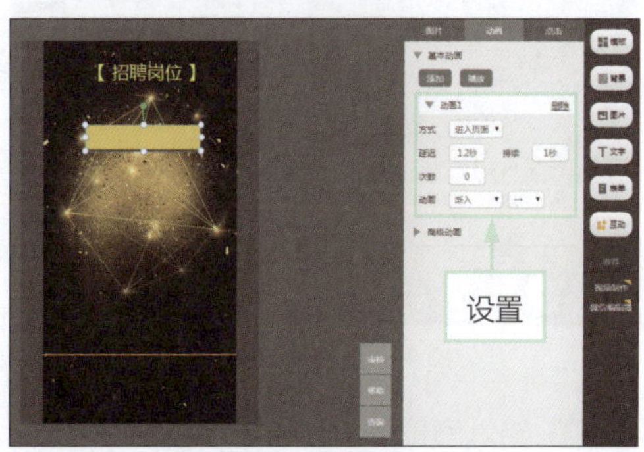

图 11-61 添加动画效果

步骤 05 在按钮图片上输入相应文字，设置“字号”为 36px，效果如图 11-62 所示。

步骤 06 选择图片元素，在“点击”选项区中选择“打开弹框”选项，如图 11-63 所示。

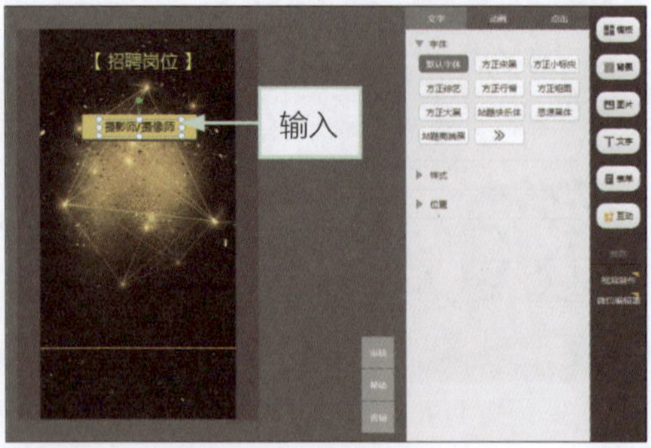

图 11-62 输入相应文字

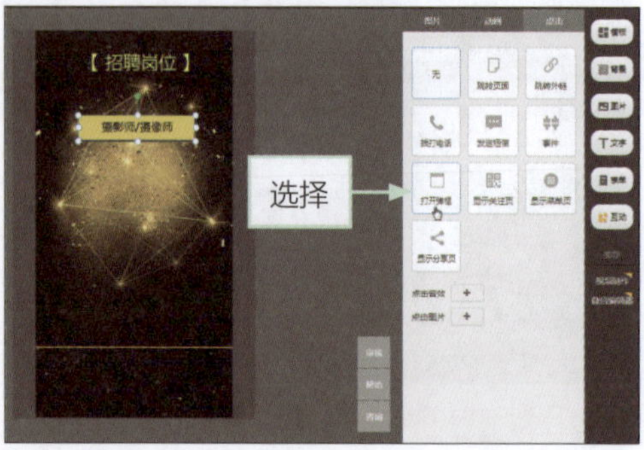

图 11-63 选择“打开弹框”选项

步骤 07 在弹出的列表框中选择“添加弹窗”选项，如图 11-64 所示。

步骤 08 执行操作后，即可添加一个空白弹窗，如图 11-65 所示。

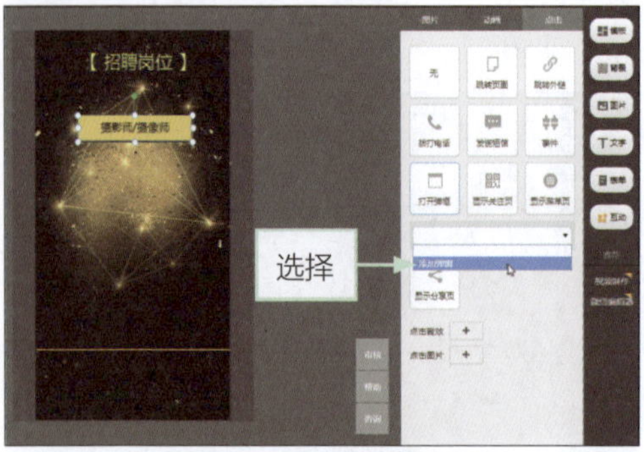

图 11-64 选择“添加弹窗”选项

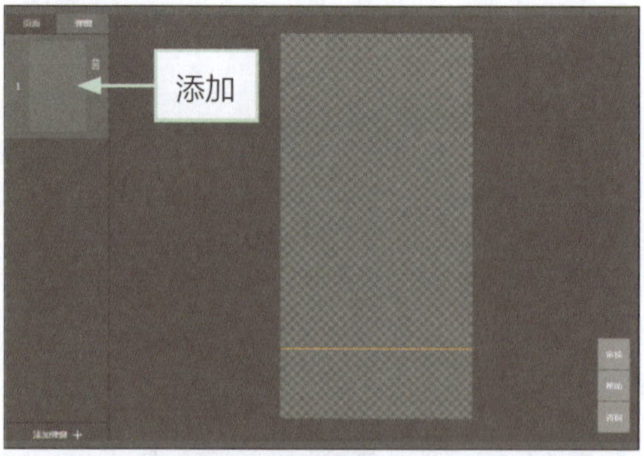

图 11-65 添加空白弹窗

步骤 09 设计者可以直接在右侧的“弹窗模板库”中选择一个模板，如图 11-66 所示。

步骤 10 这里选择的是自己上传并添加一张弹窗背景图片，效果如图 11-67 所示。

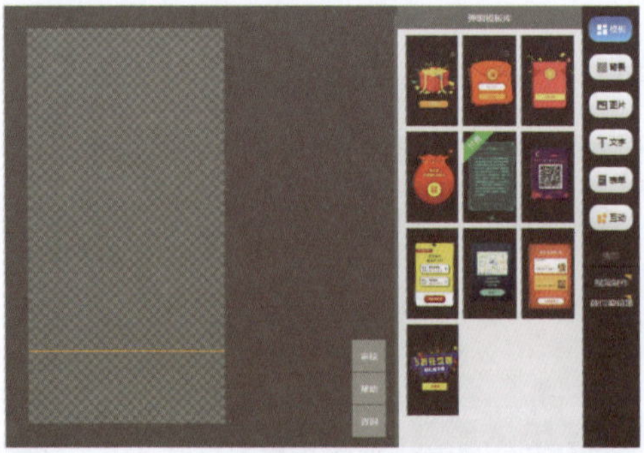
图 11-66 弹窗模板库

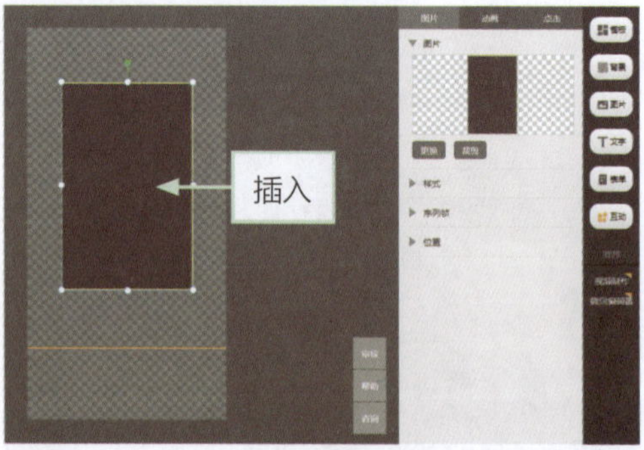

图 11-67 添加弹窗背景图片

步骤 11 输入岗位名称，设置“字号”为 38px、“颜色”为黄色（#f4cb42），效果如图 11-68 所示。

步骤 12 复制文字修改内容，设置“字号”为 28px、“颜色”为黄色（#f4cb42），效果如图 11-69 所示。

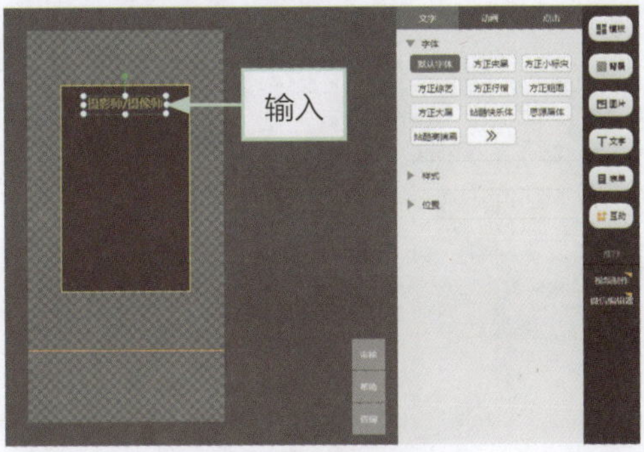

图 11-68 输入岗位名称

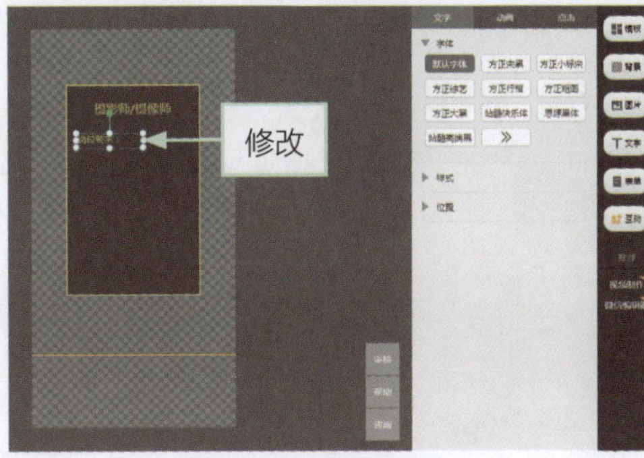

图 11-69 修改文字

步骤 13 输入具体的岗位要求内容，设置相应的字号和颜色，效果如图 11-70 所示。

步骤 14 用同样的方法，输入其他的文字内容，效果如图 11-71 所示。

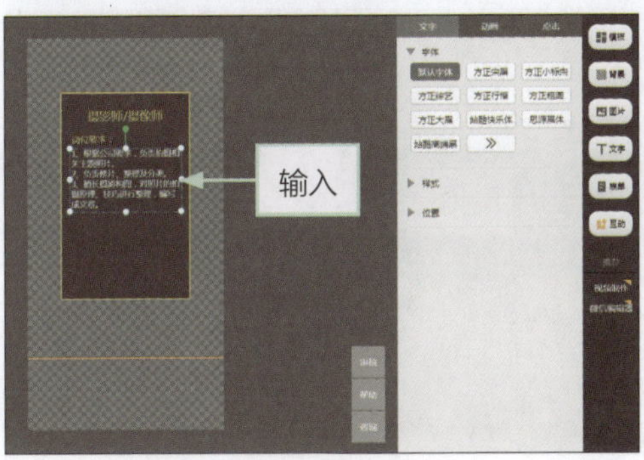

图 11-70 输入岗位要求内容

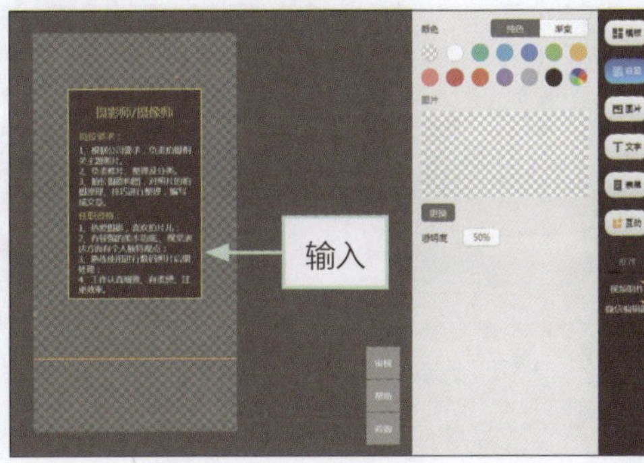

图 11-71 输入其他文字

步骤 15 返回第 5 页，复制并粘贴相应图文元素，修改岗位名称，效果如图 11-72 所示。

步骤 16 用同样的方法，添加一个空白弹窗，如图 11-73 所示。

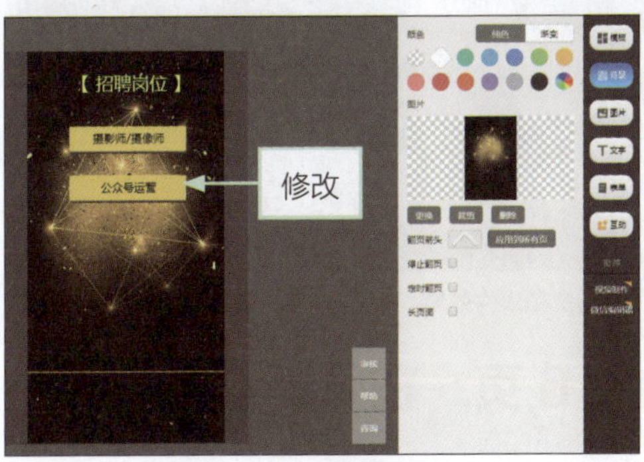

图 11-72 修改岗位名称

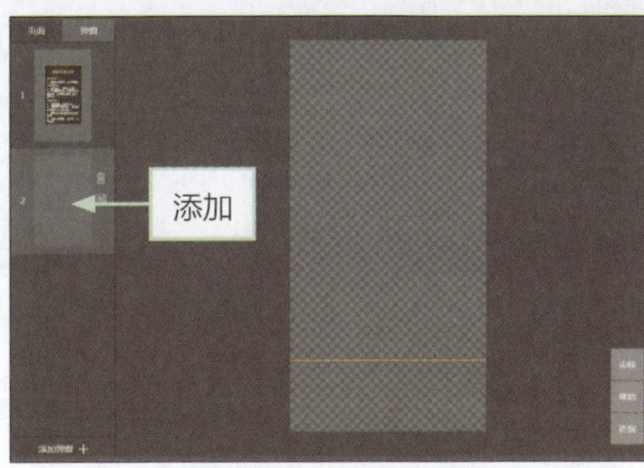

图 11-73 添加空白弹窗

步骤 17 复制弹窗 1，修改弹窗的内容，效果如图 11-74 所示。

步骤 18 返回第 5 页，选择相应的岗位名称元素图片，在右侧的“点击”选项区中设置相应的弹窗链接，如图 11-75 所示。

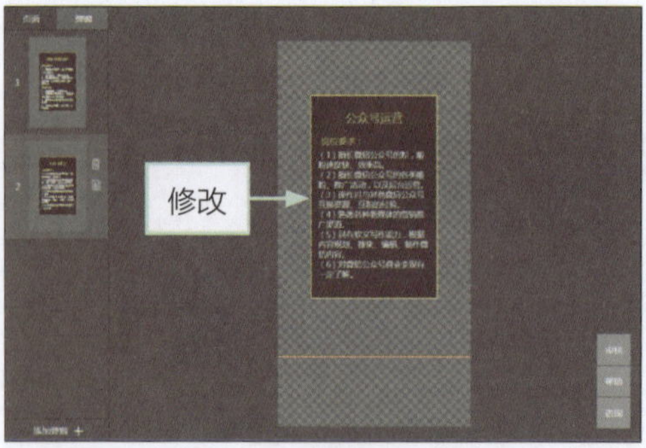

图 11-74 修改弹窗的内容

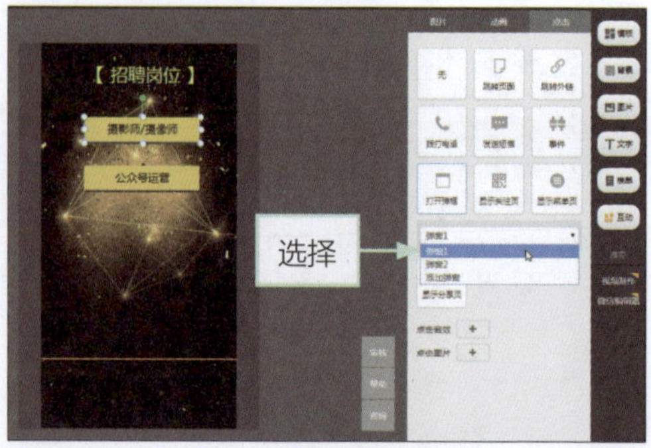

图 11-75 设置弹窗链接

步骤 19 用同样的操作方法，制作其他的招聘岗位和相应的弹窗点击事件效果，如图 11-76 所示。

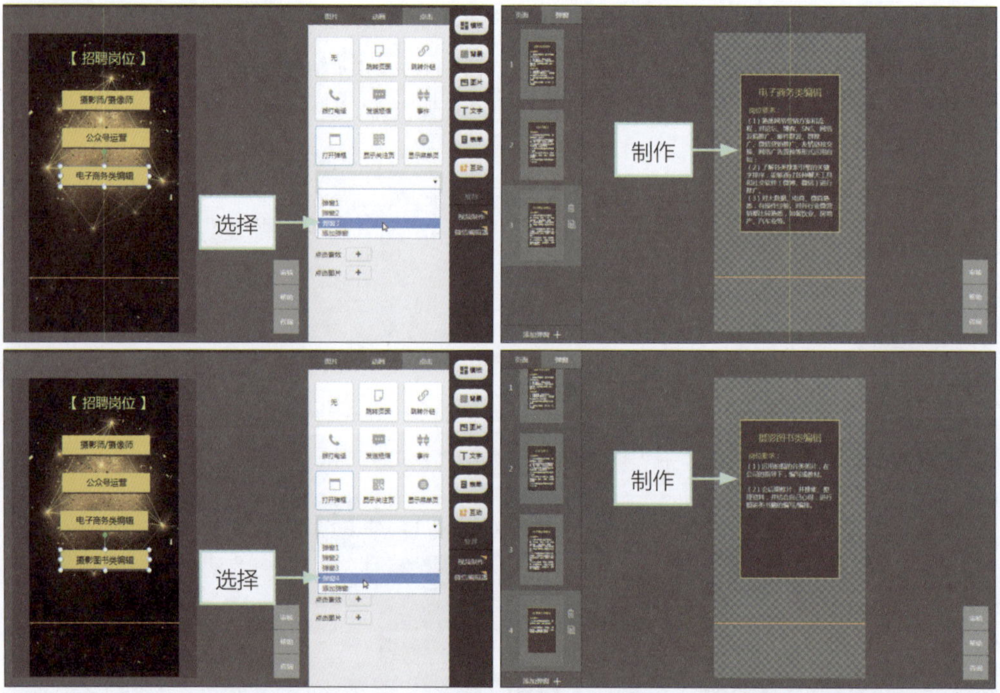

图 11-76 制作其他的招聘岗位和事件效果

11.3.6 设计 H5 招聘广告的第 6 页：在线报名申请

下面介绍企业 H5 招聘广告的第 6 页在线报名申请表单的设计方法。

步骤 01 添加一个新的空白页面，并设置相同的背景图片，效果如图 11-77 所示。

步骤 02 复制并粘贴前一页的标题，修改标题内容，如图 11-78 所示。

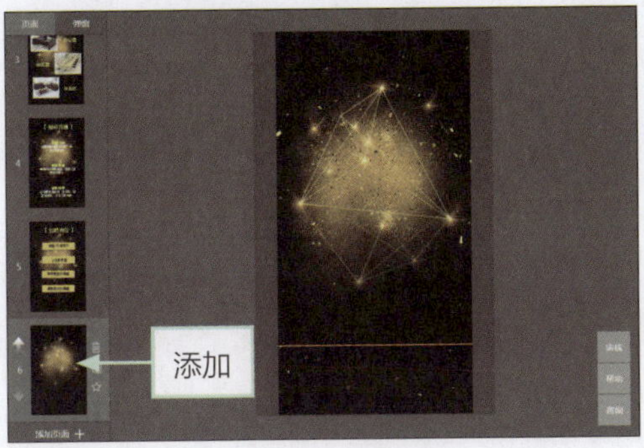

图 11-77 添加第 6 页

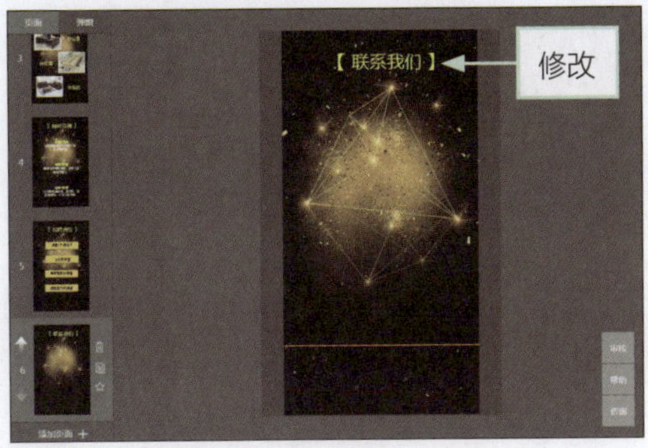

图 11-78 复制并修改标题

步骤 03 单击“表单”按钮展开表单菜单，选择“输入框”选项，如图 11-79 所示。

步骤 04 执行操作后，❶添加一个输入框插件；❷设置“标题”为“姓名：”，如图 11-80 所示。

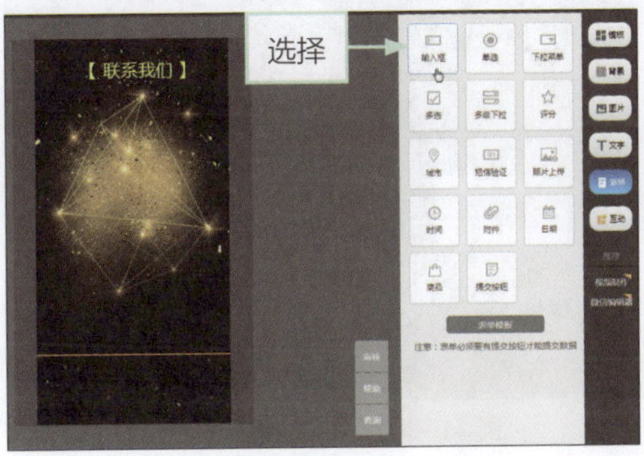

图 11-79 选择“输入框”选项

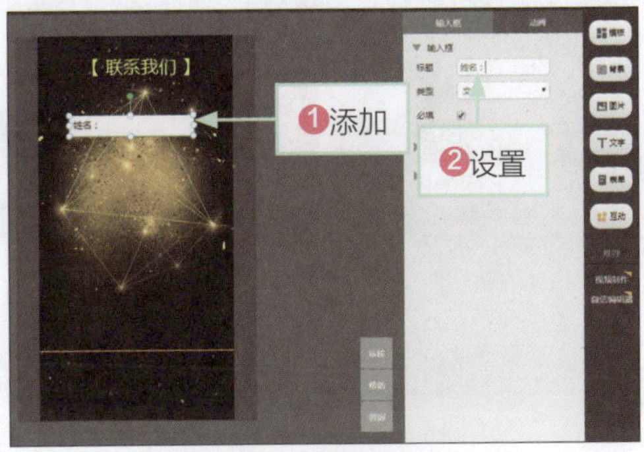

图 11-80 添加输入框插件

步骤 05 在“样式”选项区中，设置“背景”为“清除”，删除背景色，如图 11-81 所示。

步骤 06 在“边框”列表框中，选择“实线”选项，如图 11-82 所示。

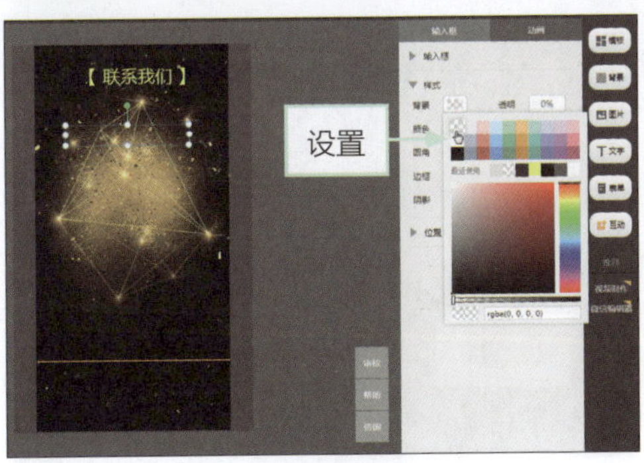

图 11-81 删除背景色

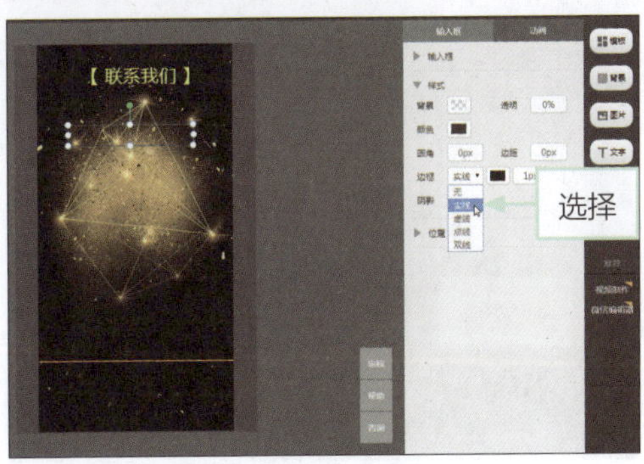

图 11-82 选择“实线”选项

步骤 07 设置边框颜色为黄色（#fffc00）、边框粗细为 5px，如图 11-83 所示。

步骤 08 设置输入框中的文字“颜色”为白色，效果如图 11-84 所示。

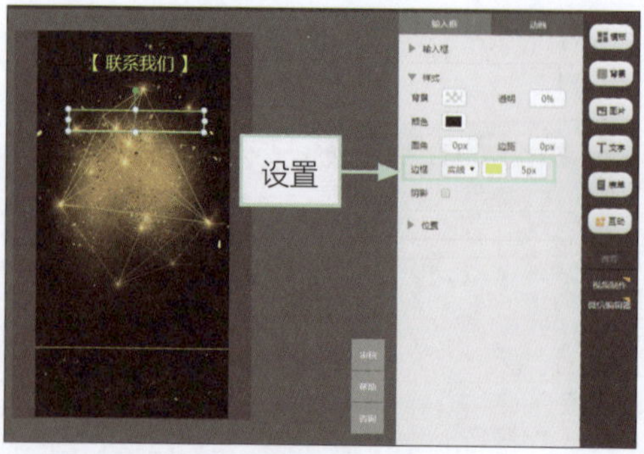

图 11-83 设置边框样式

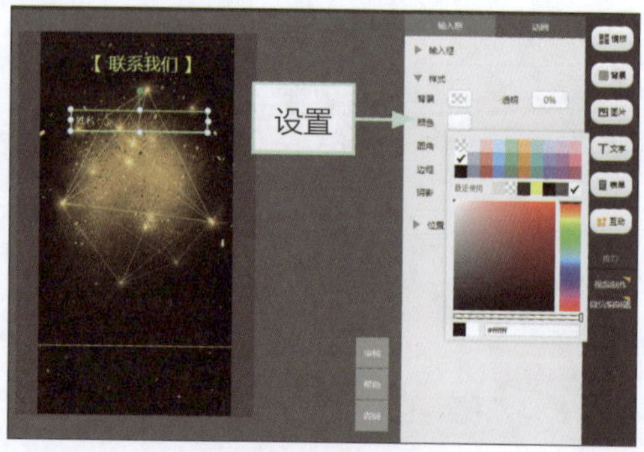

图 11-84 设置文字颜色

步骤 09 设置输入框的“圆角”为 10px，添加圆角效果，如图 11-85 所示。

步骤 10 ❶复制输入框，修改标题；❷设置“类型”为“手机”，如图 11-86 所示。

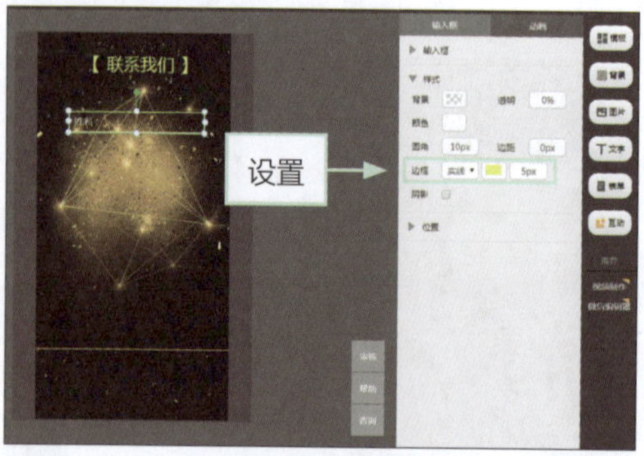

图 11-85 添加圆角效果

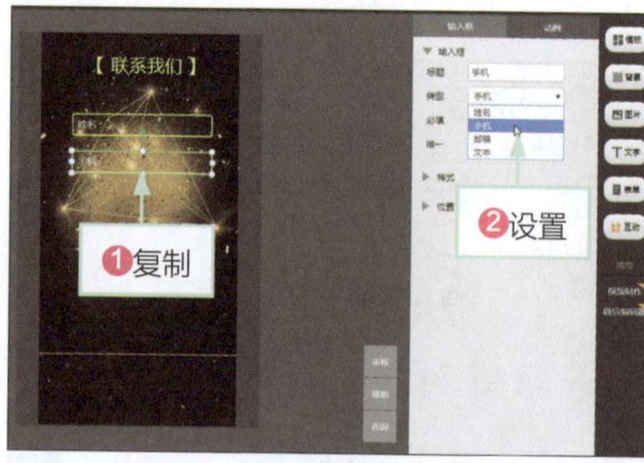

图 11-86 添加“手机”输入框

步骤 11 ❶再次复制输入框，修改标题；❷设置“类型”为“邮箱”，如图 11-87 所示。

步骤 12 ❶添加一个“附件”插件；❷设置“背景”颜色为淡黄色（#f4cb42），效果如图 11-88 所示。

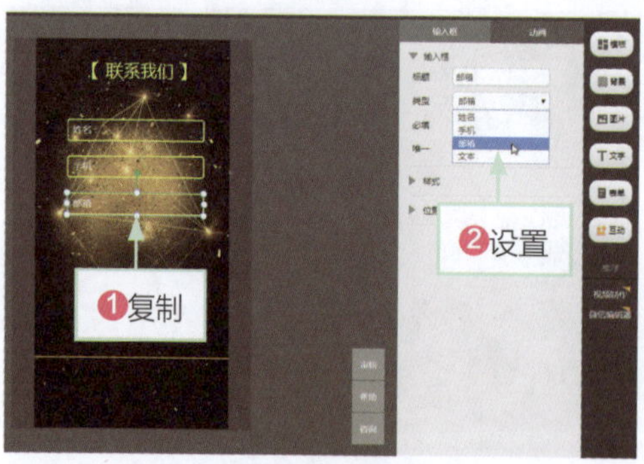

图 11-87 添加“邮箱”输入框

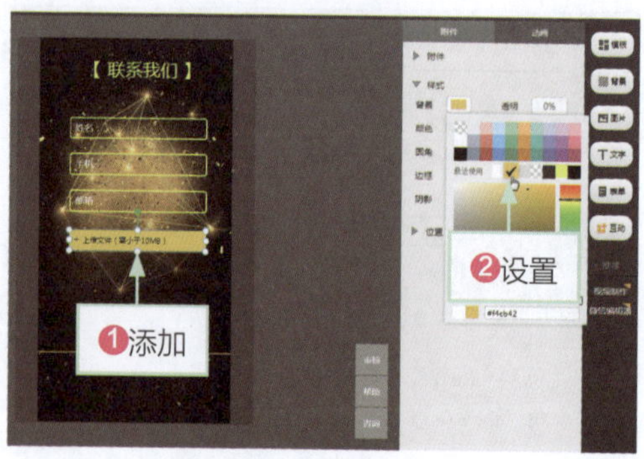

图 11-88 添加“附件”插件

步骤 13 ❶添加一个“提交按钮”插件；❷设置“名称”为“提交信息”，如图 11-89 所示。

步骤 14 展开“样式”选项区，设置“背景”颜色为淡黄色（#f4cb42）、“颜色”为黑色，效果如图 11-90 所示。

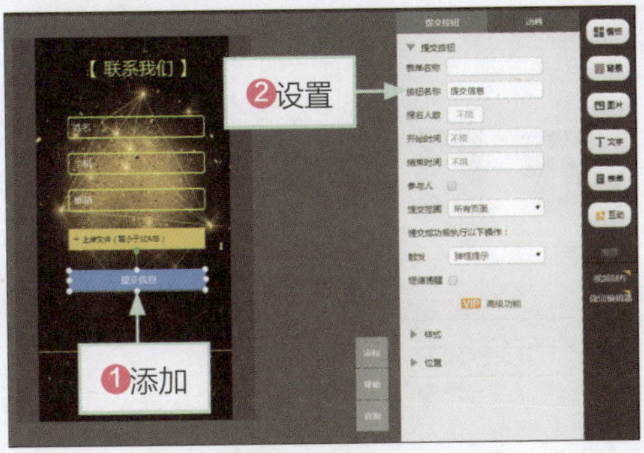

图 11-89 添加“提交按钮”插件

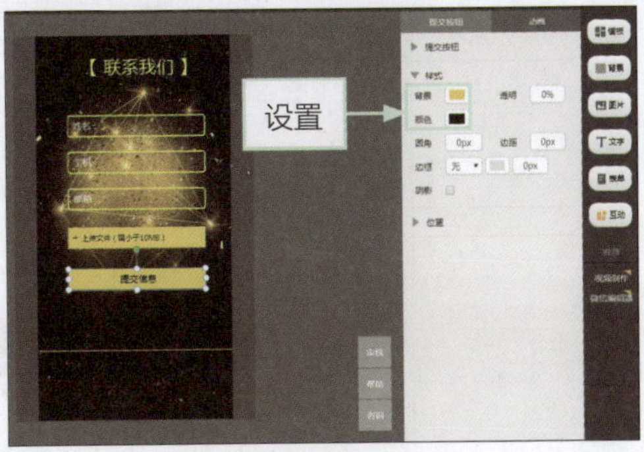

图 11-90 设置提交按钮样式

专家指点

人人秀在线表单共有 14 种功能组件，具体包括输入框、单选、下拉菜单、多选、多级下拉、评分、城市、短信验证、照片上传、时间、附件、日期、商品及提交按钮，支持不同场景需求的表单。

11.3.7 为 H5 作品添加背景音效

下面介绍为企业 H5 招聘作品添加背景音效的操作方法。

步骤 01 在编辑器的右上角，单击“音乐”按钮，如图 11-91 所示。

步骤 02 打开“音乐”设置面板，❶选中“自动播放”复选框；❷单击“更换”按钮，如图 11-92 所示。

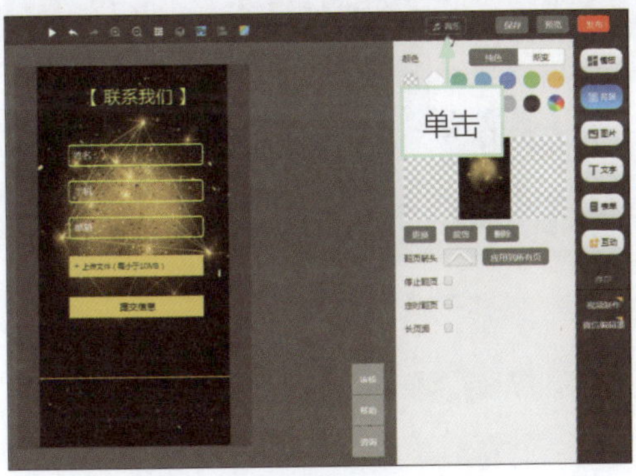

图 11-91 单击“音乐”按钮

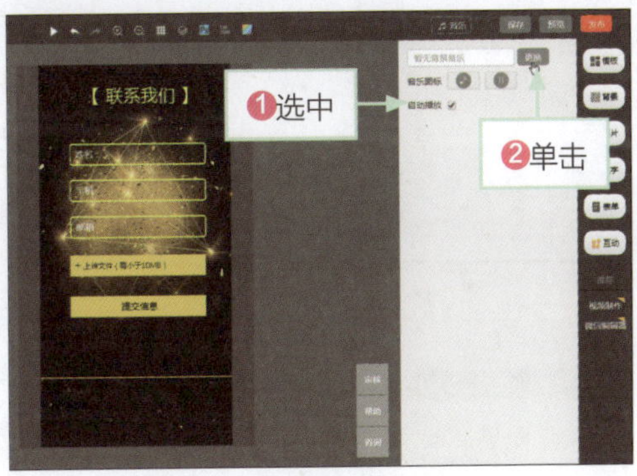

图 11-92 单击“更换”按钮

步骤 03 打开音乐库，切换至“我的”选项卡，单击“上传音乐”按钮，如图 11-93 所示。

步骤 04 弹出“打开”对话框，选择要上传的音频文件，并单击“打开”按钮，即可上传音频文件，如图 11-94 所示。

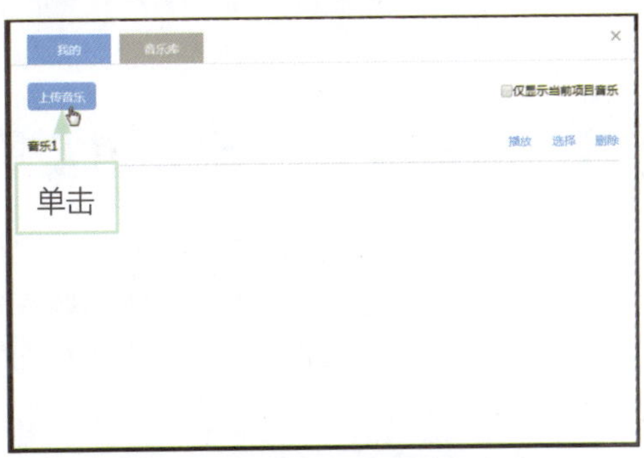

图 11-93 单击“上传音乐”按钮

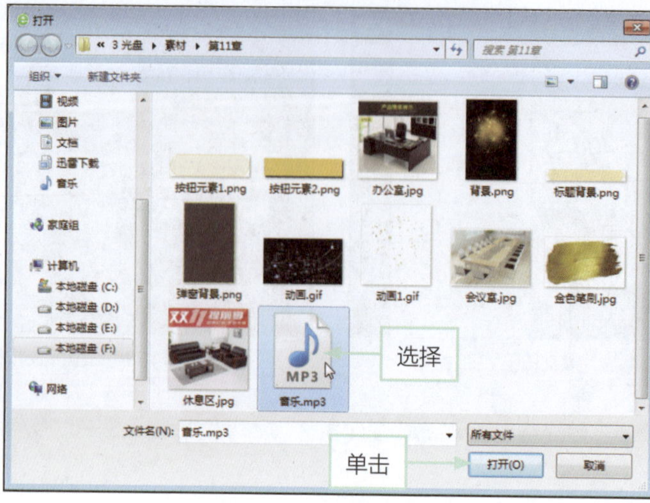

图 11-94 选择音频文件

![步骤05] 单击“选择”链接，即可使用该音频文件作为背景音乐，如图 11-95 所示。

![步骤06] 执行操作后，添加背景音乐效果，如图 11-96 所示。

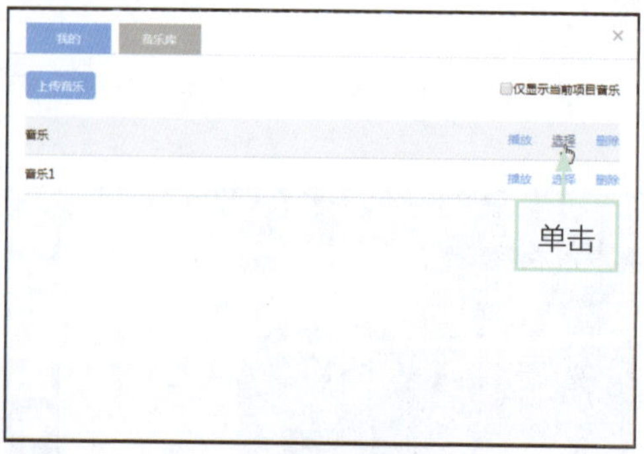

图 11-95 单击“选择”链接

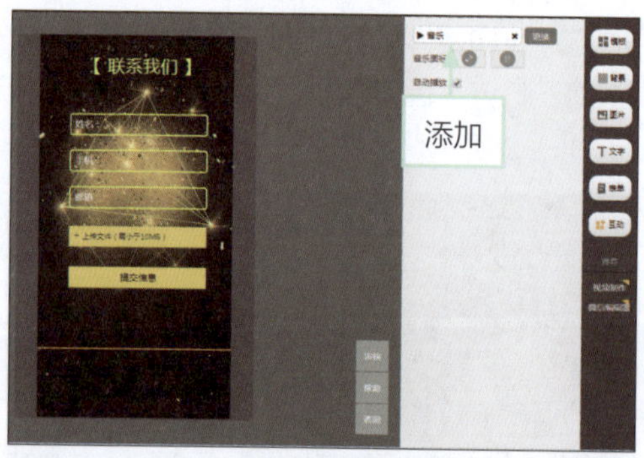

图 11-96 添加背景音乐

专家指点

一个值得称赞的 H5 场景，除了应有高颜值的排版、舒适感的画面及充满内涵品质的文案外，还要有一个好的背景音乐。

11.4 移动 H5 作品的发布和分享

企业 H5 招聘作品不仅能够展现独特的企业文化，而且还能成为企业宣传自己的“扩音器”。尤其是表单组件功能，可以为企业收集应聘者个人信息提供很多方便，优化招聘流程。本节主要介绍企业 H5 招聘作品的发布和分享的操作方法。

11.4.1 发布与上线 H5 作品

在编辑器的右上角，单击“发布”按钮，打开“基本设置”窗口，设置相应的分享标题、分享描述和头像等元素，如图 11-97 所示。依次单击“下一步”按钮，完成发布流程的相关设置，单击“发布”按钮，即可发布活动。执行操作后，生成活动的相应二维码和小程序推广链接，如图 11-98 所示。

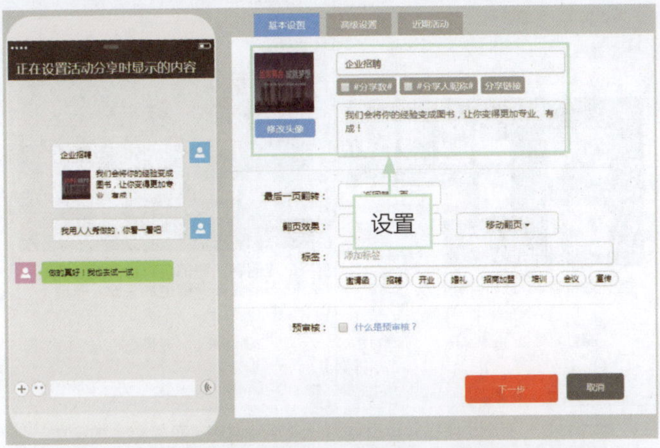

图 11-97 设置分享标题和分享描述

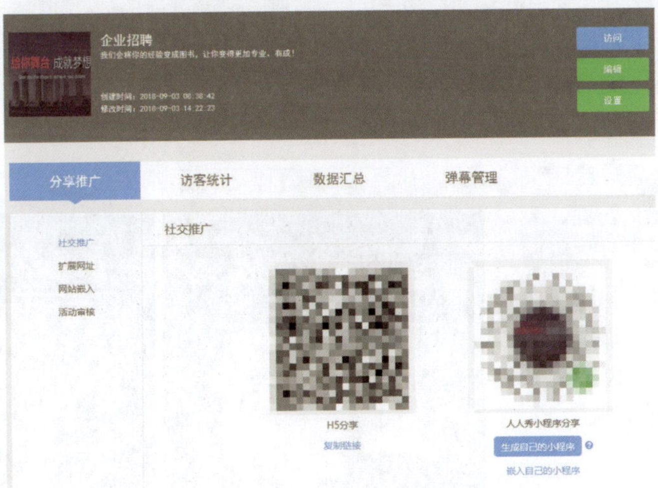

图 11-98 发布活动

11.4.2 分享 H5 作品与收集求职者信息

企业在推广 H5 招聘广告时，除了可以利用微信群和朋友圈等渠道外，还可以利用公众号、微博和各种新媒体渠道。例如，企业可以在公众平台上为 H5 招聘广告单独设置一个自定义菜单，或者发送推文，让广大粉丝快速了解企业的招聘需求，如图 11-99 所示。

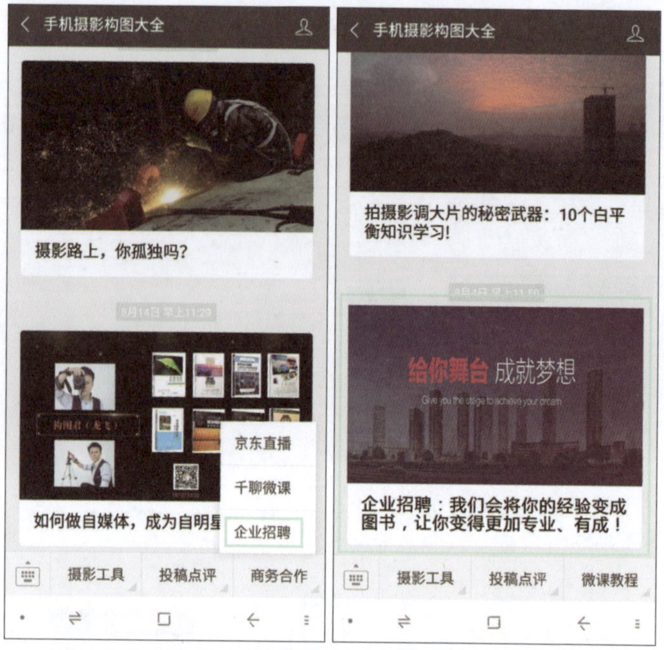

图 11-99 将 H5 作品分享设置为公众平台自定义菜单和发送推文

专家指点

微信公众号的自定义菜单栏是可以由微信公众平台的运营者自己设置的，因而并不是所有公众号都有菜单栏。需要注意的是，一个公众号可以添加 3 个一级菜单，而一个一级菜单下最多可以添加 5 个子菜单。

求职者可以通过自定义菜单或者点击推文封面，直接进入 H5 页面，浏览招聘内容。例如，在 H5 的“岗位信息”页面，点击相应的岗位，可以弹出具体的岗位描述，如图 11-100 所示。

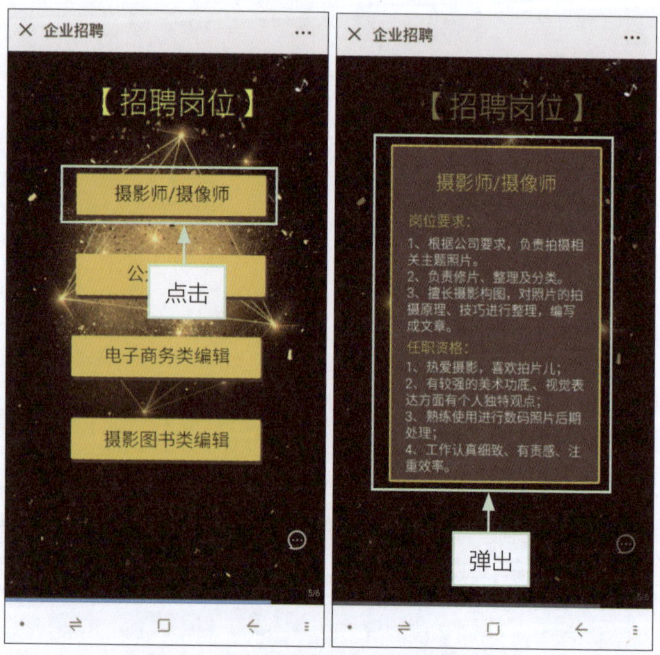

图 11-100 点击岗位名称后显示具体的要求

另外，在 H5 的在线报名申请页面中，求职者可以输入自己的姓名、手机号、邮箱等基本求职信息，如图 11-101 所示。

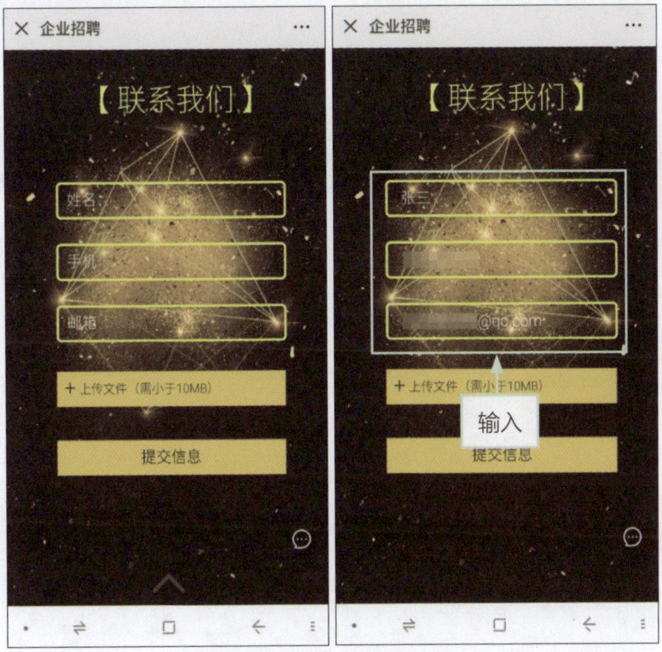

图 11-101 输入相应求值信息

单击"上传文件"按钮，可以上传自己的简历、照片和证书等各种资料文件等，如图 11-102 所示。设置好信息后，单击"提交信息"按钮，显示"提交成功"信息，将个人信息上传到 H5 后台，如图 11-103 所示。

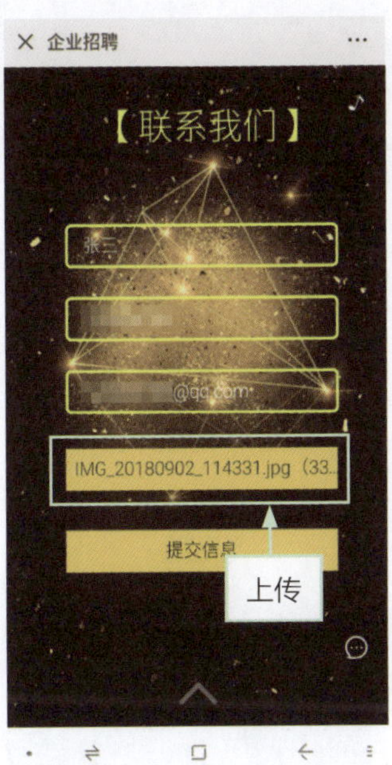

图 11-102 上传文件

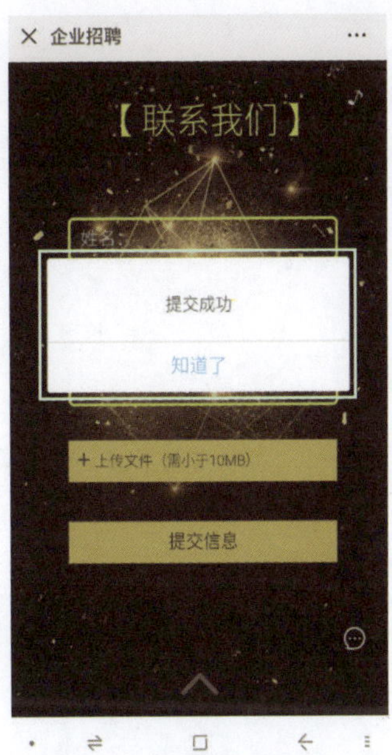

图 11-103 提交成功

此时，企业可以进入 H5 后台，选择“企业招聘”H5，单击“设置”按钮，在弹出的列表框中选择“数据收集”选项，如图 11-104 所示。进入相应界面选择相应表单，查看和下载求职者的表单数据等，如图 11-105 所示。

图 11-104 选择“数据收集”选项

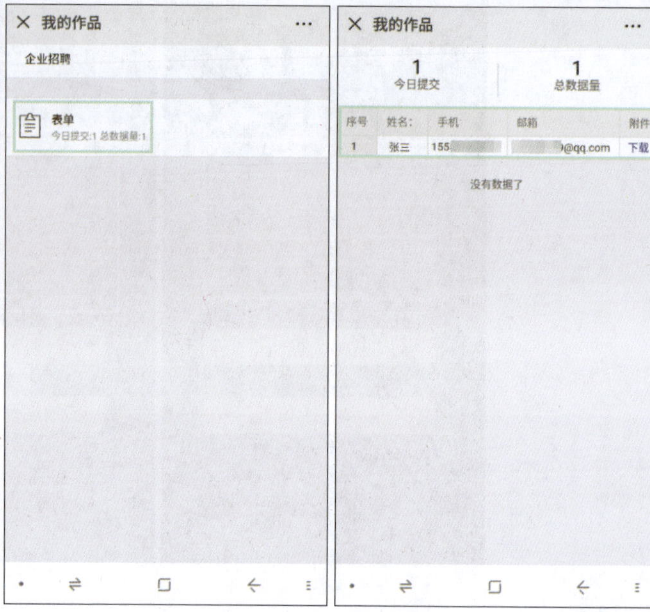

图 11-105 查看表单数据